智慧树经管书系
汉译创新管理丛书

创新的愿景

日美公司的创新文化

[英] 马丁·弗朗斯曼 著

马晓星 译 周海琴 校译

知识产权出版社

内容提要

　　本书通过对AT&T、BT、NTT等几家处于领先地位的公司的愿景、行为和实际路径进行比较，揭示了公司如何选择新的路径以及如何对企业战略和政府政策进行引导。

责任编辑：刘　忠　李　潇　　　　　责任校对：韩秀天
装帧设计：鞠洪深　段维东　　　　　责任出版：杨宝林

图书在版编目(CIP)数据

　　创新的愿景/(英)弗朗斯曼著；马晓星译.—北京：知识产权出版社，2008.1
　　(汉译创新管理丛书)
　　书名原文：Visions of Innovation
　　ISBN 978-7-80198-765-5
　　Ⅰ.创⋯　Ⅱ.①弗⋯②马⋯　Ⅲ.公司–企业管理　Ⅳ.F276.6
　　中国版本图书馆 CIP 数据核字 (2007) 第 159412 号

© Chapters 1–6 copyright (c) Martin Fransman. Chapters 7 copyright (c) Martin Fransman, and Shoko Tanaka
Visions of Innovation: the Firm and Japan was originally published in English in 1999. This translation is published by arrangement with Oxford University Press and is for sale in the Main (and cpart) of The People's Republic of China only.

本书英文原版于1999年由牛津大学出版社出版。牛津大学出版社正式授权知识产权出版社在中国大陆翻译、出版、发行此书。

汉译创新管理丛书

创新的愿景—日美公司的创新文化

CHUANGXIN DE YUANJING — RIMEI GONGSI DE CHUANGXIN WENHUA

〔英〕马丁·弗朗斯曼 著　　马晓星 译　　周海琴 校译

出版发行：	知识产权出版社		
社　　址：	北京市海淀区马甸南村1号	邮　　编：	100088
网　　址：	http://www.ipph.cn	邮　　箱：	bjb@cnipr.com
发行电话：	010-82000893 82000860转8101	传　　真：	010-82000893
责编电话：	010-82000860转8113	编辑邮箱：	lixiao@cnipr.com
印　　刷：	北京市兴怀印刷厂	经　　销：	新华书店及相关销售网点
开　　本：	787mm × 1092mm　1/16	印　　张：	20.25
版　　次：	2008年4月第1版	印　　次：	2008年4月第1次印刷
字　　数：	220千字	定　　价：	45.00元
京权图字：	01-2006-1792		
ISBN　978-7-80198-765-5/F·129			

版权所有　侵权必究
如有印装质量问题，本社负责调换。

总序

创新,按照熊彼特(Schumpeter)的话说,是指将生产要素的"新组合"引入生产体系。这些新组合包括引进新产品、采用新技术、开辟新市场、控制原材料新的供应来源和引入新型的工业组织。创新研究发展到今天,学者们普遍认为,从管理的角度看,技术创新就是一种从新思想产生、研究、开发、试制、制造到首次商业化的过程。当然,技术创新是一个复杂、系统化的过程,是一个研究开发、工艺、工程、经济、用户和市场不断互动的过程。

创新是人类文明不断进步的基石。电话、半导体、互联网、计算机、抗生素、汽车、飞机都是改变人类文明进程的重大创新。领先创新的企业,往往就是领先世界的企业;领先创新的国家,往往就是今天领先世界的国家。创新也是改变世界竞争格局的重要力量。

应该说,最早提出创新并意识到创新重要性的是经济学家,而创新的研究也是对古典经济学的一个挑战:古典经济学家寻求在稳定环境中最大限度地利用现有经济资源,任何干扰都被视为外生的,而科学技术是天上掉下的馅饼。但熊彼特提出,经济体系在大多数情形下处于非均衡状态,不断受到"技术创新"的扰动,从而产生"经济长波"。没有创新

Visions of Innovation

的经济是没有增长的经济。近几年,随着科技对经济发展的影响不断扩大,经济学研究对如何从经济系统内部认识科学技术活动和创新活动已经有了很大的进展,但由于创新本身的特点,这一方面仍然需要更多学者的努力。

相比较而言,技术创新的管理研究取得了更多的进展,学者们对不同产业的创新规律、创新过程的研究,创新组织的研究,创新主体作用的研究,科学技术与创新关系的研究等,都已经取得了相当多的进展,如用户创新、主导设计、国家创新体系等概念,都已经成为企业和国家提高创新能力的重要概念工具。

研究表明,创新对后发国家的发展也具有重要的意义,创新是后发国家实现跨越发展的重要手段。当年的日本、现在的韩国、芬兰以及我国的台湾地区,都抓住了科学技术革命所带来的新机遇,实现了跨越发展。对我国而言,创新也是我国实现新型工业化、进入小康社会的必由之路。尽管在现阶段,劳动力从农业向工业的转移,外国直接投资,低成本产品的竞争优势,是我国经济发展的主要推动力,但从我国企业在知识产权方面能力低且受到越来越多来自国外挑战的现实以及我国经济发展的高能耗、产品的低附加值的现状看,创新对我国未来的经济发展具有重要的意义。没有创新的能源和资源,没有创新的制造方式，没有创新的管理模式，我国经济要实现可持续发展是不可能的。

作为在创新领域不断探索的学者，我们很愿意与知识产权出版社一道，共同推出《汉译创新管理丛书》这一系列丛书。我们挑选创新管理名著有三个准则：一是这本书有着持续的学术生命力；二是在学术界开创了新的方向和领域并影响着后来的创新研究；三是对我国企业的创新、政府的创新决策和我国高校的创新教学有实际的指导和借鉴作用。因此，翻译出版这些书，对我国有志于创新研究的学者、从事创新实践的企业、政府的创新政策制定者以及从事创新教学的高校师生来说，具有重要的意义，因为只有不断汲取名著的营养，我国的创新研究、教学和实践才会站在巨人的肩膀上，我国创新研究、教学和管理水平才会不断地提高。

当然，由于各出版社在不同时间已经翻译出版了许多相关的著作，如熊彼特的《经济发展理论》(Theory of Economic Development)，纳尔逊(R. Nelson)和温特(S. Winter)合著的《经济变迁的进化理论》(An Evolutionary Theory of Economic Change)已经由商务印书馆出版，费里曼(C. Freeman)的《工业创新经济学》(The Economics of Industrial Innovation)已经由北京大学出版社出版，因此，本创新管理丛书难以形成很完整的体系。但所有收集到我们《汉译创新管

Visions of Innovation

理丛书》的著作都是在本领域有着持久生命力的著作，相信它们的及时出版，必将推动我国创新经济学、创新管理的研究与实践。

柳卸林　陈　劲
2005 年 1 月

目录

导论　1

第一章　公司的愿景：关于公司研究的主要方法评述　21

第二章　公司的愿景与日本计算机和通信公司的演进　73

第三章　AT&T、BT和NTT：愿景、战略、能力、路径依赖和研发的比较　125

第四章　公司组织的愿景：AT&T、IBM和NEC——组织形式从多部门到分散　169

第五章　日本创新体系的愿景及其如何运作　　191

第六章　在全球化环境中国家的技术政
　　　　策会过时吗？日本的愿景　　207

第七章　未来技术的愿景：政府、全球化和大
　　　　学在日本生物技术领域的作用　　247

导论

愿景的概念

"愿景"(vision)是本书的主题。但是该主题立刻将一个问题摆在我们面前：愿景的含义究竟是什么？在一般性讨论中该术语被赋予了宽泛的意义，因此，如何正确地理解这个术语显得尤为重要。

在回答这个问题时，首先要说明的就是本书中所使用的愿景的概念在一些重要方面与该词常用的一些含义是不同的。在日常讨论中"愿景"一词通常代表富有创造性的远见，具有愿景的人也就是知道需要做什么以及如何做到的人。大多数情况下，具有愿景的人都拥有很好的理解力和判断力。在一般的思维中，愿景是现代世界中不可或缺的助力；无论是国家总统还是公司总裁都必须具有愿景。

愿景和信念

在本书中，愿景的概念被赋予的含义相对有限。在最一般的层面上，愿景指的是关于世界是什么样子、会如何改变以及在抱持信念者介入或不介入的情况下将会成为什么样的一种信念。人们根据自身的信念而行动。信念令他们得以展望未来，也就是在脑海中构建有关通过自身行动获得的事物状态的图景，从而"看到"未来。由此可见，信念是用于构建愿景的基石。

但是从信念的意义上来看,若要将愿景概念化,必须打破通常认为的愿景就是远见的观念,远见是一种了解为达成行为者的目标需要哪些条件的能力。原因很简单:如我们所知,信念可能被证明是错误的。当出现这种情况时,在错误的信念基础上建立起来的愿景因而也是错误的。可以将此类情况视为愿景失败(vision failure)的例子。

在此提出的愿景观念建立在信念概念的基础之上,所以我们有必要更详细地探讨信念的概念。在此有两点十分重要:信念是怎样构建的以及它们是如何转变的。

上述两个问题的答案之一是根据信息的概念提出来的。简而言之,人在本质上都是信息处理器,他们的信念和由此得出的愿景都是自身接收并处理的信息的产物(接收的信息包括经历和学习所产生的影响)。对新信息的接收和处理会导致其信念和愿景的改变。比如,哲学家德雷特斯基(Dretske)(1982)就曾提出上述观点,他认为"信息是能够产出知识的商品"(p.44);而相应地,"知识则可以被视为信息所生产(或维持)的信念"(p.86)。换言之,人们通过对信息的处理产生了其具有的知识和信念。

为了进一步探讨上述通过信息处理产生信念的方式,我们首先利用一个较为极端的假设,即假设行为者拥有完全的信息。完全信息可定义为与行为者所处理的事务或问题相关的所有信息的集合。如果该假设成立,那么根据德雷特斯基对信息和知识/信念的定义,可以推定行为者能够获得正确的知识/信念(正确指的是知识/信念得到完全信息集的支持且与其一致)。

例如，一位金银投资者对于昨天黄金收盘价格的知识／信念可能是基于《金融时报》(Financial Times) 提供的有限的信息集得出的。尽管出于各种原因该信息往往可能存在错误，但是大多数投资者在大多数时间里不会为自己未能拥有完全信息集而感到困扰。在上述情况下，认为知识／信念来自于对完全信息的处理的观点似乎是合理的。

但是上述关于完全信息的观点受到了可行性问题的限制。更确切地说，有些时候不可能了解信息集何时是完全的，即包括了所有相关信息。一些后来出现的新信息难道不可能变得与当前要解决的问题有关？行为者怎样才能确定他／她拥有了所有的相关信息？但是在行为者无法确定的范围内，她／他不得不认为根据所获取的信息集得出的知识／信念在一定程度上不够明确。不够明确的知识／信念显然与正确的知识／信念是有区别的。在不够明确的知识／信念基础上行动的行为者的做法，与认为自身信念正确的行为者的做法是不同的。在知识／信念不明确的情况下，德雷特斯基所认为的存在于信息和知识／信念之间的密切联系必然会变得松散，由此会带来严重的后果，我们将在后文中对此进行详细的分析。

有限理性（bounded rationality）和解读性模糊（interpretive ambiguity）

还有两种值得探讨的情况。第一种是指存在的相关信息集超过了行为者能够获取并处理的范围的情况。在第二种情况下，与其说行为者不确定是否拥有了完全信息集，不如说他／她确信信息集不完全。

诺贝尔奖获得者赫伯特·西蒙（Herbert Simon）在其著名的有限理性理论中提到了第一种情况。西蒙是这样定义有限理性的："与那些要求解决方案在现实中达到客观理性，甚或只是比较接近客观理性的问题数量相比，人的头脑中用于阐明并解决复杂问题的容量是非常小的"(引自本书第一章)。在上述情况下，尽管行为者的知识／信念源于对信息的处理，但他／她获取并处理的信息集是小于实际存在的整体相关信息集的，在这个意义上，行为者的理性是有限的。缺少一些相关信息意味着行为者由此得出的知识／信念可能不同于他／她在拥有完全的相关信息集时得出的知识／信念。在德雷特斯基所说的信息和知识间的密切联系中，后者被设定为合理真实的信念；同样，在上述情况下，对知识的这一设定无法成立。建立在不完全的信息集基础上的行为者的知识／信念未必是正确的。

在第二种情况下，与有限理性的情况不同，问题并非来自相对于行为者处理信息的能力而言数量太过庞大的相关信息量，而是来自于既有知识的不完整。可以举一个令整个英国为之迷惑的例子：是否有足够的信息证明这一信念——BSE（Bovine Spongiform Encephalopathy，牛绵状脑病，俗称"疯牛病"）会以CJD（Creutzfeldt–Jakob Disease）的形式扩散到人类？现有的相关信息集包括了BSE和CJD的影响范围的数据。但是对于BSE藉由食物链扩散到人类中的能力以及如果此类扩散可能出现的话，其影响范围有多大等问题，从当前的信息集中无法得出明确的知识／信念。根据这类不完全信息，不同的行为者可以得出不同的甚至矛盾的知识／信念。

在本书中是这样界定**解读性模糊**的：在当前信息集能够就应当得出何种信念而得出不一致的推论时，就说明存在着解读性模糊现象。因此在解读性模糊的情况下，从不能产生明确的知识／信念的角度来看，信息集是不完全的。

5

行为者在解读性模糊的情况下如何行动？我的回答是他们在自身拥有的信息（该信息不够明晰且不足以得出清楚明确的信念）的基础上进行了一次跳跃，跃到了已经构建好了的、界定更清晰的信念体系中。尽管这种跳跃未必是盲目的，但确实是一种从不完全的信息集向并非完全源于初始信息的信念体系的转移。因此在解读性模糊的情况下，信念相对于潜在的信息具有较大程度的独立性。换言之，在这种情况下，信息和信念之间是松散联系的。上述跳跃的作用在于使世界显得更加集中，因此也就比其真实状况更容易理解，从而促使行动更加具有决断性。此外，在解读性模糊的世界里，行为者由于缺乏清晰的推断而可能不采取行动。

但是，信息产生的信念的相对独立性可能会带来更深层的问题。当信息集不完全时，既有信念会成为解读不完全信息的基础。在这种情况下，一般性的因果方向（即从获取并处理的信息到信念）就会发生倒转。在上述情况下信息和信念之间可能会出现断裂。第一章中详细分析了一个被称为IBM悖论（IBM Paradox）的案例。在此案例中，杰出的信息处理公司IBM的信念[即1991年之前持有的认为大型主机能维持其成长、规模和利润率(profitability)的信念]与其所获取的信息越来越矛盾，因为信息显示小型计算机以及由其组成的网络的竞争力在不断上升。

至此我们探讨了前文提出的两个问题中的一个，即信念是怎样构建的。概括来说，当信息集完全时，信念是通过已处理信息（包括过去的学习和经验）构建的。然而，在解读性模糊的情况下，所构建的信念是相对独立于行为者的信息集（从定义上来讲不完全）的。在上述情况下产生的信念部分源于"填补"了缺失信息的其他因素，如直觉、推测和假定等并非来自所拥有的信息集的因素。但是，我们对第二个问题，即信念是如何转变的，讨论得较少。

信念的演进

这里所探讨的也与第二个问题有关。此处提出了这样的观点：在分析信念的转变过程或者说信念的演进时，必须对两种不同的情况有所区分。在第一种情况下，存在着能形成新的但完全信息集的新信息流动。此时，由于在T时间点和T＋1时间点（晚于T时间点）之间获取并处理了新的完全信息，在T时间点所持有的信念在T＋1点会有所变化。因此该情况与信念等同于已处理信息的情况是一样的，即信息和信念之间存在着紧密联系。

但是在第二种情况下，从前文界定的意义上来看，在T时间点和T＋1时间点之间获取的信息是不完全的。结果就是，围绕着经过修订且应当取代在T时间点所持信念的信念集，出现了解读性模糊的现象。正如在解读性模糊的情况下一向会发生的，一种不确定性将介入到被处理信息和该信息所支撑的信念之间。因此，不同的人可能从T＋1时间点的同一信息集中得出不同的信念。

可视电话就是一个属于第二种情况的例子。能够同时显示交流者图像的电话的构想产生于很早以前，而进行可视电话的实验则始于20世纪50年代。20世纪60年代末AT&T（美国电话电报公司）预见到可视电话服务市场的重要性，于是引入了一种商务可视电话。但是AT&T的信念是可视电话的需求量将会很大，该信念与其获得并积累的销售信息是矛盾的。1973年AT&T在销售信息的引导下改变了自身信念，因此可视电话项目被撤销了，据估计至撤销为止AT&T已经在该项目上耗资5亿美元。

然而，尽管借以推断出可视电话在所提出的价位上的需求量不大这一结论的信息十分明确,但有关需求量较低的确切原因的信息集却是不完全的。潜在用户之所以踌躇不前,是因为价格太高?是因为他们不习惯看见正在通话的对方?还是由于不希望隐私受到干扰?根据信息集和其中隐含的解读性模糊现象是不足以确认或否定基于上述三种假设的信念体系的;而且就电信公司应当在可视电话领域采取哪些行动而言,这些假设的意义各不相同。1992年AT&T重新引入了可视电话,市场依然令人失望。不过在可视电话的未来方面,目前又出现了基于各种相互矛盾的信念的不同观点。悲观主义者的想法是一个极端,他们相信只要有可能,一般消费者都不想购买可视电话。乐观主义者的想法是另一个极端,他们相信只要降低价格并提高对可视电话的熟悉度,需求量就会大大增加。总而言之,这是处于解读性模糊情况下的典型反应。

通过上述讨论,我们得以对信念的演进做出一些概括。演进的途径来自于产生多样性的过程与从所产生的多样性中进行选择的过程这二者的互动。在信念的演进方面,我们可以从前文的探讨中得出两点重要结论。第一点,在解读性模糊的情况下,同一个不完全的信息集可以得出不同的甚至矛盾的信念,因此解读性模糊导致多样性的产生。第二点,即使正处于选择的过程中(举例来说,未来市场对可视电话将有高需求量的信念的消极反馈),解读性模糊的持续存在也意味着各种信念会持续产生,可视电话的例子清楚地表明了这一点。因此,尽管解读性模糊使未来信念的演进增加了一定程度的不确定性和不可预测性,但同时也有助于影响演进过程的(信念)多样性的产生。

公司的愿景

上一部分内容的含义之一在于,为了采取行动,公司的决策者不得不构建其进行运作的世界的愿景(包括其所在公司的内部世界)。根据拥有完全信息的程度,他们获取并处理的信息与所构建的信念和愿景之间会存在紧密联系。但是，根据在解读性模糊情况下进行运作的程度，他们的信息和所构建的信念和愿景之间会存在松散联系。我们应该在这个意义上理解**公司的愿景**所表达的含义。

但是本书的书名还有第二层含义，即公司的分析者们所构建的公司愿景。第一章分析的对象正是这些愿景。

正如伊迪斯·彭罗斯（Edith Penrose）在一段表述其观点的文字中所指出的，作为被解析的对象，公司本身是模糊的实体。

"公司"绝非明确而清晰的实体；它无法作为看得见的对象而在表象上与其他物体有所区分；如果不考虑其行为内容或内部活动，它是很难定义的。因此，每一个分析者都可以自由地选择其关注的公司特征，据以对公司做出定义，并由此把这种机构称为所谓的"公司"。这就造成了一些潜在的混淆。（引自第一章）

在公司是模糊的实体的前提下，围绕着对公司的分析，存在着解读性模糊的情况。在第一章中可以看到，依据自身的兴趣和目的，不同的分析者会对一些有关公司的基本问题得出不同的答案，例如：公司是什么？公司做什么？公司如何成长？简而言之，不同的分析者会就公司的本质特征构建起不同的信念和愿景。

第一章中提到，可以将一些有关公司的最著名的理论划分为两类，第一类视公司为一种解决信息相关问题的方案。这些理论包括：视公司为有限理性下所产生问题的一种反应；市场交易中的信息相关成本；为了防止推卸责任，需要监督和控制合作生产团队成员的行为；委托人或代理人的目标可能出现偏差的问题。在这一类讨论的著述者中有科斯

(Coase)、阿尔奇安（Alchian）和德姆赛茨（Demsetz）、詹森（Jensen）和梅克林（Meckling）以及威廉森（Williamson）。

第二类理论并非将公司看作对信息问题的反应，而是将其视为知识的储存库。根据此类理论，公司在本质上是体现在例行程序和能力中的一系列特定知识的组合。这些特定知识不仅使得各个公司有所差异（从而产生多样性），而且还令具有特殊能力（潜在竞争者无法轻易效仿）的公司得以获取准租金（quasi-rents）。正如第一章中所说明的，这一（与前一种）截然不同的公司愿景使拥护者对上文提到的基本问题得出了具有本质差异的答案。第一章分析了彭罗丝、钱德勒（Chandler）、纳尔逊（Nelson）和温特（Winter）以及蒂斯（Teece）等研究者的著述。

愿景和例行程序

若想详细了解这类公司理论，可以参阅第一章。但是，由于导论主要关注的就是愿景的一般概念，且因为例行程序在第二类公司理论中是一个核心元素，因此这里要对这两项概念的关系多谈几句。

导论提出的观点是：决策者别无选择，必须形成有关其所在世界的信念并在这些信念的基础上构建愿景。显然，构建信念和愿景的过程十分复杂而且需要相当长的时间。同样明显的是，为了做出决策，决策者并不是从零开始构建其信念和愿景的。他们相当多的信念和愿景在各个特殊时间点上成为了有关决策环境的一系列初始假设（starting assumption）的一部分，这些假设被当作是理所当然的，也不再受到验证或质疑。

例行行为的积极作用是很容易理解的。最重要的是这些行为直接有助于个人和组织思考在当前环境下最适当的做法，令其有能力快速地做出反应。当遇到重复发生的事务时，例行的反应尤为有效。但是当环境产生了变化，特别是发生了根本性的变化时，例行性的反应可能会不够恰当。如果某个组织改变反应的速度较为缓慢，就会导致组织惯性。惯性以及组织克服惯性的成功对于演进选择过程的成果起到重要作用。

但是例行程序中包含了愿景和信念（正如前文所定义的），这里的信念是指与最适合某些特定情况的反应类型有关的信念。显然在做出决定的时候，例行程序会明确地或间接地令反应变得例行化。然而随着时间流逝，包含在例行程序中的愿景和信念会逐渐被淹没，从人们的思考中消失。事实上为了令行为变得例行化，包含在例行程序中的愿景和信念必须渐渐被淹没。原因在于，为了确立具有节约功能的例行程序，例行性的反应必须是在不涉及也不质疑这些反应所依据的假设的情况下自动做出的。

因此我们可以得出这样的结论：无论在理论上还是实践中，愿景和例行程序都密切相关。二者的理解互为前提。

愿景和公司的演进

日本计算机和通信公司的悖论

第二章、第三章和第四章探讨了公司的演进发展，其中包括了对愿景的作用的分析。第二章阐释了关于日本的计算机和通信公司的悖论：日本电气公司（NEC）、富士通公司（Fujitsu）、日立公司（Hitachi）、东芝公司（Toshiba）、三菱电气公司（Mitsubishi Electric）和冲电气公司（Oki）等这些规模跻身于全球前十名的大公司却很少能在除日本之外的市场上占据主导地位。因此，它们与通常在日本以外的市场上具有更强竞争力的日本消费电子产品公司和汽车公司有极大差异。[作者在其另一部姊妹篇《赢在创新：日本计算机与通信业成长之路》(*Japan Computer and Communications Industry: the Evolution of Industrial Giants and Global Competitiveness*, 牛津大学出版社1995年出版, 中文版由知识产权出版社2006年4月出版) 中也对上述问题进行了深入的研究。]

更确切来讲，全世界排名前十位的计算机公司中有四家是日本公司（富士通公司、NEC公司、日立公司和东芝公司）；全球前十位的电信设备公司中有两家是日本公司（NEC公司和富士通公司）；前十位的半导体公司中有六家是日本公司（NEC公司、东芝公司、日立公司、富士通公司、三菱电气和松下公司）。但是，尽管日本的计算机和通信公司控制了记忆性半导体、光电子半导体、微控制器和液晶显示器等领域，但是在大型主机、工作站、服务器、个人电脑、微处理器、软件包和复杂电信设备等重要领域中，这些公司在日本以外的市场上远远不够成功。尽管这个悖论阐释起来比较复杂，第二章中也提供了解释，但在这里还是要谈谈愿景起到的作用。

首先，如前文所做的定义，愿景是各家公司遵循的特定演进途径的一个决定性因素。这里举一个在第二章中进行了详细探讨的例子，即当今世界第二大计算机公司富士通公司最初做出的进军计算机领域的决策。富士通公司早先是富士电机（Fuji Electric）和西门子公司合资创办的企业，主要专注于电信设备。在第二次世界大战后，富士通公司成为了国有电信运营公司NTT的四家主要供应商之一。然而在四家运营商当中，NEC公司占据了主导地位，从而限制了富士通公司的成长。在上述背景下，考虑到计算机这一新领域中正在形成的技术潜力和市场机遇，富士通一些较年轻的技术员工构建了一个信念：在未来战略中，公司应当将计算机放在关键的优先地位上。但公司的总裁和董事会却对上述信念表示强烈反对。他们在可利用的信息的基础上构建了相反的信念体系，提出富士通应当仅将电信设备放在优先地位,因为尽管公司不是最重要的供应商,但是其与NTT奠定的长期关系可以确保公司的稳健成长。而进入计算机领域的成本高昂,有较大不确定性且西方公司已处于实质性的领先地位。他们的观念极其顽固,以至于直到换了新总裁(可以说他的接任在某种程度上是偶然的),关于计算机重要性的信念才得以成为富士通公司战略的核心要素。

然而,在阐释上述悖论时强调愿景可能是错误的。其他一些因素,比如西方竞争者[包括IBM、英特尔(Intel)、微软(Microsoft)、AT&T、北方电信(Northern Telecom)和爱立信(Ericsson)]的强大实力,在日本推出的、尤其与美国有分歧的一些现行标准(在个人电脑、软件和电信设备领域),以及日本战后的快速增长率(令日本公司通过满足日本市场就获得发展),都严重限制了日本公司在许多日本以外的信息和通信市场上的竞争力。尽管上述因素是其他代理人愿景和行动作用的结果,但这些因素却被日本计算机和通信企业的决策人看作是"理所当然的",并在此基础上构建他们的愿景。如果试图仅通过这些日本公司的愿景来阐释悖论,那么主观因素或唯意志论因素起到的作用就过大了。

AT&T、BT和NTT:类似的环境,不同的愿景

第三章中回答的问题是:为什么处于类似的变化环境下的公司有时却会就应当怎样行动这一问题构建出有根本性差异的愿景?第三章所探讨的案例是美国、英国和日本的主要电信运营商,即AT&T、BT和NTT的愿景。20世纪80年代中期,上述三家公司面临着所处行业环境的剧烈变化。更确切地说,三家公司都失去了其国家垄断地位并面临着充满活

力的新加入者的竞争。此外，它们必须面对电信行业的根本性转变，其中包括其基本业务——普通老式电话（服务）的成熟，新服务的重要性不断增加以及电信服务市场和电信设备市场的全球化。

在上述变化面前，公司应当如何应对？如第三章所详细说明的，值得注意的是，各家公司以本质上截然不同的方式回答了该问题，它们就应当如何行动构建了各异的信念和愿景。概括来讲，在1984年被剥离并与7家新成立的"小贝尔"分离后，AT&T最大的变动出现于1988年鲍勃·艾伦（Bob Allen）担任公司领导的时候。他迅速推行了两项主要的变革，确立了公司至1995年（开始更深层次变革）为止的方针。第一项变革（第四章中进行了详细分析）是将公司拆分为约20个业务单元，并赋予这些业务单元比过去大得多的权力。

第二项变革是以艾伦的两个相互关联的信念为基础的。其一，AT&T的核心能力是在任何时候、任何情况下提供信息方面的解决方案；其二，要做到这一点，需要3个领域的内部能力：网络运营、开发和服务提供，电信设备，以及计算。第二个信念源于有关计算机和通信技术融合的趋势以及这三个领域的协同效应（synergies）或形成范围经济能产生收益的一系列深层信念。前两个领域是AT&T传统业务的组成部分，第三个领域则不是。根据艾伦的信念，计算领域的能力是必要的，为了获取该领域的能力，AT&T发起了对计算机公司NCR的恶意收购，并最终获得成功。

在私有化之后，BT在伊恩·瓦兰斯（Iain Vallance）的领导下构建了截然不同的信念。瓦兰斯确认BT的核心能力为"经营电信网络和通过这些网络提供服务"，他公开嘲讽了艾伦关于"融合"（convergence）的信念。正如他1990年所说的："何谓'融合'？10年前这个词就已经出现了，AT&T和IBM会因此在巨头之争中双双落马的。我想大声质疑AT&T在计算机领域是否遭到了与IBM在电信领域同样惨重的损失。"在瓦兰斯的领导下，BT日益致力于通过市场获取所需的设备和计算终端。

NTT介于其他两家公司之间。该公司一如既往，竭力避免"倒退"回电信设备和计算领域。它认为若要在适当的时机提供先进的技术和设备，市场力量是不足以依赖的。因此它继续其长期致力的领导供应商小团体并与它们协作的先行做法，以便合作开发先进设备。在为了完成特定工程而建立的小团体的成员中，除了传统的日本供应商外，还逐渐包括了主要的西方公司。

在20世纪90年代后半期，这些互不一致的信念是怎样发展的？在BT和NTT大体上保持了其在上述方面的信念的同时，AT&T出现了重大变革（这里所说的是最新的信息，超出了第三章提供的内容）。该变革发生在1995年9月20日，鲍勃·艾伦宣布AT&T将被拆分为3家独立的公司，一家提供电信服务，一家出售电信设备，另一家专门致力于计算机领域（原先的NCR公司）。艾伦未能就其信念的明确转变或者转变的原因做出清晰的说明以保障持股人的利益；他只是简单地表示"我们到了一个整合带来的优势被复杂性带来的劣势所抵消的时代"。《商业周刊》将艾伦新构建的信念概括为："协同效应已经消亡，而驱使AT&T收购NCR，将通信和计算机市场融合起来的想法，只是一种幻想。"

但融合已经不复存在了吗？那么到目前为止被认为是最重要的融合形式，即计算机网络（cybernetwork）（类似于因特网）和公共交换电信网络的结合[会引起两类网络系统提供的数字通信（包括声音和视频）之间的竞争]又作何解释？

这一结合是否意味着IBM这样的计算机公司终将与AT&T、BT和NTT等通信公司短兵相接、相互竞争？为了参与竞争，公司将不得不具备哪些内部能力？这些问题是否意味着围绕着上述事项仍存在着大量的解读性模糊现象？

AT&T、IBM和NEC：解析分权和跨业务协调之间的平衡问题

第四章中分析了现代大型计算机和通信公司面临的最重大的难题之一。该问题是两个相互矛盾的组织目标相冲突的结果。第一个目标是加大公司的分权程度以便克服大型、集权组织的无效率问题。第二个目标是协调各个分权单位之间的相互依赖行为以便实现协同效应和范围经济带来的利益。尽管通过避免集中决策，分权能带来重要的优势，但与此同时却增加了对相对自治的单位进行协调的成本。

对于IBM、西门子、飞利浦、日立、东芝、NEC和富士通等公司而言，上述难题是以一种特别关键的形式被呈现出来的，因为它们的一些充满活力的竞争者远比它们更加专业化。举例来说，在计算领域，IBM、富士通、日立、NEC和西门子等公司面临着来自康柏、戴尔、微软、英特尔和Sun等专业化公司的强大竞争。在电信设备领域，西门子、NEC和富士通等生产电信设备、计算机和半导体的"多面手"面临着爱立信、北方电信和诺基亚等专业化公司的竞争。在半导体领域，NEC、东芝、西门子、飞利浦、三星和LG（Lucky Goldstar）等多元化公司面临着英特尔、德州仪器、AMD（Advanced Micro Devices，美国先进微电子器件公司）和SGI（Silicon Graphics）等公司的竞争。

以更直接的方式来表述的话，该难题的含义是：如果将这些多元化公司拆分成若干独立、规模较小、更专业化的公司的话，其会创造更多的价值吗？第四章中分析了3家公司（即IBM、AT&T和NEC）对该难题做出的反应。可以看到，尽管时间和方式不同，

但三家公司都构建了趋于拆分的组织形式,这种组织形式在第四章中被称为S型结构。为了实现协同效应和范围经济,它们还运用了不同的方法来解决相对独立的分拆单位之间的协调问题。但是正如上文所提到的,1995年9月AT&T决定将自身拆分为三家专门从事电信服务、电信设备和计算机业务的独立公司,这意味着它采用了远比过去激进的解决方法(使AT&T的情况超出了第四章分析的内容)。AT&T的变迁表明了上述难题的重大性;另外,如果说还带来了什么变化的话,那就是它使得多元化公司更亟需明确自身的信念,正确看待因整合大范围活动所产生的利益。但是,解读性模糊再一次破坏了所有将专业化的益处与协同效应、范围经济的益处进行比较的尝试。

愿景和公共政策的制定

其余的章节,也就是第五章、第六章和第七章讨论的是愿景在日本的公共政策制定方面起到的作用。"日本的政策制定者的愿景"这一短语同样也具有双重含义。一方面,该短语指的是政策制定者在规划并完善其政策时存在于头脑中的愿景;而另一方面,该短语也代表了就日本公共政策制定者的重要性进行分析的外界分析者的信念体系。

日本的创新体系如何运作

首先探讨后一种含义。通过参阅一段日本文献,我们可以了解到,围绕着日本公共政策制定者的作用和有效性存在着严重的解读性模糊现象。对于"政府"和"市场"在阐释日本经济的状况时的相对重要性,不同的著述者做出的解读有根本性的差异,由此可以清楚地看出解读性模糊现象的存在。举例来说，在《MITI 和日本奇迹》(*MITI and the Japanese Miracle*) 这一影响极大的著作中，查默斯·约翰逊 (Chalmers Johnson) 特意强调了日本政府和日本通商产业省 (MITI) 的重要作用：

在工业化较晚的国家里，国家本身会引导工业化的前进，也就是说，国家起到了发展的作用。常规导向和发展导向这两种不同的对私营经济活动的导向方式导致了两种不同的政府-企业关系。美国是一个常规导向占主导地位的典型例子，而日本则是发展导向起支配作用的典型例子。一个常规的或者说市场理性 (market-rational) 的国家关注的是经济竞争的形式和程序 (也可称作规则)，但不会亲自关注实质性的问题……相反地，发展的或者说计划理性 (plan-rational) 的国家的主要特征就是确立实质的社会目标和经济目标。(p.19)

然而，《日本的产业政策》(*Industrial Policy of Japan*) 一书就日本经济成长的过程和决定因素提出了截然不同的观点，这本书介绍了一个由一些日本最权威学者参与其中的项目的成果，编者是 Komiya、Okuno 和 Suzumura。对于"产业政策在战后日本的高速成长中的作用"这一问题，Okuno 和 Suzumura 的结论是：

此项目的所有参与者公认：除了在战争刚刚结束后的短暂时期，快速成长的基础是在价格机制运作下的竞争和充满活力的企业精神，与日本公司 (Japan, Inc.) 论点相反，我们甚至可以说在战后主要时期 (特别是20世纪50年代和60年代)，在产业政策的历史进程中，常常是私营领域的进取精神和活力破坏了政府权威人士在"控制"的本性作用下尝试直接插手干预的计划。上述说法并不代表不存在值得称许的、起到了完善价格机制作用的产业政策措施。(p.553)

以上对日本顶尖学者论述的引用表明，在解读性模糊的情况下，可以构建出具有本质差异的推论和阐释。(既然这样，值得我们解注一下不完全信息集。不完全信息集的所谓不完全，指的是在解读性模糊的前提下，无法就市场过程与政府政策干涉之间的因果关系做出清晰的推断。)例如，确切来讲，当争论政府和市场在韩国和新加坡的经济中所起的作用时(包括有意的积极争论和规范争论)，显然也有同样的模糊现象。(可以参阅世界银行的《东亚奇迹：经济成长和公共政策》，此书试图解决上述模糊现象问题，但其自身也受到了模糊现象的困扰。)面对解读性模糊问题，笔者试图在第五章中建立自己的关于"日本创新体系"运作方式的愿景。

国家技术政策在全球化世界中能起到作用吗

第六章讨论了一个令美国和欧洲的政策制定者们感到苦恼的重要问题：政府能通过规划并完善国家产业和技术政策起到积极作用吗？(在日本，尽管当前就行政官员及其制定的经济法规有许多争议，但是如第六章和第七章所显示的，多数人更关注的是政府应当在技术领域做些什么。)

更确切来讲，第六章首先提出的论点是，知识、人员、投资和商品的国际流动不断增加而引起的国家经济的全球化，破坏了国家技术政策的有效性。但同样的，所有试图证明该论点的尝试都是在解读性模糊的情况下做出的。在分析日本人对上述论点的潜在反应时可以很明显地看出这一点(此论点源于对日本当前的国家技术政策的探讨)。

日本人对技术政策的作用的愿景也是第七章（与Shoko Tanaka共同研究撰写）的主要议题。这一章提到的问题要确切得多：在一个被认为将在广泛的工业领域中变得日益重要的新技术领域（即生物技术领域）中，日本政府应当如何推动国家能力的增长？由于历史和制度的原因，日本在生命科学领域实力相对较弱，因而上述问题显得尤为重要。关于日本对新的生物技术的诞生作出的反应，第七章中有详细的描述和分析。

第一章

公司的愿景：关于公司研究的主要方法评述*

> 对于日新月异的知识在经济发展进程中起到的主导作用,经济学家们当然一向给予认可。但是在很大程度上,他们发现总体的学科知识体系过于变化不定,以至于难以把握。(p.77)
>
> "公司"绝非明确而清晰的实体;它无法作为看得见的对象而在表象上与其他对象有所区分;如果不考虑其行为内容或内部活动,它是很难定义的。因此,每一个分析者都可以自由地选择其关注的公司特征,据以对公司做出定义,并由此把这种机构称为所谓的"公司"。这就造成了一些潜在的混淆。(p.10)
>
> ——伊迪斯·彭罗斯
> 《公司成长的理论》(The Theory of the Growth of the Firm, 1959)

---

* 本章早先曾以"信息、知识和公司理论"为题发表于《产业和组织变化》1994,3(2):1—45。笔者在此感谢曾评论过本章早期版本的以下研究者:艾尔弗雷德·钱德勒、伊迪斯·彭罗斯、布赖恩·洛斯拜、理查德·纳尔逊、戴维·蒂斯和奥利弗·威廉森。不过他们不为本章中的内容负责。

1.1 概述

本章目的如下：第一个目的是列举经济学中一些最著名的关于公司的研究方式，这些研究方式的出发点都在于把公司看作对信息相关问题的反应；其次是在其论点的内在结构的基础上对部分理论进行批判性评价；第三是要根据"信息"和"知识"之间的区别对"信息相关范式"(information related paradigm)的一些局限性进行分析；最后一个目的是提出若干有益于进一步探索的其他理论。

1.2 引言

视公司为对信息相关问题的反应

信息可以被定义为与因自然或社会原因发生的事件所造成的世界状态及其可能后果相关的数据。在封闭性的状态和后果的体系中，整个数据体系也是封闭的。

一些著名的研究公司的方法就是（潜在地）以上述信息定义为基础的，它们同时假设信息并不是对称分配给各代理人 [也就是说，存在着非对称信息 (asymmetric information)]的。例如，本章中所列举的，阿尔奇安和德姆赛茨（1972）提出的认为公司是团队合作生产的理论，以及詹森和梅克林（1976）提出的认为公司是委托人 (principals) 和代理人 (agent) 之间通过契约关系形成的联合体的理论，均直接由该定义和假设衍生而来。可以看到，科斯研究公司的方式在本质上也是基于信息相关问题的。

然而，威廉森对于非对称信息本身会引发问题的观点提出了质疑。假设某些人是诚实的，那么可以要求他们"告知事实、告知全部事实并只告知事实"，这些人会按照要求行

第一章 公司的愿景：关于公司研究的主要方法评述

事。在这种情况下，非对称信息可以成为对称的。问题在于，人们可能有机会主义倾向。因此威廉森认为，比起非对称信息，机会主义本身更能造成问题。但是正如后来所指出的，非对称信息是机会主义的必要条件——如果信息是对称分布的，那么机会主义就不会出现。

另一个更深一层的信息相关问题是关于有限理性的问题。这个问题在威廉森的研究方式中占据了重要地位。在本章里，我们就这个重要概念回溯到赫伯特·西蒙最初的著述。在西蒙看来，人类及其组织实质上都是信息处理器。正是这一点令人类与计算机有所关联并奠定了人工智能（西蒙曾为这个领域做出重要贡献）的理论基础。

稍后会提到，根据西蒙最常被引用的有限理性定义的严格解释，在相关信息量与人们处理信息的能力（西蒙强调，这种能力不仅是体能方面的，而且也源于精神上和组织上的）有极大关联的情况下，困难就会出现。由于人们常常无法处理完整的相关信息集，他们没有选择余地，只能处理其中某个部分。从这个意义上说，在仅处理了所有相关信息某一部分的基础上，所做出的决定是"有限"的（至于他们的决策有多么"理性"将在后文讨论西蒙时提到）。

在有关公司和组织经济学的较广义的范畴中，以上提到的所有著述者的研究方式都极大关注了个体和组织对信息相关问题的反应，他们的研究方式在这一点上可以统一起来。

视公司为知识库

在本章中，还涉及第二种研究公司的方法，这种方式视公司为知识库；而这种研究方式与第一种方式中的部分思考——即有限理性问题，有着同样的出发点。根据纳尔逊和温特的理论（1982），公司的日常行为很大程度上是对信息的数量（也包括信息复杂性）的反应。但是，尽管例行程序可能是对信息相关问题的反应，纳尔逊和温特研究公司的重心却转到了例行程序本身上面。公司的组织知识是储藏在其例行程序中的，这是公司与公司间存在**差异**的缘由。而且，在选择机制下，公司的差异以及多样性共同驱动了演进的过程。与此同时，正是公司的例行程序使得纳尔逊和温特得以找到各种公司和市场产生的不同行为方式的共同决定因素。

尽管在某种程度上特定目标有所不同，纳尔逊和温特的研究方式与彭罗斯、钱德勒、蒂斯的研究方式有着显著的共同之处。他们的研究都集中在把公司看作特定的知识库（包括组织和技术能力）上面。

信息和知识

以上阐述中隐喻了"信息"和"知识"在概念上的"密切联系"。对于这种密切联系，没有哪位著述者认为有必要把两个概念清晰地区分开来。哲学家德雷特斯基（1982）认为可以用以下方式表述"信息"和"知识"的密切联系：信息是能够产出知识的物品，而知识则可以被视为信息所生产（或维持）的信念。简言之，信息产生了知识（信息是起因而知识是结果），知识用于处理信息。

但是信息和知识的密切联系还涉及两个主要问题，它们对公司理论有着重要的潜在影响。首先，在某些情况下会有"分割物"插入信息和知识之间，使得它们的联系变得松散，甚至失去联系。其次，信息处于封闭体系状态，知识本质上却处在开放状态［引用布赖恩·洛斯拜（Brian Loasby）的观点］。从后一点可以得知，知识创建这一对所有公司来说都具有核心意义的流程是不能完全运用"信息处理范式"来分析的。上述两个问题都需要较为详尽的阐述。

第一章 公司的愿景：关于公司研究的主要方法评述

继续第一个问题：在**不完全信息**的情况下，根据其定义，代理人所使用的信息集是不可能产生明确的知识的。在这种情况下代理人可能会推导出与信息集不同甚至相互冲突的"知识"。更有甚者，不同的代理人会从相同的信息集得到不同甚至相互冲突的"知识"。在这些情况下出现的状态被看作一种**解读性模糊**。凭直觉来看，解读性模糊的状态显然是经常出现的。这种时候知识只能不甚精确地与信息相联系，在较为极端的情况下知识会变得与信息完全没有联系。（关于未来的不确定性是信息不完全的一个特殊例子。在不确知的状况下，无法依据未来状态及其可能产生的后果导出信息，包括按照或然说产生的信息也不例外。在这些情况下解读性模糊的现象会始终存在。）

出现解读性模糊现象时，由知识组成的信念并不是明确地由代理人的信息集来维持的。再进一步来看，这种时候，代理人的信念是相对独立于个人的信息集之外的，它会与新信息一样成为解读该信息集的基础。在这种情况下信息与知识的因果关系会颠倒，知识会被用于解读不完全的信息（这些信息无法通过产生明确的知识来做到"自我解读"）。

上文所说的第二个问题则有些不同。它涉及的不是第一个问题所探讨的信息和知识的关系，而是信息和知识的不同本质。正如之前所定义的，信息指的是关于世界状态及其可能后果的数据。信息的固有属性在于，它指的是封闭的数据集；而知识则本质上是开放性的，知识总是处于发展、延伸的过程中。因而，公司的知识（指决策者的知识，包括创造了公司知识的行为者们的知识）也必须被看作是开放性的。

对公司理论的推断

对于这里讨论的关于信息和知识的公司理论，我们能够得出什么样的推断呢？总体上，为了获得更具生命力的公司理论，对公司有更好的理解，必须在吸收"信息处理范式"的重要内涵的同时超越它。这就需要两项相关的理论发展。

首先，必须把知识（等同于信念）从对已处理信息的依赖中"解放"出来。被处理的信息固然是知识创建过程中的重要力量，但知识的创建还涉及信息处理以外的因素。知识创建过程对多数大公司来说非常重要，为了分析该过程，必须超越信息处理分析，并且要以知识本身的含义对其进行解读。

为达到这个目的，在本章结束部分进一步发展了**愿景**新的含义。愿景的基础是信念结构，它受被处理信息影响的同时还体现了洞察力、创造性和误解等要素的影响。这些是信念的决定性因素，信念从被处理过的信息中得出并超越它们。可以通过被称为"IBM悖论"的研究来阐释愿景的概念。**杰出**的信息处理公司IBM直到1991年才放弃了其错误信念，不再迷信大型主机能维持其收益性、规模和成长。为了了解其中原因，人们对上述悖论进行了分析。IBM的信念与其所处理的关于微处理器的运行成本逐渐增加的信息是相互矛盾的，而微处理器的出现意味着大型主机业务的逐步衰退。

其次（紧随着第一点），公司的知识创建过程必须能达到更复杂精密的概念化程度。一方面需要对信息处理的地位有充分了解，另一方面，必须更进一步概念化，将知识看作开放性的处理过程对其本身进行解释。

1.3 视公司为对信息相关问题的反应

采用第一种研究方式的著述者们对于公司有着这样的共同观点：视公司为对信息相关问题的反应。这些人包括阿尔奇安和德姆赛茨、科斯、詹森和梅克林、西蒙以及威廉森。

1.3.1 非对称信息

为了详细阐述这些著述者们所提到的信息相关性问题,我们不妨以一些简化的假设作为开始。假设所有与决定有关联的、可能出现的事件(affair)状态及依存状态的结果都属于常识,因而产生了一组封闭的可能性体系。进一步假设确有关联性的事件状态对于某一个或更多的相互作用者(interactor)而言是未知的。在上述情况下存在非对称信息,也就是说,一部分人拥有其他人所没有的有关事件主要状态的信息。

对阿尔奇安和德姆赛茨(1972),以及詹森和梅克林(1976)来说,上述情况足以解释公司的存在。但是如果按照这些著述者们的说法,公司究竟是什么,又做些什么呢?

视公司为团队合作生产

在阿尔奇安和德姆赛茨(1972)看来,公司是组织合作生产行为的特殊形式,他们称其为团队生产(team production)。团队生产的基本特征在于它涉及团队成员之间为生产出产品而进行的合作。但是每个团队成员为合作产出(joint output)做出的贡献并不是完全透明的,这样就产生了推卸责任的可能性(阿尔奇安和德姆赛茨实际上探讨得更深,并且还谈到了推卸责任的动机)。换一种略有差异的方式来表达,团队成员中存在着非对称的信息分配,使得所有人都不能精确地了解每个人做出了多少贡献。在上述情况下,精确地对贡献与薪酬进行调节是无法做到的,从而导致了效率损失的可能性。

进一步来说,正是信息的非对称性及其导致的无法对贡献和酬劳进行调整的状况,使得对团队成员的行动和产出的监督和控制成为了必须。但是应当由谁来履行监督和控制的职能呢?又应当怎样对监督者和控制者进行监督和控制呢?

阿尔奇安和德姆赛茨对于这个问题的回答是：团队成员具有支持且从契约意义上讲有效地委任监督控制者的动机。该动机来自于对更大产出量（会使全体团队成员受益）的追求，当推卸行为由于监督和控制的实施而减少时，就能产生更大的产出量。（更明确来讲，因更大产出量而引发的、监督控制行为的收益假定是超过该行为耗费的成本的。）

从当前的探讨中可以清楚地看出，阿尔奇安和德姆赛茨的目的是分析在信息非对称状态下所进行的团队生产的组织内部关联。这一点从他们的论文《生产、信息成本和经济组织》就可看出体现得相当明显。上述目的引导着他们去回答两个类似的问题，即"公司是什么？公司做什么？"："公司是当团队生产出现时所利用的特殊维持装置"。更普遍的，"经济组织这一问题[是]衡量生产力和酬劳的经济的方法"。

阿尔奇安和德姆赛茨的关于公司是什么的观点使得他们对科斯的论点（后文会提到）提出了质疑（科斯认为公司的显著特征是通过指导而非通过价格机制对资源进行分配）。正如他们所述：

对于公司的普遍看法是，认为其特征是通过高于传统市场的命令、权威或约束行为等外在力量来解决问题。然而这是错觉。公司并不具有所有这些力量，它所拥有的命令、权威以及约束行为的权力与普通的市场契约所需的相关权力只有非常细微的差别……管理并分配劳动者承担各种工作的假定权力的实质是什么呢？……管理、指导或分配劳动者承担各种工作这样的提法，好像表明雇主需要持续地参与契约的重新谈判，以便让双方都能接受，实质上这一提法是有欺骗性质的。让某位雇员打出这封信而非归档那份文件类似于我请杂货店主卖给我这个牌子的金枪鱼而非那个牌子的面包一样。我没有签订契约要继续向这位杂货店主购买,而雇主和受雇者如果没有契约义务的约束,谁也不会延续其(雇佣)关系。雇主与受雇者之间的长期契约并不是我们称之为公司的这一组织的本质所在。(参见 Alchian 和 Demsetz, 1972: 112)

视公司为委托人和代理人之间契约的联合体

在对公司的研究中,詹森和梅克林(1976)的主要目的是探索契约关系以及该关系中的代理成本的重要性。这个目的使他们致力于回答"公司是什么?公司做什么?"这两个问题。他们的答案与阿尔奇安和德姆赛茨(1972)提出的答案完全不同。根据詹森和梅克林的阐述:"契约关系是公司的本质,不仅包括了与雇员之间的契约关系,还有与供应商、客户、债权人之间的契约关系。代理成本问题和监督问题存在于上述所有契约中,且与是否存在[阿尔奇安和德姆赛茨意义上的]合作生产无关;也就是说,合作生产只能解释个体与公司相联系的行为的极小部分而已。"(参见 Jensen 和 Meckling, 1976: 215)

詹森和梅克林将代理关系定义为"在契约关系约束下,一人或多人(委托人)雇佣他人(代理人)为其利益实施服务,且为此授权代理人做出某些决定。"代理成本来源于这样的事实:"如果关系双方均能实现效益最大化……代理人不会始终为实现委托人的最大利益而行动(212)。"尽管委托人和代理人无力取消代理成本,但在一般情况下他们都会尝试去适应它:"**委托人**会通过为代理人创造适合的动机,以及通过设定用于限制代理人异常行为的监督成本来减少其利益损耗。另外,在某些情况下,**代理人**会花费公司资源(联合成本,bonding cost)来让委托人相信如果他采取了这类(异常)行为,委托人会得到赔偿。但是,在零成本的前提下,委托人或代理人若想确保代理人会从委托人的角度作出最佳决定,通常是不可能的(212)。

因此，公司是什么？按照詹森和梅克林的观点，公司是"个体间一系列契约关系的联合体"(215)。他们又说，"致力于把公司（或其他组织）'内部的'那些和'外部的'那些 [契约关系]区分开来是几乎或完全没有意义的。在真正意义上存在的只有大量复杂的关系（即法律虚拟的（公司）与劳动力、原材料和资本投入所有者及顾客产出之间的契约关系）(215)。"因此按照詹森和梅克林的观点，公司是一种市场形式。

在评价詹森和梅克林的公司观点时，必须注意的是，作为其观点核心的代理问题可以极大程度地简化为信息不对称的问题以及因试图处理这种不对称的后果而产生的成本。如果委托人拥有（或正在处理）与代理人相同的信息集，那么即使委托人仍然不得不根据所知情况决定怎样最妥善地行动，但由于当代理人的行动与他／她（委托人）的利益不相一致时，他／她就会知情，因此"代理问题"会被转化。

罗纳德·科斯：公司为何存在

正如罗纳德·科斯（1988）根据其20世纪30年代对公司的著述所阐释的："我的目的……是解释为什么会有公司"(Coase, 1988: 38)。这个目的令他的研究集中在两个疑问上面。

第一个疑问是科斯在20世纪30年代后期定义并开始着手解决的，即：如果专业化（specialisation）是充分的，那么为什么一体化（integration）这种偏离特殊化的现象会时常发生？早在1932年科斯就把一体化定义为"统一控制不同功能前提下的整合"（参见Coase, 1988: 19）。这个疑问与科斯在他1937年发表的著名文章《公司的本质》（*The Nature of The Firm*）中提出的第二个疑问有密切关联："在经济学

第一章 公司的愿景：关于公司研究的主要方法评述

家把价格机制视为调整手段的同时，他们也承认了'企业家'的调整功能。为何在某种情形下是由价格机制起到调整作用，而在另一种情形下则会由企业家起到调整作用，弄清这一点绝对是非常重要的。"（参见Coase，1937：20）

正是这些疑问使得科斯提出"公司为何存在"这个问题。然而，为了做出解答，科斯需要解决一个在逻辑上优先的问题：公司是什么？只有在对"公司是什么"有了概念之后，他才能借以开始探索"公司为何存在"。

科斯对于"公司是什么"的答案是在他对某个不含公司的经济系统的概念化定义里出现的。他后来是这样解释的，在该经济系统中："所有交易的执行都是产生于代理人（factor）之间的契约，双方将获得契约中所指明的服务且不涉及任何指导……在这样的体系中，资源的配置会直接反映到价格结构上。"（参见Coase，1988：38）

不含公司的经济系统中的经济行为由契约调整，公司内部则通过指导受到调整。因此，对于问题"公司是什么"的答案就是一种在经济行为的调整手段方面，指导胜于契约的形式（尽管并不排除公司内部存在契约关系的可能性）。因此，不同于阿尔奇安和德姆赛茨（1972）以及詹森和梅克林（1976）认为契约关系是公司行为的主要特征的观点，对科斯来说，在公司和市场之间可以划出一道明确的分界线。

由于有着对公司的概念化理念，科斯在他1937年发表的文章中继续对"公司为何存在"作出阐释："似乎成立公司之所以有利可图是由于运用价格机制需要一定代价"（38）。1988年科斯总结了自己早期贡献中的主要理念："《公司的本质》中的关键理念[是]对生产代理人的行为调整成本和具有同样效果的市场交易或由其他公司进行操作的成本进行比较"（38）。因此，当通过市场调整经济行为的成本超过了在公司内部进行调整的成本时，公司就会存在。（值得注意的是，在以上的引用中，科斯坚持主张了对三种调整成本的比较：在市场中、在公司里和在其他公司中。）

使用科斯确认的价格机制的成本是什么？这里给出对科斯分析的3种成本的含义解释。首先，"通过价格机制来'组织'生产的最显著成本也就是发现相关价格所需的成本"（参见Coase, 1937: 38）。其次，"为市场上发生的每一项相互交易而单独协商并拟订契约的成本也必须计算在内"（参见同上: 38—39）。科斯认识到长期的契约关系可能会缩减一些用于解除几个较短期契约的成本。但"由于预见上的困难，供应商品或服务的契约期越长，一方就越不可能且实际上越忽略对契约另一方期望的了解"（参见同上, 39—40）。

第三，在撰写《公司的本质》的时候，科斯也注意到了目前被称为"资产专用性（asset specificity）"的问题。1932年科斯在一封信中与他的同事兼朋友福勒（Fowler）探讨了以下关于资产特征的例子："假设某种特定产品的生产需要大量的资本设备，而在范围设定中，该资本设备只能用在所提到的特定产品上或只有投入巨大成本后才能重新用于其他生产。随后为某客户生产该产品的公司发现其面临着巨大的风险——客户可能会转移需求或可能会运用其垄断的力量迫使价格下降——该机制不具有供应价格"（参见Coase, 1988: 13）。

非对称信息对于科斯研究公司的方式有什么意义呢？正如我们之前所看到的，非对称信息在阿尔奇安和德姆赛茨（1972）以及詹森和梅克林（1976）的研究方式中起到了核心作用。非对称信息会使价格机制的使用成本大量增加。在科斯提出的第二种成本也就是协商并拟订契约的成本的情况下，可以清楚地看出这一点。但是在采用长期契约的时候，

第一章　公司的愿景：关于公司研究的主要方法评述

除了因有关当前事务状态方面信息不对称分配而可能出现的问题之外，还存在更深入的问题。也就是需要了解未来可能的状态，或者像科斯提到的"预见上的困难"。

类似地，非对称信息会使科斯提到的第一种成本增加，也就是"发现相关价格所需的成本"。至于科斯的第三种成本即资产专用性，问题在于涉及对固定资产的产出量或愿意支付的价格的要求时，难以预见购买者的未来想法可能会怎样变化。可以再一次看出，在长期契约情况下，存在着对未来状况的预见问题。因此可以归纳出在科斯有关公司存在的观点中，信息的可用性和成本是一个主要的决定性因素。

1.3.2 机会主义

资产专用性问题带来了进一步的困难，可以将其称为机会主义行为的可能性。除了需要面对购买者改变想法的可能性之外，特定交易资产（transaction-specific assets）的所有者还不得不应对购买者出现机会主义性质行为的可能性（例如，因恶意动机怂恿卖方投资专用性资产，只是为了使这一卖方在其后的交易中受到不可避免的约束）。奥利弗·威廉森对于机会主义含义的发展使本书到目前为止所探讨的信息和契约关系问题增加了新的维度。

实际上，与我们一直讨论的观点相反，威廉森不认为非对称信息能为公司的存在和行为做出独立的解释，而是主张机会主义是关键的解释因素之一。理由很简单：非对称信息只是机会主义表现出来（或可能表现出来）的一个问题。威廉森提出，如果不存在机会主义，有关非对称信息的问题就会消失。假如没有机会主义，委托人或其他团队成员接下来就可以直接要求代理人或其余团队成员"告知事实、告知全部事实并只告知事实"，并得到诚实的回答。

由此，最初非对称分配的相关信息可以变得对称。换句话说，目前为止的讨论实际上已经隐约提出了更进一步的假设，即机会主义的可能性。但是当该假设变得清晰时，作为解释公司存在和公司行为的个别类别的非对称信息就会消失。

（在此值得注意的是，威廉森这里隐约假设了要求告知事实、得到回答所需的成本是可以忽略的。如果上述成本不可忽略，那么只有在答案的价值可以补偿成本时，才值得要求告知事实。但如果非对称信息一开始就存在，那么要求者可能无法评估其要求的信息的价值，也就不能就是否要求告知做出理性的决定。他或她做出理性决定的惟一途径是在获得信息的成本发生前了解该信息的价值。但这样一来，要求者是在没有付出信息成本且没有为被要求提供信息者补偿提供信息所需的成本的情况下就获得了信息。在以上情况下，即使没有机会主义，非对称信息也会带来问题。）

让我们回到讨论中。问题是，什么是机会主义？它从何而来？威廉森将机会主义定义为狡诈的利己主义并认为它是作为说明"人性"的两种主要"行为假设（behavioral assumption）"之一（参见 Williamson, 1985: 44）。（威廉森认为的另一种行为假设是有限理性，将在后文加以讨论。）这两种行为假设由于其对交易活动的影响而显得尤为重要，且威廉森认为"交易是分析的基本单元"（参见同上: 18）。我们将在后文中看到，正因为威廉森把交易看作分析的基本单元并集中研究，所以得出了他的有关公司是什么以及做什么的概念。

为了进一步讨论机会主义，有两点值得注意。第一点是科斯在其对专用性资产持有者所面临的"风险"的探讨中，

第一章　公司的愿景：关于公司研究的主要方法评述

清楚地考虑到了机会主义（或按照他的提法称为"欺诈"）的可能性。1934年前后科斯提出了欺诈在契约关系中的影响的问题。他就这两者的关系参考了马歇尔（Marshall）的看法，即"金钱比名誉更加好用"，该论点为欺诈提供了动机。但是科斯的总结是："避免欺诈对于促进公司内协作行为的一体化方面并不是一个重要因素。"（参见 Coase, 1988：31）

第二点在于，尽管机会主义概念在他对于交易的一般研究和对公司的特殊研究中处于核心地位，威廉森的研究仍需要阐明这样一个问题：机会主义究竟是组织的一个原因（如他通常所认为的），还是一个后果。

一方面，威廉森坚持机会主义是"人性"的基本组成部分，因此他把它作为"行为假设"纳入了自己的理论框架："如我们所知，交易成本经济学是通过有限理性和机会主义来体现人性特征的。"（参见 Williamson, 1985：44）

另一方面，威廉森指出："机构的和个人的信任关系都是在发展的。因此需要适应（上述二者）交会点的个体对所发生的事务既有个人的考虑也有组织的考虑。如果其个人信用（personal integrity）被认为是有效的，那么当交易的意愿被削弱时，处于交会点上的个体是不会利用（或依靠）合同条款以实施投机行为的。这种拒绝可以阻碍实施投机性行为的组织倾向。其他能够凸显个人诚实的平等、特殊的交易关系是可以经得起压力的考验的，而且还能表现出更强的适应性。"（参见同上：62—63）在一个脚注里，威廉森参考了罗纳德·多尔（Ronald Dore）1983年关于"善意和市场资本主义精神"的文章，标注说："罗纳德·多尔关于日本契约实践的评估中也提到了个人信用问题。"（参见同上：63）

然而威廉森不能两种方式都应用，至少如果想对组织形式提出前后一致的阐释的话，这是不行的。按照因果性解释（causal explanation），起因必须先于结果。根据威廉森观点中的要点，起因（机会主义，人性的固有部分）先于结果（为防止机会主义而设计的组织形式）。但他在其他地方又颠覆了这一观点：组织形式成了起因，先于（并产生了）结果，即个人信用和信任，从而与之前认为机会主义是人性的一部分的观点有所矛盾。可是机会主义必须要么是组织的起因要么是其结果；或者，如果它在某些时候是起因而其他时候是结果，就必须对产生这种不同的原因做出准确的描述。这就使得威廉森的理论纲要面临着严重的难题，如我们所见，他的理论纲要主要是建立在对有限理性和机会主义两种行为假设的演绎上的。

我们由此开始关注威廉森的第二种"人性"特征，即有限理性。

1.3.3 有限理性

根据威廉森的理论（1990），有限理性是奠定契约关系理论的最重要假设："虽然不经常提到，但有限理性已成为了有效运用的行为假设，使有关契约关系的经济学理论得以越来越多地发挥作用。"（参见同上：11）但准确地说，什么是有限理性呢？为了回答这个问题，我们必须转向赫伯特·西蒙。

赫伯特·西蒙和有限理性

赫伯特·西蒙的研究目的是为一般的组织和特定的公司的存在和活动提供意图性的解释。❶ 根据该解释，人类的行动是为了达成目的或达到目标。人们有意去"理性地"行动，即试图在所处的情况下，以其认为有可能做到的最大程度来达到目的。

❶ 西蒙对于公司的存在、活动和组织意图性的解释，以及偶然性和功能性的解释形成了对照，可以参考埃尔斯特（Elster）(1983)对这几种不同类型阐释所做的有益探讨。

第一章 公司的愿景：关于公司研究的主要方法评述

但是，正因为试图理性地行动，人们会不可避免地遇到信息相关问题。之所以会出现这些问题是由于这种意义上的理性行动既需要了解关于行为者能够选择的行动步骤的信息，又需要了解关于这些行为的结果的信息。在一些情形（不是所有情形）下，做出理性的决定所需的信息数量与个人获取、储存、处理、回忆信息的能力有着极大的关联。

上述情形所指的就是西蒙提到的有限理性，他是用以下方式定义的："与那些要求解决方案在现实中达到客观理性，甚或只是比较接近客观理性的问题数量相比，人的头脑中用于阐明并解决复杂问题的容量是非常小的。"（参见Simon, 1957: 198）因此，在理性有限的情况下，"人们的行为虽然在意图上是理性的，但也仅限于此。"（参见Simon, 1961: xxiv）

但为什么相对来讲客观理性行为所需要的容量在人脑中却"非常小"呢？西蒙认为人脑在本质上不仅仅是，也并非主要是生理的，它同时也是心理的、社会的、组织的：

"管理人员也受到部分自身心理构成上的约束——可以与之沟通的人数、能够获取并保持的信息量以及其他事物的约束，因而有局限性。这些局限并不是心理上的或者固有的，而是很大程度上取决于社会甚至组织的力量，上述事实造成了极具微妙性的理论构建的问题；与此同时，调整并放宽这些局限的可能性本身会成为理性分析的目标，从而使困难变得更加复杂。"（参见Simon, 1957: 199）[1]

西蒙继而以有限理性的含义来解释组织的存在（及其行为）。在把公司视为特殊类型的组织的情况下，西蒙对"公司是什么？公司做什么？"这两个问题做出了回答。简而言之，公司为人们提供了途径，使他们得以把个人"非常小"的头脑容量（即有限理

---

[1] 因而威廉森所述的有限理性"一方面指神经生理的局限，另一方面指语言的局限"是错误的。

性）汇聚在一起，从而共同达成个人无法达成的目标。但是西蒙指出，集体的成功取决于众人达成共同目标并进行沟通和合作的能力。"正是由于个人的知识、远见、技能和时间有着局限性，所以组织是达成目标的有力工具。也正是由于有组织的人类群体在达成共同目标并进行沟通和合作方面存在局限性，因而对他们而言'进行组织'成为了一个'难题'。"（参见 Simon，1957：199）

但西蒙所分析的行为究竟有多"理性"？回答这个问题时值得注意的是，有限理性行为的理性甚至比西蒙及其拥护者所认为的更加有限。[1] 正如我们现在将论证的，这个结论是从西蒙自己的分析逻辑中推导出来的。

首先，有限理性行为的理性只相对于所选择的目标。所以即使个人坚持其选择的目标，这些目标及其选择仍是处于理性流程之外的。因此，不能设定目标本身并不被认为是理性的。

其次，可以推断出，不可能理性地选择用于做出决定或选择的信息集。只要及时，在任何状况下，具有有限理性的个人都能选择按照意愿获取并处理更多的信息。但个人需要为此付出代价，至少对于获取并处理信息所耗费的时间，以及这段时间里损失的机会来说是这样的。

怎样才能做出理性的决定？判断是否应寻求更多的信息呢？按照西蒙的分析，必须在仔细度量寻求或不寻求更多信息的后果的基础上才能做出决定。但是由于个人尚未处理更多的信息，他/她也就不能评估占有更多信息的后果。所以他/她无法算出占有更多信息的好处是否足以补偿相关的损耗。惟一的方法是已经拥有信息，但如此一来成本已经在评估利益前发生了。在上述情况下获取信息的决定不可能理

[1] 威廉森（1990）提出："尽管人们有时认为西蒙的有限理性观点与经济学传统的理性概念背道而驰，但实际上西蒙拓宽了而非缩减了理性分析的范围。"与此类似，詹森和梅克林（1976）这样阐述："不幸的是，西蒙的成果常常被误解为对行为最大化的否定，从而被错误地运用，特别是在市场和行为科学文本中。他后期使用的'satisficing'一词……无疑很大程度上促成了上述混淆，因为该词与其说是对信息和制定决策的成本最大化的拒绝，不如说是对行为最大化的拒绝。"

第一章 公司的愿景：关于公司研究的主要方法评述

性。因此，依据过去的情形分析，获取信息的决定可能是不理性的。

认为能够在所期待的后果的基础上做出有关是否寻求更多信息的理性决定，这样的假设是站不住脚的，它不可能令决定变成理性的。根据推测，既然个体还未占有信息，就无法对占有该信息的后果理性地阐明自身的期待。理性的决定意味着它能令个人目的在获取信息和做出决定所需的成本内最好地达成（上一个脚注里詹森和梅克林的论述），所以说是不可能做出的。由此可见，不可能就是否应获取更多信息做出理性的决定。因此只有相对于特定且封闭的信息集时，有限理性才是理性的。

进一步来讲，在西蒙设定的有限理性的条件下，也不能保证做出的决定"在主体间是理性的（intersubjectively rational）"，即会有两个人同意该决定是理性的。事实上从西蒙自身观点的逻辑来看，做出的决定不太可能在主体间是理性的。

西蒙的基本假设把人视为处理信息的有机体。但是，他们处理的"信息"是什么？怎样获取？又怎样处理？西蒙回答这些问题时，认为必须把存在于个人环境"之外"的"客观"信息与"符合"人们的信息处理能力范围（faculties）内并已被其处理的信息区分开来。最初进入其处理范围内的信息是从整体的客观信息集中**选择**出来的。个人的"感知"和"关注"决定了选择过程："所有人类有机体都生活在每秒产生成百万比特信息的环境里，但感知器官的限制使其最多只能容纳每秒1000比特以下的信息，而且有可能还要少得多。"（参见 Simon, 1959: 273）

然而不能把感知的限制当作"过滤器"，而是应当将"注意力"作为包含／排除机制进行使用。基于感知和注意力而对客观信息做出的选择意味着最初进入个人处理能力内的信息未必是"典型"的外部信息，因此西蒙对个体"过滤"信息的观点持反对意见：

感知有时被称为"过滤器"，这种提法和"近似(approximation)"有着同样的误导性，而且产生误导的原因也相同：它暗示着神经系统接收到的信息就是"外面"的信息。实际上，过滤并不仅是对呈现的整体中的某些部分的被动选择，而是伴随着关注的对整体系统极小部分的主动加工，而且在初始阶段就排除了几乎所有关注范围以外的信息（参见Simon，1959：272—273）。

在通过个人感知和注意力所选择的信息最初进入个人的处理范围内后，它受到我们称之为二级选择流程（secondary selection process）的控制。二级选择流程是个人选择的解决问题的策略所产生的结果。因此，根据所选择的解决问题的策略，将会从最初进入个人处理范围内的信息中选出（信息的）子集："通过大脑中储存的信息可以作出许多推断，但事实上（个体）未必会去进行推断。只有通过主动的信息处理，即通过主动地在无数可能中选择解决问题的特定途径，才能得知记忆中的信息所蕴涵的后果。"（参见同上：273）因此个人最终处理完毕的信息是经历了双重选择过程的，我们可以称之为主观信息（subjective information）。

马奇（March）和西蒙承认这两轮选择——即在第一轮中运用感知和注意力，第二轮中选择解决问题的途径——都受到心理的、社会的以及组织的决定性因素的影响：

这里提出的理性选择理论结合了两个基本特征：(1)选择总是根据有局限性的、近似的、被简化有关现实形势的模式做出的……我们把选择者的模式称为他／她的"形势定义"。(2)形势定义的要素不是限定的——也就是说，我们不把这些要素看作理论的一部分，但它们是心理进程和社会进程（包括选择者的个人行为及其环境中的他人行为）的结果。（参见March和Simon，1958：12）

由于此处我们称作的主观信息的重要性，西蒙认为在理

第一章 公司的愿景：关于公司研究的主要方法评述

性行为的理论中，也必须关注个人选择行为方式的程序，他称之为**程序理性**（procedural rationality）：

理性行为理论对理性行为者——即指他们能克服不确定性和认知的复杂性——的特征进行的考量与对做出决定的环境特征的考量必须是同等的。我们必须不仅阐明实质上的理性，也就是所选择的行动过程的适当程度，还必须阐明程序上的理性，即由人们的认知力量和局限所决定的，选择行动方式的程序的有效性。（参见Simon，1978：8~9）

让我们回到主体间的理性（intersubjective rationality）上，显然从现有讨论中可以看出，并不存在固有的原因，能使得在同样客观形势下的不同个人就该形势最终得出同样的简化模式，即同样的"对形势的定义"。实际上，通过对感知和关注等心理因素乃至社会和组织因素的重要性的探讨，西蒙已经间接说明了不同的个人不太可能得出同样的对于形势的界定。然而，由于对形势界定的差异程度之大，以至于在任何客观环境下不同个人都会在理性决定的组成因素上有着不同的见解，因此只有个人做出的决定才存在理性。关于什么是理性的决定，不同个人会得出不同的结论，因此在理性计算基础上解释公司行为时会出现问题。有关这一点我们将在后文看到一个例子，是在交易成本的基础上做出的解释。

跨期理性（intertemporal rationality）即被假设为经过一段时间后依然理性的决定，它也面临同样的否决。原因很简单：感知、注意力及做决定者界定形势的其他决定性因素都是时间的函数，因此会随着时间而变化。由于对形势的界定会随着时间推移而变化，很可能在 t 时刻做出的理性决定在 $t+1$ 时刻显得不再理性。然而，把理性限定在某个时间点的判断意味着理性中隐含着需要进一步解释的问题，因为今天被判定为理性的决定明天就可能被判定为不理性。

主体间的理性实际上比目前基于西蒙理论进行的探讨中所确认的要普遍。西蒙的研究集中在做决定的个人身上并认为其是适当的分析单位,从而可以逻辑地得出主体间的理性不可信;然而这项涉及理性的判定在更大意义上是一个社会的过程,是在个人间讨论、沟通并达成一致的。从社会的角度来看,组织内部的决定是在存在于组织内部的人际动态(interpersonal dynamics)、权力关系等背景下做出来的,与其说是个人的,不如说是社会的。但是,尽管西蒙确认了社会决定因素和组织功能会对感知和注意力等社会要素产生影响,并进而影响做决定者对形势的界定,他的研究仍然主要集中在个人层面而非社会层面上。从社会的角度来看,某种程度上,"组织内的理性(intraorganisational rationality,即组织内部就什么是理性的所做出的共同判断)要比"组织间的理性(interorganisational rationality,即不同组织间的共同判断)更为可靠。但是涉及理性的社会多数意见的产生以及有些时候社会争议的出现是一个社会过程,我们需要解读这个社会过程。这样的解读需要在超出西蒙研究的程度上对要素进行调查。

通过西蒙常用的国际象棋的例子,可以更清楚地理解他对有限理性赋予的意义。实际上根据西蒙等人的说法(1992):"国际象棋逐渐被用于认知科学的研究(对西蒙来说包括了经济学和人工智能),就像果蝇之于遗传学的研究。我们需要标准的有机构造,以便积累知识。这就是我频频谈论国际象棋的原因。"(参见同上:29)

在此让我们回到本节开始所做的简化假设。首先,假设所有与决定有关联的、可能出现的事务状态及可能后果都属于常识,因而产生了封闭的可能性集。其次,假设确实具有

42

关联性的事务状态对于某一个或更多的相互作用者（interactor）而言是未知的。可以回想起来在分析上述假设的含义时我们深入思考了非对称信息和机会主义。

不过在国际象棋方面，只有第一种假设是必须的。了解了棋盘和下棋规则的特点就可以了解所有事务可能出现的状态（棋子在棋盘上的摆放）及其可能产生的后果（如果把棋子移到这里，那么……）。那么根据西蒙的观点，国际象棋提出了什么样的问题，以至于它能成为认知科学研究中的"理想类型"呢？下国际象棋时，游戏中提供的信息的重要性是清晰明确的（后文会讨论这一点）。一方移动棋子所提供的信息是关于当前事务新状态的，是与另一方共享的（一旦移动完成）。这会为对弈双方提示目前的开放（以及被排除的）选择集。

应当强调的是国际象棋为其他参与者带来的问题与信息不对称是没有关系的（至少在移动棋子后如此）。这时两个对弈者拥有共同的信息集。困难更多地来自对于对弈双方在规定时间内的交战、所有可能的棋子移动、所有可能的对应移动以及所有可能的再对应移动等的认知能力的不足。换言之，问题在于与下棋者获取信息的能力相关联的信息数量，因此这个问题是一种有限理性。在上述情况下参与者会诉诸策略和探索。

有限理性、委托人和代理人，以及团队合作生产

有限理性与我们前面讨论的委托人—代理人以及团队合作生产问题是怎样相互关联的？这里要指出的是，后两者未必一定会涉及有限理性（尽管有限理性可能是深一层的复杂因素）。对于委托人—代理人以及团队合作生产来说，问题出在信息的非对称分配上，而这根据威廉森的观点也是机会主义的潜在原因。按照西蒙的严格定义，有限理性是指信息的数量相对于个人处理信息的能力而言过于巨大，并非必然会构成问题。

因此或许可以同意前文提出的威廉森的观点（1990）："有限理性成为了有效运用的行为假设，使有关契约关系的经济学理论得以越来越多地发挥作用。"（参见同上：11）

视公司为节约交易成本的创新

在批判地分析了有限理性概念后，我们现在可以更详尽地思考威廉森研究公司的方式。威廉森的目的很大程度上是探索交易成本（他仔细地将其与生产成本区分开来）的内涵。他是这样定义的："如我们所知，交易成本经济学是通过有限理性和机会主义来体现人性特征的。"（参见Williamson, 1985：44）正是威廉森对交易成本的思考塑造了他研究公司的方式。因此根据威廉森的观点："现代公司主要被理解为一系列为实现节约交易成本的目的和效果而进行组织创新的产物。"（参见同上：273）人们因为试图节约成本而设置、选择组织结构以便适当地管理交易成本，这样的组织结构即管理结构（governance structure）。威廉森将之表达为："交易成本经济学主要研究的是……以辨别判定的方式把交易活动分配到管理结构中所得到的节约成果。"所以说，"公司（至少为了许多目的）被视为一种管理结构，且这种视角较为有利。"(13)

在这类原因的基础上，威廉森得出了"在这类环境下出现的组织规则（organizational imperative）……是一系列组织交易，目的是为了既在有限理性时节约成本，同时又使得交易免受机会主义的危害。"（重点转移了。）但是威廉森提出的"节约"的确切含义是什么呢？它与威廉森使用的其他概念又有着怎样的一致性？在《视公司为协议的联合》（1990）中他提到："我参考的新的公司理论[即所谓的新制度经济学（New Institutional Economics），其中包括他自身的贡献]最初被看作是与新古典主义对立的,但现在这二者越来越被认为是互补的。"(参见同上:23)之所以如此,很大程度上是由于"节约"使它们具有了共同点。

威廉森明确指出他的节约概念和西蒙的有限理性概念之间有着紧密的联系,根据他的表述,两个概念中都存在着"半强作用力(semistrong)形式的理性"。在两个概念的范畴里,人们试图理性地行动(目的是为了节约),但因为人脑能力有限(借用西蒙的说法),他们只能在有限的程度内这样做。他认为"交易成本经济学确认了理性是有限的,且主张理性与有限性两个部分都应受到尊重,在有意理性的定义部分就有节约的导向,而对认知能力局限性的承认刺激了制度学派的研究。"(参见Williamson, 1987:45)

如我们所见,威廉森的"组织规则"是为了在有限理性时做到节约,同时维护交易活动不受机会主义的危害。但怎样才能算是有限理性时的"节约"以及"防止"了机会主义?再确切一点,从事先的角度来看,行为者如何了解有限理性时节约的情况呢?

按照本章前文提到的西蒙蕴涵在有限理性概念中的逻辑,可以指出行为者几乎没有可能确认是否做到了"节约",其他行为者也很难认同其做出的判断。之所以会得出上述结论,是由于一切有限理性中的节约和防止机会主义的尝试,包括涉及的未知和不确定因素在内,其背景都有着相当的复杂性。在这种情况下,行为者"对形势的界定"(西蒙的提法)很可能在重要方面有所偏差,首先是偏离客观形势,其次是不同于其他行为者的形势界定。换言之,在这种情况下节约行为本身是主观的,因而主体间的理性和跨期理性(如前文中讨论西蒙时定义的)不存在。

但是如果接受了上述观点,就必须以完全不同的方式来理解威廉森对于有限理性时的节约和防止机会主义的告诫了。简言之,节约的概念将被淡化很多,变成了去做你认为能有限理性时做到有效节约并防止机会主义的事情。然而,由于节约的修正提法被广泛接受,新古典主义经济学的基础遭到了极大的破坏。

1.4 视公司为知识库

本书将提到第二种研究公司的方法,其特点在于:认为公司不仅是对信息相关问题的反应,也是一个知识库。在本节中我们将探索著述者们的5种理论,分属于纳尔逊和温特、彭罗斯、钱德勒、马歇尔和蒂斯。

1.4.1 视公司为经济变革(economic change)的演进过程的一部分

本章前文关于有限理性的讨论中已涉及了纳尔逊和温特的研究。但在进一步探讨前,必须首先了解他们的全部目的,因为正如我们所看到的,正是这个目的构建了他们研究公司的方法。

在《经济变革中的演进理论》(An Evolutionary Theory of Economic Change)一书中,理查德·纳尔逊清晰地勾勒出了他和温特(1982)的研究目的:

在传统的微观经济学中,公司理论是作为理论架构的一部分而发展的,而该理论架构的中心是通过对供需曲线的运用来阐释价格和数量……至少在本书中(即纳尔逊和温特1982年的著作),我们的主要兴趣是受技术进步驱动的经济增长,所以也可以说是研究新古典主义增长理论的学者。从他们对经济增长的观点来看,他们基本上可以把"某一类公

第一章 公司的愿景：关于公司研究的主要方法评述

司理论"运用于对传统的需求曲线、供给曲线的分析中。按照我们对技术进步以及受技术变革驱动的经济增长的观点来看，我和温特无法忍受使用这种公司理论。我们必须形成一种认为"公司差异会造成影响"的公司理论（引自理查德·纳尔逊的个人通信，1992年8月17日）。

正如上述引文所明确的，纳尔逊和温特的"公司理论"——至少是他们在1982年的著作中直接或含蓄地提出的公司理论，不是为了试图理解公司的本质而产生的，而是为了满足他们的需要，使他们能获得借以分析技术变革和经济增长之间关系的概念工具而产生的。因此他们为了上述目的形成的概念性工具，即"公司理论"，与他人为其他目的创造的公司理论有着重大差异。为此，应当将纳尔逊和温特的研究方式与其他人，如西蒙、西尔特（Cyert）和马奇等行为研究学者的研究方式区分开来。

我们与研究行为的学者的不同之处在于，相对于研究个体公司行为（individual firm behavior），我们的兴趣是建立清晰的行业行为理论。这一方面意味着比起研究行为的学者，我们提出的个体公司特征会简单得多且更加程式化；另一方面我们的模型中有大量与公司的集体行为有关的注解。或许将来有可能基于详细且现实的个体公司行为来建立并理解行业进化的模型。倘若如此，在那种情况下我们的研究会与行为主义者的传统重新取得一致。（参见Nelson和Winter，1982：36）

下面开始探索纳尔逊和温特是如何发展认为"公司差异会造成影响"的公司理论的。

有限理性和例行程序

纳尔逊和温特的公司理论的出发点与西蒙的起点相同，是同一个信息过量（相对于个人处理信息的能力）的世界。存在于其中的个体和组织对此是如何安排的呢？

为了回答这个问题，纳尔逊和温特直接采用了马奇和西蒙（1958）的看法，该看法分析了常规性行为（routinised behavior）的重要性："（个体或组织的）行为通常可以追溯到某类环境的刺激上，例如客户订购或火警……对于刺激的反应是多种多样的。极端地说，一种刺激会激起一种反应——有时是很复杂细致的反应，而该反应在一开始已经形成且为人所知，并被认为是对这种类别的刺激的适当回应了。这就是连续整体（continuum）的'常规'端，刺激在此几乎能立即引起某种执行程序。"（参见Match和Simon，1958：139）

正如纳尔逊和温特所表述的："人的理性是'有限的'：现实生活中的决策问题过于复杂难解，因此公司无法最大化到超越所有可能的方案集的程度。相对简单的决策规则和程序（例行程序）被用于指导行动：因为有限理性的问题，这些规则和程序不可能太过复杂。"（参见Nelson和Winter，1982：35）

因此，例行程序指的是公司行为中"惯例性的且可预测的"方面（参见同上，14）。解释公司行为就是解释其例行程序："公司行为可以通过其使用的例行程序来解释……将公司模式化意味着将例行程序及其随着时间的转变模式化。"（128）简言之，正是公司的例行程序使得其对变化中的环境的反应可预测且"可模式化"。"现在可以描绘出处于例行程序操作下的组织全景。来自外界环境以及时钟、日历的讯息（messages）流入组织中。接收讯息的组织成员将其视为指令系统发出的执行例行程序的要求……各个组织成员执行例行程序的行动形成了对他人的讯息流。"（103）[在此值得注意的是纳尔逊和温特对执行程序的强调与西蒙对实质理性和程序理性的坚持（上文讨论过）是相符的。但是威廉森在其研究交易成本经济学的方式中并没有考

48

虑程序理性的方法❶。]

例行程序和视公司为知识库

从迄今为止的讨论中可以清楚地看出纳尔逊和温特将常规性行为视为个人和组织对有限理性条件下的复杂性和不确定性的反应。在这一点上他们以例行程序为基础的公司理论与上文探讨的其他理论有一个共同点，即都认为公司是对信息相关问题的反应。

但是，在详细阐述例行程序的重要性方面，纳尔逊和温特不仅仅是把公司看作对信息相关问题的反应。更特殊的是，纳尔逊和温特眼中的公司是**知识库**。正因为作为知识库延续着过去的历史，所以公司之间存在着差异。因此研究重点转移到了公司及作为其基础的知识上，也带来了在上文讨论的理论中并非核心的问题。这在以下引用的温特(1988)对"公司是什么？公司做什么？"两个问题的回答中表现得很明显："基本上商业公司是一些懂得应当如何处理事情的组织。公司是储存生产知识的知识库。实际上……特定的时间点上的特定公司就是一个特定范围内的生产知识储存库,该范围常常具有特殊的属性,使得该公司能够与表面类似的同行业公司有所区别。"(175)但是,"必须揭示出'一些懂得应当如何处理事情的组织'这一隐喻性表述的内涵，即尽管组织中

---

❶　威廉森(1987)是这样阐述的："有限理性时的节约有两种形式，一种涉及决策过程，另一种则与管理结构有关。对启发式问题解决法的运用……是一种决策过程的反应。然而交易成本经济学根本上探讨的是以有差别的方式将交易活动分配到管理结构中所得到的节约后果。面对有限理性的困难、计划、适应和监督的成本都需要考虑清楚。哪种管理结构更适合哪种类型的交易？在其他条件均等的情况下，对认知能力需求较大的模式相比更不受青睐。"

威廉森对于有限理性的"决策过程反应"(decision process response)的不重视与启发式解决问题的方法一样，都是交易成本经济学与进化经济学的分歧点，进化经济学在这里指的是纳尔逊和温特所提出的，建立在例行行为等决策过程反应基础上的类型。在这方面，威廉森也与西蒙分道扬镳；如前文所示，西蒙坚持认为，在充满不确定性和认知复杂性的世界里（这也是威廉森认为的世界），"我们必须不仅对实质理性(*substantive rationality*)（即所选择的行动方针的合理程度）加以说明，还必须阐述程序理性(*procedural rationality*)。

的个人成员有去有留，但生产知识仍被储存在组织内。"(176)

组织是在其例行程序中储存知识的："组织的记忆在哪里？是什么？我们认为组织内行为的常规性构造了对于组织的特定操作知识的最重要储存形式。"(参见Nelson和Winter，1982：99)

从上述引文中可以清楚地看到，例行程序在纳尔逊和温特的公司理论中有多种用途。首先，它使得公司得以在有限理性的制约下应对各种复杂性和不确定性。同时，通过把有限理性和例行程序联系起来，纳尔逊和温特使他们研究公司的方法具有了现实的基础，该基础优于传统经济学的基础，后者需要有信息的获取和成本方面的苛刻假设。其次，常规性行为使得纳尔逊和温特得以发展这样的理论：公司间存在差异且这些差异会造成影响。这是因为不同的公司没有理由必须设定同样的或类似的例行程序，即使是处于同行业、面临类似的复杂的或不确定的环境时也是如此。第三，例行程序为储存组织积累的知识提供了方法。第四，常规性行为所建立的机制令纳尔逊和温特的研究能够与两个不同研究方向建立关联，即市场转变和公司反应。同样，也能与技术变革和经济增长建立联系。第五，例行程序是公司特色的来源，也是其竞争性的来源。

演进过程中的公司

纳尔逊和温特以例行程序为基础的理论为何能令他们得以分析经济变革的演进过程（其中包括了技术变革和经济增长）呢？纳尔逊和温特（1982：400）认为其关于该演进性转型的理论中有3个关键概念：例行程序、搜寻（search）和选择。以下是他们对演进过程的理解的梗概：

第一章 公司的愿景：关于公司研究的主要方法评述

演进理论考察的核心问题是动态发展过程，随着时间的推移，公司行为方式和市场成果共同由这一动态过程所决定。这些演进过程的典型逻辑是这样的：在每一个时间点上，当前的公司操作特征（即例行程序）、资本存储数量及其他状态变量决定了输入和输出的水平。由此也决定了各个公司的利润率。利润率是决定个体公司的扩张或收缩率的一个主要因素，它是通过公司投资规则（firm investment rules）运作的。因此公司的规模会有所不同，从而同样的操作特征将产生出不同的输入和输出水平，也就形成了不同的价格和利润率标志，等等。（参见同上：19）

纳尔逊和温特进一步认为："通过这个选择过程，很明显，行业总体的输入、输出和价格水平会经历动态的转变，即使个体公司的操作特征保持持续不变。但是经由公司调研规则的运作，操作特征也是从属于变化的。调研和选择是演进过程中同时发生、交互作用的两个方面：价格会提供选择的反馈，也会影响调研的方向。通过价格和选择的共同作用，公司随着时间的推移而不断发展进化，根据各个时期的行业状况，为其下个时期所处的状况播下种子。"（参见同上：19）

搜寻

正如阐述例行程序一样，纳尔逊和温特采用了马奇和西蒙（1958）的论述说明调研的含义，如下所述：

在（以常规性反应为起点的连续整体的）另一个极端上，刺激会激起数量较大或较小的解决问题的行为，其目的是发现应当实施的行为从而完成反应。这类行为的特点是一旦实施程序确定下来便可以立即执行。解决问题的行为一般可以根据其与**搜寻**相关联的程度来确定：搜寻的目的是发现行为或行为后果的选择性。"发现"选择性的行为往往会涉及完整地创造并详细阐明并非已经存在于问题解决者的知识库中的实施程序

(March 和 Simon，1958：139 — 140)。

对纳尔逊和温特（1982：247）来说，搜寻的主要特征是"不可改变性"（所发现的就是结果）、偶然性以及对有待发现的事物的依赖，还有本质上的不确定性。和例行程序一样，纳尔逊和温特提出的搜寻是以规则为基础的行为。例如在研发中，"决策者被认为有一套决策规则……这些规则被称为"搜寻策略"，决定'搜寻'的方向……"一项策略可能对公司规模、利润率、竞争对手的行动、一般性研发支出和特殊项目特殊类别支出的评估、达成某种程度的技术进步的难度的评估，以及公司拥有的特定复杂技术和经验等变量来说有很大意义。（参见同上：249）

搜寻产生了多样性，它与选择都是演进变化的基础。"我们认为的搜寻的概念显然是与生物进化理论中突变（mutation）的概念相对的。且我们对待搜寻的方式（即部分由公司的例行程序决定）与生物理论中对待突变的方式（即部分由有机体的细胞构成决定）是平行的。

选择环境

第三个关键概念是一个组织的"选择环境"，"选择环境"是影响组织良好状态并因此影响其扩张或收缩程度的全部因素的组合。"（401）然而重要的是要认识到，从演进的视角来看这不是以赢利为目的的小公司的命运。"[公司]有所差别的成长在我们的理论中有着与其在生物理论中同样的位置；特别要记住的是，这归根结底是被集中考虑的全体人口或某种基因组织（例行程序）的命运，而不是个人（公司）的命运。"

例行程序、规则和公司内部决策

现在对于纳尔逊和温特（1982）的讨论强调了他们的"公司理论"是为了满足对概念工具的需要而产生的——该概念工具令他们能够探索公司和市场成果之间以及技术变革和经济增长之间的共同关系。但是，为一种目的而产生的概念工具很难适应另一种目的。因此，必须明确他们的"公司理论"与作为理解公司的概念工具的公司理论（即使已确认并非其本来目的）有多少关联。

作为对上述问题的回答，纳尔逊和温特研究公司的方式显然有几个特殊的、吸引人的特征。该研究方式建立在对复杂性、不确定性以及有限认知能力的接受的基础上，因此具有现实基础，这使其优于那些明确或含蓄地假设决策者了解大多数需要知道的情况并能以相对较少的成本获取信息的理论（在其他方面不相上下）。那些假设常常是传统的研究公司及其生产功能运用的方式的基础。类似的，例行程序（包括搜寻等常规行为、按原则实施的行为在内）的重要性已得到确认，越来越多的迹象显示其对于较为广义的公司和组织（例如官僚机构）的重要性。

但是，作为研究公司的方法（用纳尔逊和温特自己的话来说，这种方法能对个体公司进行"简单且程式化"的描述），它显然有一些重要的缺陷。在这个意义上，当他们为一个目的而打造的概念工具被用于其他目的时，会产生很大的代价。

主要的缺陷在于纳尔逊和温特的模式需要某种能够使其将市场变化和公司反应联系起来的机制。当然，该机制是通过调节市场和公司间互动的公司例行程序建立起来的，这就产生了反过来影响模式效果的确定性后果。尽管这一机制符合纳尔逊和温特的目的，但是作为理解公司的尝试的一部分，由于受到例行程序和规则的支配，它使公司戴上了紧箍咒。在此要说明的不是人类从未创造或服从例行程序和规则，而是他们可能会在不可预知的情况下改变它们。而这一点在本质上的确可以说是将公司理论化的一切尝试的共同特征。

根据同样的理由,我们有必要对纳尔逊和温特的《经济变革中的演进理论》以及他们的其他著作中有关公司的研究方式的较为杂乱无章的部分与相应的正式阐述之间的差异进行评论。特别要注意的是,公司通过常规性行为以及搜寻行为对其环境做出反应的机制本质与同一本书里其他部分所提出的人类(和公司)行为的概念是不一致的。这是很明显的,举例来说,作者在探讨公司策略时写道:"经济的世界太过复杂,公司很难完全理解;因此,必须认清,公司此类尝试是受到他们的主观模式或对经济现实的解读所制约的。这种解读倾向与公司有意设计借以指导行动的策略有所关联。这类策略之所以因公司而异,部分是由于对经济机会和约束的不同解读,部分是因为不同的公司有不同的长处。"(参见Nelson和Winter,1982:37)

根据推测,不同的主观解读也会导致同一公司的不同个人在策略上得出不同结论,或使同一个人在不同的时间点上得出不同结论。若要从那些由例行程序和规则驱动的公司行为来整体观察公司,就要有意排除做出决策的一个基本方面,即排除在复杂性、未来的不确定性以及主要的信息支出等因素作用下做出决定的情况。

当纳尔逊和温特(1977:47)提出"由于涉及不确定性,不同的人和不同的组织会无法就应把研发力量放在何处、何时应承担风险取得一致意见。一些(人或组织)会被证明是正确的,一些则会被证明是错误的。对不确定性的清楚认知是非常重要的……"时,他们确实距离目标近了一些。尽管以例行程序为基础的研究方法没有假定确定性的存在,但他们并没有对公司决策面临不确定性的状况进行充分的探索。例行程序的性质是在该过程中被归纳出来的。值得注意的是本章后面会探讨其与"愿景"这一概念的对照。

1.4.2 解释公司的成长

与目前为止讨论过的著述者不同,接下来两位作者:伊迪斯·彭罗斯和艾尔弗雷德·钱德勒的目的是解释公司的成长。更特殊的是,彭罗斯的目的在于解释当前控制着国家和国际经济的多产品、跨区域的大型公司的起源和成长。

但是对彭罗斯和钱德勒而言,公司是什么?公司做什么?尽管这两位著述者对第一个问题的回答基本相同,但他们对第二个问题的回答却大不相同。

在彭罗斯(1959年)看来,企业公司"既是行政组织又是生产资源的集合",既是人类的,也是物质的。(参见同上:31)但是对于与他人观点的区别❶,彭罗斯坚持认为:"**资源**本身并不是对生产过程的'输入',资源所能提供的只是服务"(25)。这些服务也是公司所积累的经验和知识的功能。根据彭罗斯的观点,这些服务在意义层面上是公司所特有的,因而"正是从(资源和服务二者的)区别中可以发现个体公司独特性的来源"(25)。

由钱德勒的视角来看,可以将现代企业公司看成公司竞争力来源的"动态组织能力"的集合。和彭罗斯的服务一样,钱德勒的组织能力是在实施公司行为的过程中积累的,

---

❶ 彭罗斯对资源和服务的区分与马克思对"劳动力"(即可在市场上购买的商品或者说资源)和"劳动"(指从劳动者身上榨取的服务)的区分如出一辙。对马克思而言,正是这一必需的、不可避免的区分使得公司内部发展出组织和控制的形式,以确保从所购买的劳动力那里顺利地获取劳动服务。具有讽刺意义的是,马克思的观点与阿尔奇安和德姆赛茨(1972)对于团队生产中逃避责任的可能的思考有很大的距离。由于与马克思背道而驰的阿尔奇安和德姆赛茨也在强调雇佣者和被雇佣者之间关系的对称性,这就显得很富讽刺意味了。

且"依赖于知识、技能、经验和团队协作——即开发技术过程的潜力所必需的、有组织的人类能力。"(参见 Chandler, 1990a: 24)

但是,彭罗斯和钱德勒关于"公司做什么"的观点出现了明显的差异。彭罗斯认为"产业公司的基本经济功能是**根据公司内制定并实施的计划**利用生产资源,目的则是向经济系统提供货物和服务。"(参见 Penrose, 1959: 15)如我们所见,在彭罗斯关于公司做什么的概念中,对公司内部"计划"的强调需要她去探索许多关于信息和知识的难题。这些问题则正是对于"公司做什么"秉持着不同观点的钱德勒不予理会的。对钱德勒而言,公司及其管理者所从事的是寻求"成长和竞争的动态逻辑。"(参见 Chandler, 1990b: 133)该逻辑需要身处等级结构组织中的管理者运用动态组织能力(并处于积累更多能力的过程中),以便从规模经济、范围经济和削减公司运营单位间的交易成本这三个基本来源中获取竞争优势。

视公司为信息处理器与视公司为映像创建者(image creator)

彭罗斯是怎样将作为公司成长的核心支配力量的公司的计划过程理论化的?另外,对于公司的计划制定者如何控制所有计划过程中固有的信息和知识问题,我也会就此探讨她的观点。

为了答复上述第二个问题,首先应将彭罗斯的研究方式与西蒙的研究方式进行对比。西蒙认为公司本质上是有效处理信息的组织形式,他对公司的观点直接来自于他对人类的观点。在题目看上去郑重其事的文章(名为《电脑和人脑中的信息处理》)中,西蒙提出"思考中的人也是一种信息处

第一章　公司的愿景：关于公司研究的主要方法评述

理器"（76），而且我们可以"按照信息处理的组织来解释人类的思维"（这篇文章最初刊登于1964年，被收录在西蒙1992年的作品中）。

彭罗斯的观点与西蒙的观点形成了对照，她确切表明公司的计划者与其说是"信息处理器"，不如说是映像创建者。换言之，相对于以公司的客观环境和该环境中产生的信息（例如市场价格、市场需求、竞争者的行为等形式）为出发点，彭罗斯把出发点放在了处于其所在公司和特定生产服务关系中的计划者的精神世界上。这些计划者至少要做两件密切相关的事情。首先他们需要评价自己设置的生产服务——其优点和劣势，能够或不能达成的用途，等等；其次，计划者必须对他们自身所在的环境进行评价，即该环境具有哪些机遇和约束？

以彭罗斯的话来说"[公司的]环境在企业家的头脑中是被作为他所面临的可能和局限的'映像'而进行处理的，因为实际上毕竟正是这样的'映像'决定了行为。"（参见 op. cit., 5）但如果不是来自于对外界信息的处理过程，计划者的映像从何而来呢？彭罗斯的解释是：这些映像来自于**公司内部**产生的经验和知识。因此，"我把重点放在公司藉以运作的资源的重要性以及公司员工知识和经验的发展上，理由在于这些因素能够在极大程度上决定公司对于外界变化的反应以及决定公司从外界'看到'了什么。"（79—80，特此强调）她进一步详细描述道："如果要分析公司的成长，那么以分析公司作为出发点比分析环境并继而探讨某些特定种类的环境状况更为合适。如果能发现由什么决定企业家关于公司能做什么以及不能做什么的想法，也就是说能发现是什么决定公司'主观'的生产机会（productive opportunity）的本质和程度，我们至少可以知道，当我们想解释或预测特定公司行为时该从何处着手。"

这种处理公司面临的信息和知识问题的方法导致了或许是彭罗斯对公司理论最重要

的贡献，即她的**生产机会**理论，这是公司成长的关键因素："公司……的生产行为受到被称为'生产机会'的因素的控制，生产机会包含了所有'企业家们'能够发现并利用的生产的可能性。公司成长的理论本质上是对转变中的公司的生产机会的测试；为了找出成长的界限或增长率所受的约束，必须指出，公司的生产机会在任何时期都是有限制的。显然，生产机会受限于公司没能看清扩张机会、不愿采取扩张行动或者不能对扩展机会做出反应的程度。"（参见Penrose,1959：31～32）

大型现代公司的起源和成长

控制着世界经济的大型公司最初出现在19世纪80年代的一些工业领域。从现在来看，也许能很轻易看出当时它们为什么会出现。

钱德勒的解释以一条相互联系的事件串成的链条为基础。链条的第一环是一些密集且相互关联的创新，这些创新包括铁路、电话、轮船和电缆，它们构成了运输和传播领域的一场革命。这些创新的重要性在于它们促使产出量和速度都发生了巨大增长和加快。这意味着公司第一次在规模上获得戏剧性的扩张。同时，公司对规模、范围和交易成本经济学基础上的"成长和竞争的动态逻辑"的认识能力大为提高。

然而，并非所有领域的公司都同样意识到经济学的变化。据钱德勒所述："1972年，401家（世界最大的工业企业）中，有289家（72%）集中在食品、化工、石油、金属原材料以及三种机械制造（非电机、电机，以及交通设施）行业。"（参见Chandler，1990a：20）

第一章　公司的愿景：关于公司研究的主要方法评述

但是规模、范围和交易成本的经济学逻辑并不是自动或不费力气地得出的。相反，作为必要的前提，认识这些经济逻辑需要的条件是动态组织能力的获得。进一步说，这些能力需要投资才能获得，确切来讲就是"需要在生产、销售和管理三方面的投资"。可是一旦存在，现代工业公司又是怎样成长的？钱德勒认为：

最先创造这种企业的企业家们获得了强大的竞争优势。他们所在的行业迅速处于寡头垄断的状态下……这些公司与随后进入其领域的少数几家有挑战性的企业不再主要依靠价格战进行竞争。相反，他们主要通过职能和战略的有效性来竞争市场份额和利润。在职能上，他们改进自身的产品、生产流程、市场推广、采购以及劳资关系；在战略上，他们比其竞争者更快地进入成长性市场，同时更快更有效率地退出处于衰退中的市场。（参见 Chandler, 1990a: 8）

钱德勒还认为：

对市场份额和利润的竞争磨砺了企业在职能和战略上的能力。这些企业能力随即会为企业的持续成长带来内部动力。特别是它们刺激企业拥有者和管理者不断向更广阔的国内市场扩张，随后进军海外从而使企业发展为跨国企业。它们也鼓励公司开发不同于原有产品的、更具市场竞争力的产品，使得企业成为产品多元化的企业……由领取薪酬的管理者而非企业所有者对当前操作行为和长期成长以及投资做出决策。（参见同上：8~9）

有限理性、映像、组织能力和公司的成长

值得注意的是，彭罗斯和钱德勒在著述中并不是直接谈到有限理性所产生的问题的。彭罗斯认为公司企业家基本上全神贯注于其所在公司的资源和服务，而正是这些服务和资源决定了他们看到了哪些情况以及将如何解读这些情况。因此，他们的问题不是西蒙

认为的有限理性问题，即如他所批评的，试图通过考虑"外界"的所有相关信息来做出理性决定，但却无法对全部信息进行处理的问题。相比之下，彭罗斯认为企业家是从"内部"出发的，这是他们能够并真正了解的资源和能力所在；有限理性不会妨碍他们的认知。而正是这些资源和能力决定了他们做些什么（以及如果他们想把握其所面临的、因能力而具有的机会的话，需要做些什么）。

钱德勒认为管理者也会受其过去所积累的能力的"驱动"。但是与彭罗斯思考中的管理者不同的是，他们会遇到另外的问题，即要尝试抓住建立在规模、范围和交易成本的经济学基础上的资本工业化的逻辑，并且在抓住后执行这一逻辑。因此对钱德勒而言，大型公司的管理者并非像产业资本主义逻辑的追随者那样是**预先**的评价者（ex ante appraisers）。因此，虽然处于复杂、不确定且信息昂贵的世界中，他们也不会为试图去认识一切而烦恼。因此钱德勒对公司的起源和成长的阐述与西蒙和彭罗斯有显著不同，他们是对过去情形的分析，也就是对公司何时何地为什么成立，以及为什么像它们那样成长等做事后的解释。但是，在他的阐述中，在复杂、不确定且信息昂贵的世界里，认识的问题是不存在而且被抽象化的。

公司能力和战略问题

在对钱德勒著作的讨论中，特别是其关于大型工业公司起源和成长的分析的战略含意中，含蓄地提到了战略次要作用；同时，这种作用在本书目前为止对于公司战略的讨论中也都提到。比如在威廉森的组织规则（"节约有限理性并防止机会主义"）中就显示了其地位的次要性。该（组织）规

第一章 公司的愿景：关于公司研究的主要方法评述

则显然不能令公司的分析者对公司所面临的许多范围更广泛的战略相关事项进行处理。此外，和任何其他事项相比，可以说正是由于在有关公司的经济学文献中缺少了公司战略方面的可应用建议，才使得该领域经济学家的工作与"企业分析者"的工作有所区分（还有一个不幸的后果，就是制约了上述二者的智慧交流）。[1]

但是战略问题在蒂斯（Teece）(1990)及其合作者们（以下均称为"蒂斯"）的理论中占据了核心地位。这里之所以对此进行探讨，主要是由于其理论衍生自"视公司为知识库"这一研究方式。蒂斯（1990）提出了"动态能力研究方式"。该研究方式正如蒂斯所承认的，是对彭罗斯理论的延伸。在彭罗斯的理论中，公司是包含其认知的能力的集合。按照她的观点，能力与战略是因果关系。公司的能力是学习、技术机会以及选择过程作用的结果。然而在所有时间点上，这些能力都不仅得自于过去，同时也受制于过去。以蒂斯的话来说，能力不可能轻易、迅速且低成本地获得或传递，在这个意义上它是"黏性"的。当然，在能力方面不存在润滑过的市场。这是生活中关键的事实，也正是彭罗斯的观点。蒂斯其他的论点是由此而来的。

由于能力是有依附性的，因此它会带给公司最重要的机会，即公司通过其自身独特性获得并保持竞争力的机会。其他有潜力的竞争公司受其自身能力的制约，不可能轻易得到成功经营的公司所特有的能力。由此，蒂斯得出了核心或者说特有能力的概念："核心能力是特定企业中，作为公司的竞争能力和可持续优势基础的特有技能、与之互补的

---

[1] 由于经济学家和致力于公司情况的"企业分析者"之间缺乏智慧交流，导致了一些机会的流失。如今，越来越多人开始对此表示关注。例如，可以参见约翰·凯（John Kay）的"经济学与企业"（*Economics and Business*），《经济学期刊》（*Economic Journal*），1991年1月。更具讽刺意味的是，该论文也于同年刊登在《经济学家》（*Economist*）上。

资产和例行程序的组合。"（参见 Teece，1990：28）

根据对能力或竞争力的分析可以合乎逻辑地得出对战略的分析。公司的能力既会从积极的角度也会从消极的角度影响战略。从消极的角度来看，公司的能力制约了对其开放的战略的可能性。如蒂斯所述："由于要素市场（factor market）存在缺陷，或者再确切一点说，由于价值、文化及组织经验等'软性资产'的不可交换性，这些能力通常无法直接取得，必须逐步建立。有时这需要许多年——很可能是几十年。因此能力的运用注定公司的战略抉择至少在短期内有着局限性。竞争胜利的部分原因是较早时期所遵循的方针和得到的经验。"（参见同上：30~31）

不过从积极的角度来看，公司可以应用其特有的能力，制定成功战略从而得到经济上的收益。在这个基础上，蒂斯由彭罗斯的理论直接得出了以下战略规则："战略表述的过程应按如下步骤进行：①确认你所在公司的独特资源；②决定这些资源在哪些市场能得到最大收益；③确定由这些公司资产而来的收益是否通过（a）投入相关市场，（b）将相关的中间产出卖给有关公司，或者（c）将资产本身卖给经营相关业务的公司，从而得到最有效的利用。"

例行程序、资源和服务以及战略能力

在本节开始的时候，我们看到按照纳尔逊和温特（1982）的理论，公司的例行程序在功能上使得公司能够应对有限的理性，同时可以充当公司的"记忆库"，即存储知识的地方。在这一点上公司既是对信息相关问题（特别是有限理性）的反应，又是知识库。然而在彭罗斯、钱德勒和蒂斯的理论中，公司仅被视为知识库，纳尔逊和温特对于有限理性的思考被基本忽略了。

第一章 公司的愿景：关于公司研究的主要方法评述

从知识的角度认识公司无疑是一种新视角。事实上，根据艾尔弗雷德·马歇尔（1969：115）的论述："知识和组织在资本中占有相当大的比重……知识是我们最有力的生产工具，它能使我们征服自然并使其达成我们的愿望。"在此值得注意的是，马歇尔对于知识和组织二者关系的观察仍未得到经济学家们应有的关注。但是通过将公司视为知识库（知识被容纳在公司的例行程序、服务和战略能力中），我们得出了与传统经济学的研究方式，以及本章前文中视公司为对信息相关性问题做出回应的研究方式有重大区别的研究方式。

公司作为其特定知识的储存库，从定义上来说与其他意义上的公司有所不同。况且公司会极大地受限于知道什么以及能做什么。此外，公司的特定能力对其竞争力有着特殊重要的影响，因而在一般的竞争过程中也影响重大。最后，如我们所见，"视公司为知识库"这一研究方式在逻辑上导致了对公司战略的详细分析。通过促进对公司战略的分析，这种研究方法还有着附加收益——建立起了与企业分析者的成果进行理性沟通的桥梁。[1]

1.5 IBM 悖论

为了深化本章中提到的公司理论，本节中将探讨IBM所经历的历程的一些意义，并

---

[1] 公司的企业分析者所完成的工作（可以建立起与人们称之为"视公司为知识库"的研究方式之间的智性联系桥梁）中包括了普拉哈拉德（Prahalad）和哈梅尔（Hamel）(1990)、斯托克（Stalk）、埃文斯（Evans）和舒尔曼（Shulman）(1992) 在《哈佛商业评论》（Harvard Business Review）上发表的文章。对上述所有人来说，能力（competence）或能量（capacity）的概念对于为公司制定适当的战略而言都是至关重要的。他们的主要区别在于，前者在很大程度上从技术和产品的角度来定义能力，后者则坚持"能量"所指的必须是完整的价值链——包括市场、销售和客户满意度在内。

将特别关注IBM悖论指的是什么。

信息处理范式

从文中评述的公司研究方法中可以清楚地看到，我们称之为"信息处理范式"的概念发挥了重要的理论影响。根据这一范式，公司被视为基本任务是获取并处理信息，并在已处理信息的基础上做出决策的一种组织形式。这里探讨的许多公司理论的主要特征就是对特定信息相关性问题的确认，以及继而对公司处理这些问题的方式的分析。

这一界定也得到了一些认为应当"视公司为知识库"的人的赞同。尽管在彭罗斯、钱德勒和蒂斯的著述中对信息处理的讨论较少，而对公司积累的的特定能力的讨论较多，但在纳尔逊和温特的研究中可以非常清楚地看到上述情况，他们有关例行程序的概念是直接由信息相关困难而来的。

正如导论中对本章的介绍所指出的，信息处理范式最重要的特征之一就是其所暗示的信息和知识之间的"密切联系"。简而言之，信息被含蓄地定义为能够产出知识的商品，知识则同样被概念化为由信息所维持的信念。由此，知识可以等同于已处理的信息：公司之所以能知道其所了解的事物，是由于其所获取并处理过的信息的缘故。

IBM的经历

公司分析者们对IBM的经历应该有着极大的兴趣。不仅由于这是获得了（公司、金融和学术领域的）分析者们几乎一致高度评价的大公司的意外衰落，还因为其衰落的意义极为重大，所带来有关其内部情况的信息数量与性质非同寻常。IBM的经历中有许多与公司理论相关联的经验教训，本书将对此进行探讨，其中包括组织上的多部门形式（multidivisional form）的缺陷。根据威廉森的观点，可以通过多部门形式在信息处理过程（由此在防止机会主义的同时在有限理性时做到节约）中的效率来对其发展演化做出解释。

然而，IBM的经历表明，多部门形式固然有利于处理信息，但它的缺陷在于不同部门会因利益矛盾产生冲突。最终获得利益的是生产大型主机的部门。可是在20世纪70年代，在以计算机系统的巨大飞跃为目的而设计的未来系统（Future System）项目失败后，上述利益就起到了反作用。处于大型主机部门管制下的各部门之间存在着行政性的相互依赖关系，这导致了IBM未能令许多甚至是其首创的突破性的产品和技术得到充分利用，如个人电脑和RISC（精简指令集）微处理器。

为了解决这些问题（本质上与信息处理没有关系），1991年12月IBM沿用了AT&T（美国电报电话公司）1988年采用的方式。为此IBM将其多部门组织形式（M型结构）转化为以13个相对自主的业务和地域单元为基础的分权组织形式（S型结构），总部对这些企业及各地区的办事机构的权力被大为削弱了。同时，为了调节和控制各个单元的行为，此次迅速重组大大加强了内部市场机制的作用。这严重颠覆了科斯和威廉森认为的，现代公司的等级控制将逐渐整合（公司）活动的趋势。采用分权的公司（S型结构）本身（相对于围绕着现代公司的企业网络而言）同时既是市场也是等级系统，这是多部门形式所不具备的。

IBM悖论

公司理论的另一个教训来自于IBM悖论。它指的是在IBM所产生的悖论。IBM是杰出的信息处理公司,然而直到1991年8月❶,IBM才放弃其错误信念,不再迷信主机维持其收益性、规模和成长的能力,尽管其所拥有(处理)的信息与该信念是相互矛盾的。此外,这一悖论超出了IBM本身的范畴,延伸到所有自由地对该公司的有关信息做出独立评估,但选择以与IBM领导者相似的方式来解读信息(可以从20世纪90年代初IBM的股价不断上升看出这一点)的金融、学术领域和其他机构的分析者们。IBM对主机的迷信显然始于它1984年做出的著名预测:认为IBM的收益1990年将达到1000亿美元,1994年将达到1850亿美元。这与事实上1990年收益690亿美元,1991年647.7亿美元,1992年645.2亿美元形成了鲜明的对照。

IBM对主机的信念是从信息和知识(或信念)紧密联系的信息处理中得出来的吗?为了回答这个问题,让我们来探讨以下这些无疑都被IBM拥有且处理过的信息。

微处理器的性能不断提高 第一台微处理器(芯片计算机)——英特尔4004是英特尔公司(目前世界上最大的半导体公司)1971年制造的。早在1964年,英特尔的主席兼合作创始人戈登·摩尔(Gordon Moor)就注意到1959年平面型晶体管被开发后,其在高级集成电路中的应用逐年成倍增长。这一发现使他在著名的摩尔定律中规定,集成电路的复杂性必然每年增长1倍。图1.1显示了英特尔微处理器在摩尔定律作用下的演进。从MIPS (millions of constructions per second,每秒百万条指令),即微处理器性能的标准衡量方法的角度来看,大约20年来由最初的4004微处理器到80486微处理器,性能大约提高了280倍。因此截至1984年,当英特尔做出了1000亿美元收益的预测时,微处理器能力不断增强的演进趋势已经完全确立。

❶ 笔者从1993年初在纽约阿蒙克(Armonk)的IBM总部所做的采访中了解到,IBM的领导者直到1991年才更正了他们对于主机的信念。

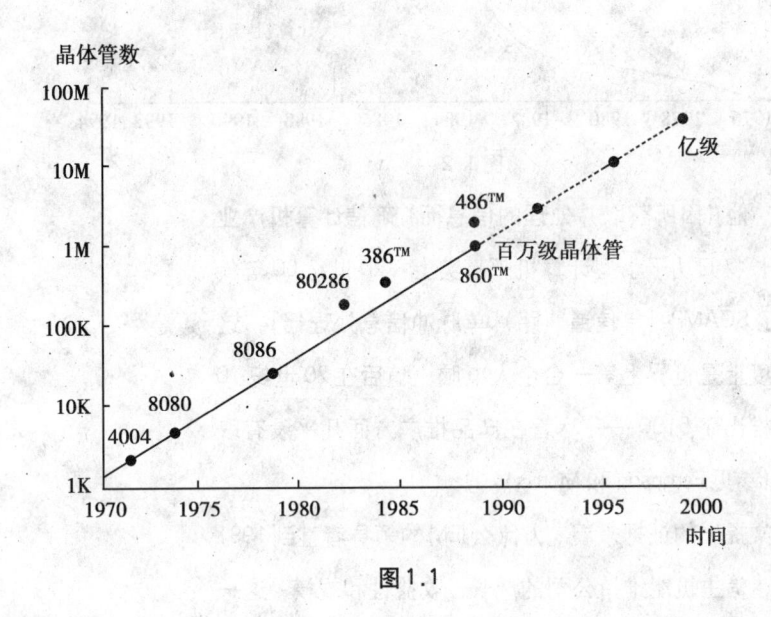

第一章　公司的愿景：关于公司研究的主要方法评述

图1.1

较小型计算机逐渐取代主机　微处理器不断增强的能力所造成的主要影响之一就是较小型计算机的能力逐渐增强，价格逐渐降低（在单位信息的处理成本的意义上）。这意味着较小型计算机特别是个人电脑和工作站开始——常常是在分布网络中——逐步取代主机。截至1984年，个人电脑和工作站赢得更大市场份额的趋势也已经完全确立。例如图1.2中所示欧洲电脑市场的发展趋势数据，这属于IBM最重要的信息。到1984年，个人电脑和工作站占据了30%以上的市场。

IBM对于较小型电脑的信念　此外，早在20世纪70年代中期IBM就已对关于微处理器能力不断增强以及"（电脑）外形缩小"的趋势的信息进行了处理，对造成的影响也已充分考虑。从1971年成为IBM首席执行官的弗兰克·卡里（Frank Cary）致力于个人电脑的行动中可以明显地看到这一点。卡里在20世纪60年代末领导IBM进入了小型

图 1.2

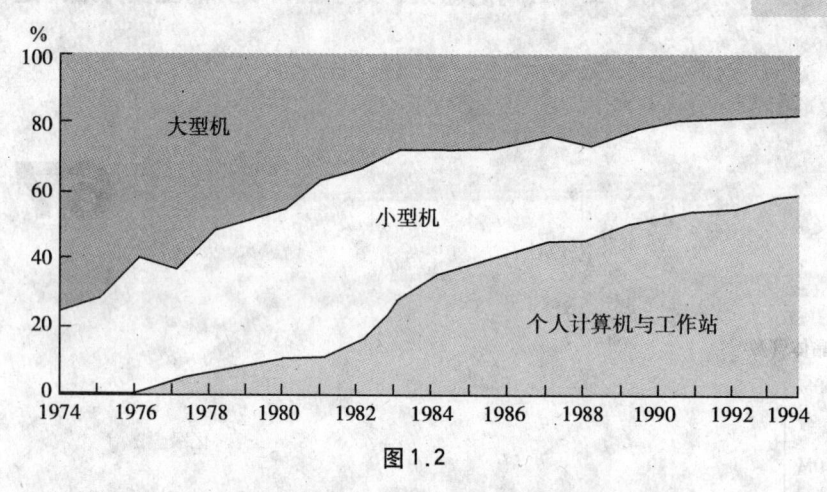

机的领域，他（因所获取并处理的信息而）确信计算机产业的最大成长将归功于小型计算机。事实上，20世纪60年代IBM制造了SCAMP［单信道（路）单脉冲信息处理器］，这在某种程度上是世界上第一台个人电脑，随后在20世纪70年代中期推出了5100——尽管在产品推广方面几乎没有取得进步。（参见Ferguson和Morris）

从上文提出的证据来看，为什么IBM的领导者直到1991年才不再迷信主机能维持公司的成长、收益性和规模，这一点令人费解。对IBM重组的最确切说明是这样表述的："20世纪70年代和80年代计算处理业正在经历根本的变化，更令人吃惊的是IBM的管理高层忽略了这些变化的种种迹象：360和370（IBM分别于1964年和1970年引入的主机系统）——事实上，整体的主机规律——都正在走向末路（参见同上：16）。《经济学者》杂志（1993）指出："埃克斯（Akers）先生（1985年就任IBM主席，1993年辞去该职位）和他的同僚们接触到的行业信息比任何竞争者都要多……（但是，）他们获得的大量信息没有起到作用。"这一观点与本章中的看法是类似的。

68

第一章 公司的愿景：关于公司研究的主要方法评述

IBM、信息和知识

以上提供的证据表明，在20世纪80年代，IBM的已处理信息（有关微处理器逐渐上升的性能-成本以及较小型计算机和主机之间的可替代性）和公司的知识-信念（关于主机的维持能力）二者间出现了分化。但是20世纪80年代初时，在即将产生的"外形缩小"现象的程度方面仍存在着相当的不明确性，从这个意义上讲，也有可能是当时的信息仍不够完全。在上述"解读性模糊"的状况下，依然可能会将信息的含义解读为：小型机的替代对计算机市场只会造成非常次要的影响，IBM的市场增长和边际利润(profit margin)很大程度上仍然要依靠主机。

但随着时代的进步，在信息越来越清晰的同时，IBM对大型主机的信念仍然坚定不移。直到1991年，不仅通过完整的信息，而且通过在IBM的选择环境里主机的收益和利润率下降的形式得到的反馈，才确定了相反的结论，在这样的压力下，IBM的信念终于崩溃了。(这里值得注意的是，信息与信念的分离与西蒙定义的有限理性没有任何关联。也就是说，问题不在于与公司获取并处理信息的能力相关的信息量，而是公司领导者怎样根据自身对主机的信念来解读信息。)

IBM悖论中有两个问题。第一个问题（就当前目的而言不很重要）是这样的：IBM的信念由何而来？在不断增多的相反信息面前它又是如何维持下来的？第二个问题比较重要：(IBM悖论)与公司理论有什么关联？

虽然在这里不宜详细探讨第一个问题(也可以说还没有找到足以回答这个问题的根据)，但该问题的答案主要包括以下三点。第一点是IBM在主机方面取得过的历史性的巨大成功，特别是被公司的许多20世纪80年代的领导者珍而重之的360和370系统。这一经历使领导者们的信念发生了扭曲。第二点，20世纪70年代中期，未来系统 (Future

Systems)项目的失败对公司领导者的信心和士气是一个打击,该项目的本意是通过计算机技术的巨大飞跃来淘汰当时的计算机。该失败导致了依附过去信念的回归倾向以及自我保护倾向。第三点,随着未来系统项目的失败,对于被看作公司生存根本的370系统及其各种具体形式,领导者不敢鼓励开发可能会对其产生负面影响的产品和技术。这就进一步巩固了主机部门及其信念的霸权,被牺牲的则是其他发展小型计算机和技术(如RISC处理器)的部门——领导者担心这些产品会侵蚀主机的收益。

以T. S. 艾略特(1963)的感叹作为对IBM悖论的探讨结论无疑是恰当的:"我们遗失在知识中的智慧在哪里?我们遗失在信息中的知识在哪里?"——这是对于所谓的"信息时代"最贴切的叹息。

1.6 公司理论的含义

愿景的概念

IBM悖论是一个非常引人瞩目的关于信息与知识分离的例子。但是解读性模糊(当有"楔"打入信息和知识之间,信息不完全时会出现的状况)以及对信念的坚持度二者出现的频繁程度足以有助于充实公司理论的内涵。笔者认为其充实的方式是将信息与知识二者区分开来。在上文中,信息被定义为与世界上发生的事件所造成的世界状态及其可能后果有关的数据。另一方面,知识被定义为信念。信念固然会受到抱持信念者所处理的信息的影响,但也未必完全由已处理信息决定。因此在信念的形成过程中,洞察力、创造性和误解起到了一定作用。而且信息处于封闭体系状态,知识本质上却处在开放状态,因此可以将信息与知识看作是松散联系的(loosely coupled)。

第一章 公司的愿景：关于公司研究的主要方法评述

公司的"愿景"被定义为公司中的支配性信念体系，涉及公司内部和外部环境、未来会出现的事物形态以及公司根据以上这些将会采用的"出牌"方式。由于愿景取决于对特定信念的特定架构，因此它从定义上来看始终是有限的。因此"有限的愿景(bounded vision)"和"愿景失败(vision failure)"的可能性是愿景概念的逻辑内涵。

例行程序、能力和知识创造

在愿景的概念中，知识就其自身含义被视为开放的过程，而不仅仅是已处理信息。愿景的概念与公司评估所处环境并对应采取行动做出决定的方式在根本上是相关联的，由此意味着作为愿景基础的知识的概念也应当延伸到对公司的知识基础的分析上。

在我们赞同马歇尔(1969)提出的"知识是我们最有力的生产工具"并确认该观点已被纳入例行程序和能力的概念（前文探讨过的）中的同时，必须超越这些前文分析过的概念，进入到对公司内部的知识创造过程本身的分析中。这也需要就知识自身的含义来进行，即视其为开放的、可扩展的过程。其中涉及并包括的其他要素有：公司各部分知识的整合[在公司体系内，面临着海克(Hayek)所提出的在不了解全部知识的情况下应用知识的问题]，运用并联合隐含的和外在的知识；理解所有公司表现中的学习过程，并理解包括研究在内的所有创新行为的创造过程。

1.7 结论

正如本章开头处引用的彭罗斯的看法，知识是一个不易理解的概念，经济学家们认为它"过于变化不定，以至于难以把握"。但是由于认识到"不断增加的知识在经济过程中起到了支配作用"，我们别无选择，只能悉心研究这一概念，以期得出更有活力的公司理论。

第二章

公司的愿景与日本计算机和通信公司的演进

2.1 引言

本章对公司进行了概念化，以便用于分析几家日本主要的计算机和通信公司：富士通公司、NEC公司、东芝公司、日立公司、三菱电气公司和冲电气公司。这些公司在总体销售方面位列世界前10位，但是它们与日本的消费电子产品公司和汽车公司不同，在日本之外只在很少几个市场中具有全球支配地位。本章特别关注了这些公司呈现出来的悖论。

根据本章中提出的概念，可以通过四个密切相关的维度来分析公司：能力、组织、愿景和选择环境。能力即公司的行为和知识，它决定了公司所知道的以及能够做的事情。组织决定了协调并控制公司的能力从而得到有竞争力的产出。愿景指的是引导公司的领导者就公司应当做什么以及前进方向是什么做出决策的信念体系。选择环境则是决定公司能否生存以及是否繁荣的公司（以及公司全体人员）外部的所有信息。在第一章中已经将公司的"愿景"与众多著名的公司分析者提出的愿景进行了比较和对照，并分析了其中的异同。

2.2 本章概述

本章开始部分对能力、组织、愿景和选择环境等概念作了简要分析，阐明了它们的含义。继而概述了日本的计算机和通信公司的悖论：尽管这些公司都跻身于该行业世界最大公司之列，但它们并不像日本消费电子产品公司和汽车制造公司那样在其产业中拥有同样的全球竞争力。本章的目标之一就是解析这一悖论。

接下来分析了日本计算机和通信公司以及这一行业的演进。什么是决定该行业在日本演进的主要力量呢？资料显示，电信业为其能力的发展提供了最初的温床。从而可以划分出计算机和通信行业能力演进的时间阶段，即这些公司是如何由电信行业转向经营晶体管和集成电路等电子设备，继而转向计算机和相关软件的。

随后分析的是公司的选择环境。日本政府在提供有益的发展环境方面起到了多大作用呢？首先讨论了日本政府部门怎样为这些公司的最初尝试创造便利，其后又怎样扶植它们早期的成长。本章特别注重了"受约束竞争"(controlled competition)的影响，受约束竞争是通信省 (Ministry of Communication) 在20世纪20年代和30年代为通信设备的生产而采用的组织形式。正是因为受约束竞争，使得日本存在**几家**相互竞争的通信设备供应商，而美国仅存一家，即西部电气 (Western Electric，AT&T 的子公司)。这些日本公司继而发展其**计算机和通信**两方面的能力，这一点与它们只在其中一个领域积累能力的美国对手（如 AT&T 和 IBM 等）形成了鲜明对照。

本章随后探讨了选择环境中其他重要的影响因素，包括其他国家的技术资源、日本市场中的强大竞争压力以及日本金融机构和金融实践的作用等。

愿景在这些日本公司的发展中起到了什么作用呢？通过以富士通公司的决策过程为例(该决策过程最终令富士通成

第二章 公司的愿景与日本计算机和通信公司的演进

长为日本计算机行业中最大以及世界第二的公司),本章阐明了愿景的重要性。但是这一过程也暴露出富士通公司缺乏决断,且内部存在不同意见和冲突。

接下来的一节的目的是表明各个公司独有的历史对于其当前的能力、优势和劣势形成的作用是多么重大。尽管富士通公司、NEC公司、日立公司、东芝公司、三菱电气公司和冲电气公司都属于同一行业,而且具有许多类似的"日本"特色、管理方法以及组织实践,但它们经由不同历史的塑造,仍然是有着重大差异的个体。

为何日本计算机和通信公司不能像日本的消费电子产品和汽车公司那样通行全球?通过分析消费电子产品和汽车公司的全球竞争力的来源,本章最后一节对这个问题做出了解答。可以看到,具有讽刺意味的是,计算机和通信公司是为了成功地适应日本的计算机和通信设备市场的特殊性,才无法建立起与消费电子产品和汽车行业同等层次的国际竞争力。

2.3 公司理论

按照Occam's Razor的观点,理论越少越好。这里有4个相互依存的关键概念可以作为与上述观点相一致的公司理论的基础。

2.3.1 公司理论

在当前的经济学著述中,有两种主要的"非新古典主义的"的公司理论研究方法正处于支配地位。第一种指的是"视公司为对信息问题的反应"研究方法,另一种可以称为"视公司为知识库"的研究方法。第一种研究方法与科斯、西蒙、威廉森、梅克林、詹森和Aoki等人的著述有关联;第二种研究方式则来自于马歇尔、彭罗斯、纳尔逊、温特、钱德勒和蒂斯等人的研究。我们在第一章中（也可参见Fransman 1994b）概述了对这些公司理论的认识，在本章中我们的目的则是提出与经济变革演进研究方法相一致的公司概念，并将其用于解释现实中公司的成长。为了达到这个目的，将以纳尔逊和温特的经典著作《经济变革中的演进理论》作为演进研究方法的参考点。我们将清楚地看到，第二种研究方法对目前已经提出的公司概念有很大影响。

2.3.2 四个关键概念

我们提出了四个相互关联的概念：能力、愿景、组织和选择环境。图2.1描述了这四个概念。

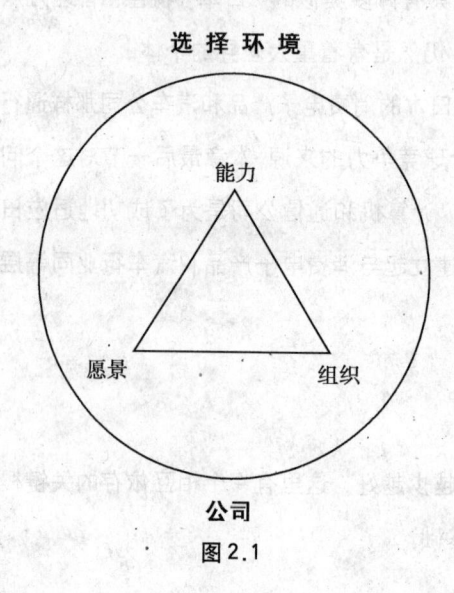

选择环境

（图中三角形三个顶点：能力、愿景、组织；外圈标注"公司"）

图2.1

能力

从马歇尔的信念"知识是最有力的生产工具"、彭罗斯对资源和服务的区分、纳尔逊和温特的"例行程序"理论、钱德勒的组织能力（organizational capacity）理论，以及蒂斯对能力的看法中，可以得出能力的概念。第一章中对上述

第二章　公司的愿景与日本计算机和通信公司的演进

理论有较多阐述。在这里可以把能力定义为使公司得以随着时间而复制（reproduce）自身"做"和"认识"（行为和知识）的体系。本章研究了一些复制需要竞争力的例子。能力适用于包括销售、营销、生产、开发和研究在内的价值链的所有相关链接。

能力决定了公司的特性。能力的获得不仅困难，而且代价很大，对整个公司而言，需要长时间的积累，积累时间少则几年，多则几十年。能力承载着公司的历史，而且对公司潜在的竞争对手来说，要获得对方的整体能力是一件困难且代价昂贵的事情。能力不可能进行切实有效的买卖，原因在于构成能力的行为和知识具有复杂性。

上文所定义的能力的概念与公司的绩效（performance）有密切关联，可以把它看作对公司绩效进行阐释的一部分。但我们尝试这样运用能力的概念时，必须避免概念的混淆。尽管能力就是那些令公司得以参与竞争（ex post，过去），且使公司将来也参与竞争（ex ante，前瞻）的活动和知识，我们仍需把活动和知识独立于其所导致的结果（也就是使公司有竞争力或缺乏竞争力）来进行定义。

能力的概念与公司绩效的关联是这一概念的主要长处所在。"视公司为对信息问题的反应"的研究方式的主要问题之一就在于其没有对公司的绩效提供有力解释。所有的公司及其组织形式都被视为尝试解决信息相关难题的结果，但并不是所有公司的绩效都同样好。如我们将看到的，能力的概念有助于我们理解公司的组织形式和公司的绩效。

愿景

如上文所述，任何时间点上都可以从两个角度来看公司的能力。首先是从过去的角度，公司的能力使得公司得以在过去的时间里投入竞争；其次，从预期的角度，公司的能力将使其能在未来参与竞争。但是，前瞻的维度中存在着更深层次的问题（在经济学中一向如此），因为**不确定性**和**期待**的形成是不可避免的。完全看清公司在未来竞争中需要什么样的能力（并按照领导者的愿望实施）是不可能的。领导者在时间的水平线上朝未来看得越远，视线就越不清晰。

为了讨论前瞻的观点，愿景这一概念是必不可少的。我们可以把愿景定义为有关公司环境的**信念体系**（set of beliefs）。正是这些信念（相较于公司的"客观"环境）形成了领导者对于公司参与未来竞争所应该具备的行为和知识的看法（稍后我们会回到这些信念如何确立，以及"信念"、"信息"和"知识"之间有哪些关系的问题上来）。

因此能力和愿景的概念之间有深厚的关联。在公司发展的那些关键点上，即当必须就公司未来参与竞争所需要的能力做出决策时，上述关联表现得尤为明显。我们可以称这些关键点为"创造能力的时刻"，而这些时刻产生了关于能力的前瞻观点。这与"路径依赖"（path-dependency）的概念形成了对照。路径依赖是指公司在任何时间点上的当前能力以及能够在未来创造出来的能力对于公司过去已创造出来的能力的依赖。路径依赖的概念产生了关于能力的过去观点。

因此，公司的愿景使得公司战略和战术的主要轮廓得以定位并成形。

组织

为了参与竞争，必须将公司的行为和知识组织起来。当威廉森宣称"组织形式至关重要"并为"最近大多数对公司的论述（经济学意义上的）……对公司的架构关注不足，而是把注意力完全放在激励特性上"这一事实而叹息时，他是正确的。（参见 Williamson, 1985: 281）

可以把公司的组织定义为：为使公司的行为和知识带来

第二章 公司的愿景与日本计算机和通信公司的演进

竞争力而选择的协调形式。正如上述概念所阐明的，能力、愿景和组织是相互关联的概念。能力必须被组织起来，但有许多种不同的、可能的组织方法。采用哪种方法是依据有责任决定组织形式的领导者的信念或愿景而选择的。通常不同组织形式的效果是不可能预测的，即便所有公司都采用同样的、优选的组织形式。因此组织形式的选择（就像选择技术）是公司存在多种类型的重要原因，而且正是这种类型多样化与选择过程共同推动了整个公司的演进。

公司的组织形式将是其行为和知识被转化为竞争力成功与否的主要决定因素。研究公司具体形式（即组织架构）的主要任务，就是了解不同的公司形式在推动竞争力创建方面的有效性。

选择环境

公司的能力、愿景、组织和选择环境之间也是相互依赖的。可以把公司选择环境定义为共同影响公司（及其总体员工数量）自我复制和成长能力的外界因素集。

公司的能力、愿景和组织必须适合其选择环境。如果它们不适合，即不能令公司适应其所在环境，那么公司将无法随着时间流逝而自我复制。相反，如果它们能与选择环境适应融合，那么公司将能够在总体人数上相对于其他公司有所增长。

从公司的角度来看，与其将选择环境视为客观的，不如将之视为主观的。公司对于其所在环境的愿景将决定其所注意到的机遇和挑战（彭罗斯着重强调的观点）。选择环境存在于当事者的心目中，这与审美是同一个道理。

但通过对公司绩效的指标（如收益性）的影响，公司的选择环境为公司提供了有力的反馈。公司绩效如果走下坡路，就意味着该公司必须做出改变。而且公司与其他社会有机体一样，与其所对应的生物有机体相比有更强的改变自身能力的自由度（在这个意义上，是不能将作为公司的社会有机体的能力、愿景和组织比作生物有机体的基因的）。

但是，公司的选择环境所提供的反馈和公司最终做出的改变，这二者之间的关系并不是确定性的。其原由部分地与公司的愿景，与公司对于所在环境的信念以及对需要做什么的考量有关。公司的选择环境及其信念之间的关系是确定性的。在相同选择环境中的不同个体会就应当做什么得出不同的信念。"客观"或"理性"地判断孰对孰错的方法常常是不存在的（这与即将讨论的"选择环境"、"知识"和"信念"的关系有着潜在关联）。

然而在对公司的经验性研究中应用选择环境概念遇到了诸多困难。例如，分析者应当如何就公司的选择环境的主要特征进行归类？要怎样分析这些特征对公司的能力、愿景、组织的直接影响以及对其绩效的间接影响，或者说对公司总体人数的影响？如何判断不同的特征对公司或其总体人数的影响？这些问题归根结底来自于交互作用的复杂性，而非来自于通过简化假设回避了这种复杂性的演进过程模式。

信息、知识和信念（看过本书导论的读者可跳过这一部分）

这里提出的方法是对信息和知识的一种具体的概念化。当我们需要更进一步了解愿景和能力的概念时，应当注意这种概念化。

在前文中，愿景被定义为公司对于其所在环境的信念体系（更确切地说，是公司领导的主导信念）。这些包含在公司愿景中的信念形成了公司对于应当做什么的看法。但是信念从何而来？它们部分地来自于公司领导者处理过的公司环

第二章　公司的愿景与日本计算机和通信公司的演进

境（包括公司内部的和外部的）信息。在这个层次上，可以把信念视为已处理信息。如我们在第一章所见，信息可以被界定为关于世界状态的数据集，而且从定义上讲是封闭的集。

但公司领导者所处理的信息有时少于实际存在的全部相关信息集。这可能是领导者处理信息的能力局限性导致的。根据信念来源于已处理信息的程度，他们会受到该信息的局限。这是赫伯特·西蒙的有限理性的本质〔参见第一章和 Simon (1957)〕。

不过信息并非完全源于已处理信息。实际上在某些情况下，已处理信息无法产生明确的信念，我们将其定义为不完全信息。这种状况会产生解读性模糊，即源于已处理信息集的信念的模糊性。

在上述信息不完全即解读性模糊的情况下，已处理信息和信念之间的联系必然是松散的。因此需要把二者区分开来。另外，可以把一个人对于他／她所在环境的信念视为其所掌握的知识。从而，必须把知识和信息也区分开，了解这二者指代的不同含义。

此外，如前所述，信息在本质上是关于世界状态的封闭数据集。另一方面，知识是信念体系，它必然是开放的。原因在于任何时间点上信念都会改变，即使当"客观"环境和已处理信息保持不变时，信念也常常会改变。当信息不完全并因此出现解读性模糊时就会如此。在上述情况下，有分歧的甚至是相互矛盾的信念也可以维持存在。同样的，即使"客观世界"保持不变，关于世界的知识（被定义为对世界的信念）也可能会随着时间而改变。确实如此，浏览任何科学领域的历程都可以看出这一点。因此在这个意义上，知识／信念必然是开放的。知识处于持续改变的过程中。

此处就信息和知识概念所作的讨论是在对"愿景"概念进行分析的基础上进行的。但是"知识"也出现在能力的概念中，能力在前文中的定义是：使公司得以随着时间流逝而复制自身行为和知识的体系。纳尔逊和温特（1982）也运用同一个知识的概念，他们视公司为知识库。

愿景和能力中的知识 我们现在转向探讨愿景中的"知识"和能力中的"知识"之间的关系。后者可以分为两种知识："知道如何"（know-how，诀窍）及"知道为何"（know-why）。举例来说，半导体公司知道如何以特定程度的生产力和次品率生产特定集成程度的半导体。但知道如何并不代表知道为何。知道如何去做的半导体公司可能并不知道为何能得到结果，因此知道如何和知道为何是两个不同的知识体系。不过知道如何有助于导向知道为何，反之亦然。

实际上我们可以看到，隐含在愿景和能力中的知识概念是相同的。知识可以视为与信念同等，且知识在固有属性上是开放性的。可以把知道如何和知道为何视为有关如何获得特定成果和为何能获得特定成果的信念体系。而且知道如何和知道为何是开放性的，显然对于所有研究特定事物随着时间发展的过程来说都是如此。有关"如何"和"为何"的信念处于持续改变的过程中，经历的时间越久，改变就越大。知识不断通过知识的含义创造出来。与其说知道如何和知道为何是**状态**，不如说是**过程**，因此它们在本质上与愿景中包含的关于环境的知识是相同的。所以说，在二者（愿景和能力）内涵中的知识概念是相同的。

知识的分解—整合以及知识的沟通问题 还有两个关于知识的观点与公司的能力和组织有重要关联。首先，由于劳动者的分工，对个人处理信息的能力和建立信念的过程造成了局限；也就是说任何公司的知识储备都一向是分散地存在于个体和个体组成的团体中。但是必须将分散的知识尽可能进行整合，从而使公司具有竞争力，整合的程度取决于选择

第二章 公司的愿景与日本计算机和通信公司的演进

环境。这就在公司的范畴中提出了一个问题［海克（Hayek）在1945年曾就社会总体分析过这一问题］，即对未被任何人全部了解的知识总体的利用问题。

第二，存在将整体的知识体系在群体中进行传播的问题。有一个问题来自波拉尼（Polanyi）对于潜在知识（tacit knowledge，或译为"隐性知识"、"暗默知识"）的著名观点（他称：我们所了解的多于我们能表述的）。但是这里提出的知识的概念暗示着个人构建作为信念的知识的过程为知识的传播带来了更进一步的不同困难。例如，如果潜在知识不存在，那么当不同的个人因为解读性模糊而在同样的不完全信息集的基础上建立起不同的信念时，传播问题很可能由此产生。上述两项问题在这里不再进一步探讨，请见后文中有关弗朗斯曼的部分。（参见Fransman，1994c）

2.4 解释日本主要的信息与通信公司的绩效

2.4.1 悖论

日本主要的信息与通信公司包括NEC公司、富士通公司、日立公司、东芝公司和三菱电气公司，它们都存在着重要的悖论：尽管它们实力强大，在计算机、通信设备和半导体这3个关键的信息与通信市场上跻身于世界前10位（按照公司总销售额衡量），但它们的全球竞争力却相对较弱。本节的目的就是对该悖论进行解释。

如图2.2所示，IBM以其约650亿美元的销售额控制了计算机市场。但是日本公司也不容小觑，富士通公司排名第二，NEC公司第三，日立公司第六，东芝公司第十。在通信设备方面，如图2.3所示，阿尔卡特和AT&T占据第一和第二的位置，NEC公司和富士通公司分列第五位和第八位。而在半导体市场中日本公司的表现相当好。尽管美国

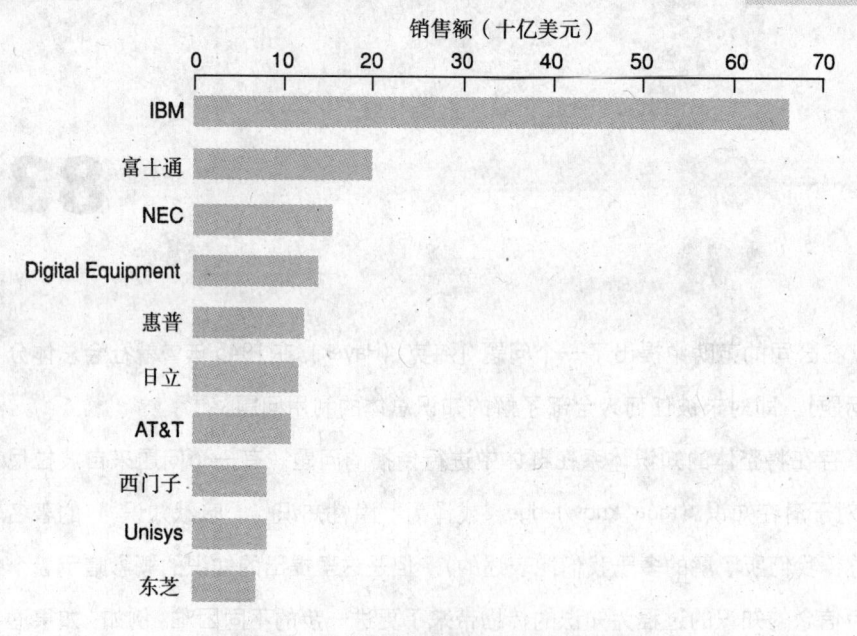

图 2.2　最大的信息技术供应商（1992）
资料来源：自动数据处理（Datamation）

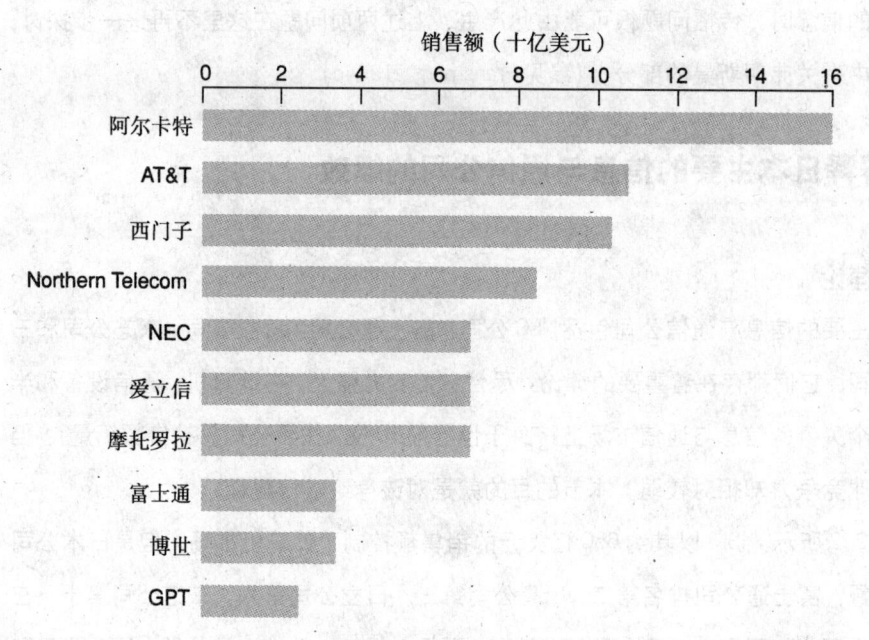

图 2.3　最大的通信设备公司（1991）
资料来源：数据搜寻（Dataquest）

第二章 公司的愿景与日本计算机和通信公司的演进

英特尔公司以其微处理器的销售于1993年取代NEC公司得到了第一的位置,但排名前10的公司中有六家是日本公司:NEC公司、东芝公司和日立公司分别是第二、第三、第五位,富士通公司、三菱电气公司和松下电气公司则分别是第七、第八和第十位。NEC公司是世界上惟一一家在3个市场都排名前5位的公司。

但是日本公司在上述3个市场中令人羡慕的排名并不代表它们在这些市场中拥有支配性的全球竞争能力。事实上有迹象显示,与日本的消费电气和汽车公司以及在上述市场上领先的西方公司相比,日本信息与通信公司的全球竞争力是较弱的(存储半导体是个典型的例外)。

全球竞争力的指标之一(可以称之为"全球竞争力的显示指标")是公司的出口率(公司出口额占总销售额的百分比)。表2.1显示了属于信息与通信、消费电子产品和汽车3种类别的主要公司的出口率。

如表2.1所示,信息与通信公司的出口率远远低于消费电子产品公司和汽车公司的出口率。从公司在日本和海外市场的销售分析(与出口率不同,其中包括日本公司在海外的生产量)中也可以看到同样的情况。表2.2中的数据显示,主要的信息与通信公司的海外销售额占总销售额的23%~33%(NEC、富士通和东芝),而两家专门生产消费电子产品的公司(松下和索尼),数据却是49%和74%。如图2.2和图2.3所示,在信息与通信设备市场占支配地位的两家西方公司IBM和阿尔卡特在20世纪90年代初的百分比分别是61%和67%。

我们将在本文的剩余部分回答上述数据反映出的3个问题。第一,如何解释日本信息与通信公司在图2.2、图2.3和图2.4中的突出特征,也就是说,它们是怎样赢得相对而言规模巨大的销售量的?第二,怎样解释日本的信息与通信公司的相对排行?第三,为什么日本的信息与通信公司的全球竞争能力相对较弱?

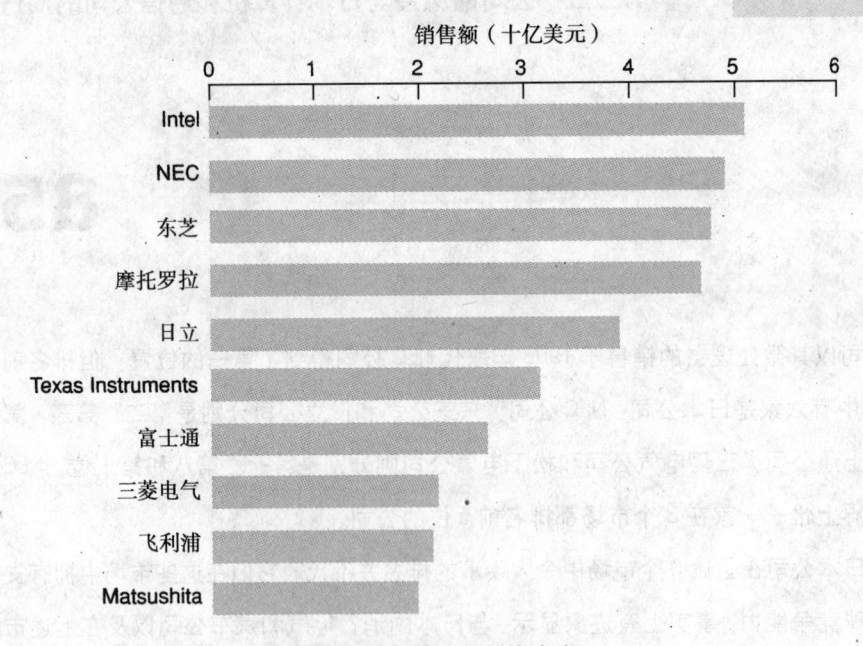

图2.4 最大的半导体生产商

销售额（十亿美元）

公司	销售额
Intel	~5.2
NEC	~5
东芝	~4.8
摩托罗拉	~4.7
日立	~3.9
Texas Instruments	~3.2
富士通	~2.7
三菱电气	~2.3
飞利浦	~2.2
Matsushita	~2

资料来源：数据搜寻

表2.1 日本公司的出口率

	出口率
信息与通信公司：	
NEC	18
富士通	14
日立	16
东芝	25
三菱电气	18
Oki	25
消费电子产品公司：	
Matsushita Electrical Industrial	35
索尼	64
夏普	45
佳能	78
汽车公司：	
丰田	36
Nissan	41
三菱	48

注：出口率是公司的出口额与总销售额的百分比，其中包括了公司直接出口额和所有通过贸易公司的出口额。见《日本公司手册》(*Japan Company Handbook*, 1992）

第二章 公司的愿景与日本计算机和通信公司的演进

再详细查看图2.2、图2.3和图2.4，可以看到位于上述市场前10位的日本公司中，有3家公司占有优势地位：NEC公司、富士通公司和日立公司。NEC公司排计算机市场第三位，通信设备市场第五位，半导体市场第二位；富士通公司排计算机市场第二位，

表2.2 1993年在日本市场和海外市场的销售分析（%）

公司	日本	海外
NEC	77	23
富士通	67	33
日立	76	24
东芝	70	30
Matsushita	51	49
索尼	26	74

资料来源：1993年公司报告

通信设备市场第八位，半导体市场第七位；日立公司排计算机市场第六位，半导体市场第五位。另外只有一家日本公司在上述3个市场之一排名前5，即在半导体市场排名第三位的东芝公司。

NEC公司、富士通公司和日立公司所处主要环境的共同点是：它们战前在电信领域的信息与通信活动有着同样的起源。20世纪50年代这3家公司在电信领域积累了最初的能力，并将其运用在新兴的、与其能力相关的半导体和计算机领域中。在下一节中将对此进行阐述。

2.4.2 日本信息与通信公司能力的发展

公司能力在之前章节中所探讨的三个概念中处于中心地位。本节将探讨NEC公司、富士通公司和日立公司的能力发展，随后分析影响能力积累的选择环境。

1950年以前：电信能力的发展

在此期间，上述3家公司（以及冲电气公司——排名第四的主要通信设备供应商）在4个主要领域中积累了能力：交换系统（当时主要是机电交换系统）、传输装置（包括

地载波传输系统和20世纪20年代起用于电话和电视的无线电传输系统)、电子元件(如真空管)和消费类家庭设备(如电话等)。由于日本的地理状况和地震的多发性,无线电通信变得非常重要,这一点后来令日本的公司,如值得注意的NEC公司,从20世纪60年代起在微波通信领域建立起国际的竞争力,随后又运用在卫星和移动通信方面。

20世纪20年代末和30年代是日本人积累能力的重要时期,在此期间,在金融危机和日益高涨的民族主义的影响下,选择环境有了巨大的改变,这些下一节中也会讲到。导致的重要结果有两个:第一是通信设备供应商之间的竞争不断加剧,这个过程减弱了NEC公司对通信设备市场的支配,令东芝、富士通和冲电气更多地进入政府通信设备市场。第二个结果是这些公司对外国技术资源的依赖大大降低。上述两个因素导致了日本技术能力的加强。

1950~1960年:进入新的电子工业范式

在这个时期,上述公司以它们在电信领域已经累积的能力作为跳板,进入了逐渐崭露头角的新电子工业范式的产品市场:晶体管、计算机和电子交换器。当公司拥有了这些新产品且它们来自于新的电子技术时,公司在先前的电信技术模式下积累的能力与适应新的电子工业范式所需要的能力二者间就具有了深层次的连续性。

例如,东芝公司和NEC公司在20世纪20年代和30年代在电子管方面积累的能力促使它们更容易掌握通用电气,20世纪50年代许可其使用的晶体管技术。正是NEC公司一些最先掌握了电信晶体管技术的工程师们运用原先既有的能力,并参考政府实验室研制的试制型机,创造出了他们的第一台计算机。

第二章 公司的愿景与日本计算机和通信公司的演进

能力的延续性对日本政府行业政策的评估有很大的潜在影响。许多由日本通商产业省建立的项目(目的是帮助日本公司进入电子工业范式创造出来的新产品市场)的成功，部分原因在于这些公司在战前已经积累的能力。因此可以看到，尽管日本通商产业省确实对参与其中的日本公司进入市场起到了促进作用，但这些公司成功进入的必要条件，即能力的事先拥有，却早在战前时期就具备了。

1960～1980年：迎头赶上

从1960年到1980年，日本的信息与通信公司追赶上了西方的领军企业。在电子设备领域中，它们从晶体管市场进入到集成电路市场，继而获得了记忆半导体市场上的全球支配地位。它们未能在微处理器市场上获得同样的地位（下文很快会探讨原因），并不是因为缺乏技术能力。实际上，为了满足一家日本计算器公司的要求，1972年4月，在IBM制造出世界上第一台微处理器之后仅六个月，NEC公司就生产出了日本第一台微处理器——i4004。

为了适应日本市场的需求状况，在制造其他一些设备方面，日本公司是具备国际水准的强大技术能力的。这里有一个著名的例子：光电子集成电路，很大程度上是III-V合成装置，如光（信号）发射二极管和半导体激光器。除了信息与通信行业，日本具有国际竞争力的消费电子产品行业也非常需要这些设备。光电子设备已经证实了其在全球市场上具有国际水准的竞争力。

在计算机领域，日本主要的计算机公司——富士通公司、NEC公司和日立公司——研制出了所有类型的计算机，包括从超型计算机到个人电脑。早在1976年，富士通公司在计算机的技术性能方面已经赶上了IBM公司，但是，IBM在计算机水准，特别是主机上持续的支配地位，其顾客已经购买使用的软件以及该公司密布全球的销售网络，使得日本公司无法在日本之外的市场上比IBM有更大成就。在日本，它们因自身的销售网络以及顾客忠诚度而处于胜过IBM的地位。

在个人电脑和工作站的领域（这一领域将在计算机的销售和水准方面日渐占据主导地位），日本公司在日本市场上因发展缓慢和个人电脑普及问题而受到了严重的负面影响。其主要原因是日本汉字字符在处理上的困难。由于这一困难，日本的个人电脑普及率仍然远远低于西方国家，从而又阻碍了数字网络和所谓的信息高速公路的发展。日本个人电脑市场的特殊性还意味着日本有着与西方国家不同的标准。日本的个人电脑市场（这是日本公司赖以生存的主要市场）的上述缺点导致了这些公司无法在计算处理领域展开竞争并"树立自身的威信"。它们也因此无法与英特尔和微软这样的公司竞争——英特尔和微软在微处理器和操作系统方面分别取得的成功都是以个人电脑市场的快速成长为基础的。

然而可以从微控制器的性能上很明显地看出日本人在微处理器领域的技术能力，微控制器在技术上虽然没有微处理器复杂，但二者是类似的。日本市场在微控制器领域较为乐观。更特殊的是，日本在消费电器和电子产品领域的巨大国内市场和消费电子产品领域强大的国际竞争力为微控制器创造了很大市场（微控制器被用在洗衣机、微波炉和录像机等消费产品中）。此外，为上述目的而制造的微控制器也适用于其他西方市场制造的产品中。事实上，NEC公司是当前世界上最大的微控制器生产商。

日本在软件方面的能力也受到了国内环境特征的控制。在工业化国家中，只有日本极其重视关于软件包（packaged software）（软件包一般是"现货供应"，不会根据某个使用者

第二章 公司的愿景与日本计算机和通信公司的演进

的需求而定制)定制的市场,某种程度上日本软件市场的这一特征是前文已经提到的个人电脑普及率相对较低的反映,因为软件包如果大量生产,通常是为了应用在个人电脑上。不过,与西方国家相比,日本大型电脑的用户更倾向于与日本的计算机公司保持紧密的长期联系,以便满足自身的特定软件需求。

很大程度上因为日本软件市场有上述特征,日本公司无法在全球市场上靠软件包取胜(在一次电视采访中,比尔·盖茨表示他不认为同一市场上的日本公司会对微软构成威胁)。在此,日本公司的弱势与领先的西方计算机公司和软件机构的专家对其强大的软件能力的评价形成了鲜明对照。

在电信交换器领域,日本公司在这一时期取得了重要进步,研制出了第一套电子交换系统,即 NTT(日本电报电话公司)用在日本电信网络中的著名的 D10,之后又研制出了数字系统,主要是 D70 和 D60 交换器。对 NEC 公司和富士通公司来说不幸的是,它们未能跟上 20 世纪 70 年代末美国的数字交换器,从而错过了机会。部分原因在于 NTT 决定推迟与这两家公司以及日立公司和冲电气公司在发展数字交换方面的合作。结果,与日本公司成功将所有其他产品打入国际市场的情况相反,面对美国市场对电子交换器的需求,NEC 公司和富士通公司被迫在经日本市场测试和验证后为出口市场制造了该项产品。

这一领域的弱势还有一个更深层的原因,就是 NEC 公司和富士通公司不能为使用其交换器的美国用户提供充分的软件支持。(交换器含有高度的软件集成,是极为复杂的产品。由于美国和日本电信网络的特点不同,要在美国的电信网络中应用日本的交换器,必须重新设计相当数量的软件。)结果加拿大的北方电信公司较早进入数字交换领域,抓住了机会并从中受益最多。在 AT&T 的中型 4ESS(比较产品)之前开发的 DMS 数字交换器使北方电信进入了美国的交换器市场并最终获得了几乎与AT&T相同的市场份额。但是20世纪80年代富士通公司和NEC公司重新部署战略，致力于开发用于多媒体交换的下一代ATM（宽带异步传输模式）交换器。富士通公司成为了第一家提供ATM交换器的商业性公司，这家公司目前希望，凭借着因新一代交换器的采用而出现的机会，成为该领域在美国的领导者。这一次富士通公司和NEC公司将受益于NTT成立的ATM联合研究发展项目，参与其中的还有日立公司、冲电气公司和北方电信。

然而，传真领域是一个个案：日本本土的状况使得日本公司的能力有所发展，从而取得了全球市场的竞争性主导地位。以电子传输方式远距离传输图像的基本想法很早就出现了。第一项传真专利是在1843年授予的，而第一次对传真进行商业性利用是在1865年。托马斯·爱迪生的信念很有先见之明，他认为这种传播模式将在中国、日本等使用大量复杂文字的国家开辟出巨大的市场，在上述信念的驱动下他对传真技术进行了改进。传真在日本最初是于1928年由一位名叫丹羽保次郎（Yasujiro Niwa）的NEC公司资深工程师提出的，他在此之前参与了通信省的研发工作。由于察觉传真业务利润较低，西方公司并未在这一领域投入较多资源。但是在日本，正如爱迪生很早就提出的原因，当技术发展使得传真在技术上和经济上变得日益可行时，日本的公司对其产生了兴趣。20世纪70年代拥有全世界最强传真研究能力的NTT则起到了主要的推动作用。在NTT对竞争中的日本公司的传真规格进行了协调并通过其电信网络与这些公司合作后，传真迅速在日本普及开来。日本公司以本土作为跳板，迅速并成功地进入了全球市场。至20世纪80年代后期，松

第二章 公司的愿景与日本计算机和通信公司的演进

下图形通信系统(Matsushita Graphic Communications Systems)占领了日本市场的60%,全球市场的40%。NEC公司、日立公司、富士通公司和冲电气公司等信息与通信公司也成功进入了日本和全球市场。(参见Coopersmith, 1993)

为了达到本章的写作目的,以上对于日本信息与通信公司在几个主要市场上的能力发展以及国际竞争力水平的概述,主要是为了说明它们的绩效受到日本市场上普遍状况的影响的程度。如上所述,作为强有力的影响环境,日本市场塑造了日本信息与通信公司的能力,而正是这些能力决定了这些日本公司在国际上的优势和劣势。

1980年至今:与其他国家共同处于技术领先地位

从20世纪70年代末开始,日本的信息与通信公司已处于大多数所在领域的技术前沿上,它们开始重视"导向性基础研究"(oriented basic research)。近些年日本政府的各个部门对这一趋势大力支持,为基础研究提供的优先权大大增加。

从它们对日本市场状况所做出的反应来看,日本这些信息与通信公司如何且为何能够积累起本节所述的能力?我们需要更详细地分析这些公司的选择环境才能回答上述问题。

2.4.3 选择环境和能力的演进

除了上一小节讨论的日本市场的需求特征之外,日本的选择环境中还有五个更深层次的特征塑造了日本信息与通信公司的能力。这五个特征是:在政府的推动下进入新产品市场并掌握相应技术;政府创造市场;日本电信的组织形式是独一无二的"控制下的竞争";通过与西方公司合作获得国外的技术;以及日本市场巨大的竞争压力。我们将看到,这些特征的影响随着时间而改变。

政府推动公司进入市场

在推动日本的信息与通信公司进入新的产品市场以及掌握相应技术方面，信息与通信产品的政府用户和政府实验室起到了很大作用。尽管自20世纪70年代起，随着日本信息与通信公司不断成长、全球化以及拥有了越来越强的研发能力，政府的相关影响有所削弱，但是政府依然起着重要的作用。

很明显，自日本的信息与通信行业建立开始，政府就扮演了推动促进的角色。我们可以从19世纪末工部省(Kobusho)起到的影响上看出这一点。如果想进一步了解这一问题，请参阅弗朗斯曼(Fransman)(1995a)和弗鲁因(Fruin)(1992)的研究，以及小田切(Odagiri)(1993)在另一个解释框架中的研究内容。

1868年是新的后德川、明治政权确立的第一年，日本政府通过工部省成立了政府所有的电报工厂，目的是以国内生产的产品作为进口传真设备的补充。邀请了已经年过70岁的日本著名发明家H.田中(H. Tanaka)到工厂进行研制工作。田中立即组建了一支富有才华的工程师团队，其中几个团队成员后来成立的私人公司构成了逐渐成形的信息与通信行业的核心力量。

1875年田中本人成立了田中制作所(Tanaka Seisakusha)，这家公司1904年成为了芝浦工程公司(Shibaura Engineering)，1939年芝浦与东京电气公司合并，组建了东芝公司。东京电气公司的源头要回溯到1890年白热社(Hakunetsusha)公司的成立，白热社公司的创始人是东京工程学院（后成为东京大学工程学系）的教授藤冈市助(I.Fujioka)。在成立白热社公司的过程中，藤冈市助得到了工部省电报工厂田中团队中

第二章 公司的愿景与日本计算机和通信公司的演进

的一位工程师三吉正一（S.Miyoshi）的协助，1899年白热社公司改名为东京电气公司。

三吉正一后来成立了自己的电信设备工厂。但由于19世纪90年代末濒临破产，他被迫将工厂卖给岩垂（K.Iwadare）。后者买下这家工厂，从而在1899年成立了NEC公司。NEC公司是一家合资企业，西部电气公司拥有其54%的股份。岩垂是在藤冈市助之后一年进入东京工程学院攻读工程学的，他曾为工部省工作了4年。

田中的团队中还有一位名叫冲遥（K.Oki）的成员离开工部省的工厂并成立了自己的公司——明工社（Meikosha）公司，这家公司是冲电气公司的前身。在20世纪早期，冲电气是最大的电信设备供应商，截至"二战"结束时它仅次于NEC公司。

富士通公司和日立公司在信息与通信领域的起步也应当归功于政府行为。1885年通信省（Teishinsho）从工部省接管了在通信领域的职能。通信省还管理着发电、铁路、船舶运输和邮电业。1896年古河矿业（Furukawa Mining）成立了为通信省提供电线的古河电气厂（Furukawa–denko）。随着通信省在电信上的支出不断膨胀，古河电气决定开始制造人工交换台（manual switchboard）和电话。通信省实验室的主任利根川进（M.Tonegawa）博士及他手下的几位工程师成立了公司，古河是在这一情况的推动下进入上述领域的。1923年古河电气为了获得交换（switching）技术的使用权，与西门子签订协议，由此诞生了一家合资公司——富士电气（Fuji–denki），同年富士电气成为通信省的官方供应商。1935年富士电气出资成立专门生产西门子公司的交换器的子公司富士电信（Fuji Tsushinki）。1967年富士电信易名为**富士通**。

日立公司是1937年借收购科森工业（Kokusan Kogyo）进入电信领域的，电信领域以及其之后涉足的与电信相关的其他信息与通信活动领域共同构成了公司业务中最大的部分。科森工业的电信业务可以追溯到其1934年与另一家公司——东亚电气机械制造

(Toa Denki Seisakusho）的合并。东亚电气是通信省电力署前署长K. Munesue于1919年成立的。日立公司本身则是在1908年，当一位企业家兼工程师创建久原矿业（Kuhara Mining）公司时出现的。日立最初是久原矿业的电机修理店，当久原矿业于1918年将公司总部迁往东京后，日立有限公司在1920年作为电机公司而成立了。

在第二次世界大战结束通信省被废除之前，日本政府主要通过通信省对日本的信息与通信公司的成长施加影响。尤为重要的是，通信省的实验室酝酿发展了许多后来为供应企业所应用的电信相关技术。战后，1952年作为政府所有公司而成立的NTT延续了通信省扮演的角色，它继承了通信省对于电信业的职责并遵循新成立的邮电省（Ministry of Posts and Telecommunications）的法规。NTT的实验室——电气通信实验室（Electrical Communication Laboratory）在对新的电信设备的研发中延续了原通信省实验室的中心地位，它经常与NEC公司、富士通公司、日立公司和冲电气公司等主要成员组成供应商"族群"进行合作。另外还有两家主要的电子工业公司：东芝公司和松下电气公司，它们不属于被NTT给予特殊待遇的供应商族群成员。直到1985年NTT部分私有化之后，这一族群才向其他日本和西方电信公司开放。

NTT的电气通信实验室（ECL）为领先的信息与通信公司的能力积累提供了支持。ECL在NEC公司、富士通公司、日立公司和冲电气公司的交换和传输系统的能力发展方面起到了主导作用。ECL还协助上述公司进入重要的新产品领域，计算机就是一个例子。ECL的武藏野（Musashino）实验室研发的武藏野计算机系列为NEC公司、富士通公司和日立公司所采用，成为它们最初的计算机产品之一。日本通商产业省的电

第二章　公司的愿景与日本计算机和通信公司的演进

工实验室（Electrotechnical Laboratories，ETL）也起到类似的作用。它研发的ETL系列也被日本主要的计算机公司所采用。20世纪70年代在光纤领域中，ECL的茨城（Ibaraki）实验室致力于将最初由康宁公司和AT&T的贝尔实验室开发的技术日本化。该技术被用于NTT"族群"中的电报供应商，如较著名的住友电子（Sumitomo Electric）、古河电气（Furukawa）、富士仓（Fujikuwa）。

尽管如上所述，NTT扩大了其供应商队伍，但ECL仍继续在研发方面起着支持作用，留给供应商的是生产责任。不过日本供应商的成长规模、实力和全球运作（特别是NEC公司和富士通公司）已经意味着它们对ECL研发能力的依赖有所下降。对日本通商产业省的ETL的依赖则要下降得更厉害一些，以至于ETL如今更多地集中于较长期和基础的研究上。

政府创造的市场

日本政府对于推动信息与通信公司的新产品和相关技术的发展还起到了更加重要的辅助作用——直到20世纪60年代和70年代为止，为这些公司提供了在信息与通信领域赖以生存的主要市场。此时这些公司所积累的能力已经使它们得以在日本把经营活动扩展到私人客户的领域（该领域因国民收入的高度增长而迅速扩大），并进入到出口市场中。

非常重要的是，政府的电信扩展项目为信息与通信公司（特别是那些属于通信省及后来的NTT的"供应商族群"成员的公司）提供了稳定且不断成长的销售来源。由于这些项目某种程度上不受商业周期起伏的影响，它们为上述公司提供了具有稳定性的重要来源，促进了其能力的稳固积累。

作为主要的电信设备供应商，NEC公司是这样说明政府创造市场的重要性的：在20

世纪30年代中期，NEC公司销售额的大约75%是面向日本政府的，到1967年仍占大约50%。1975年，政府（主要是NTT）占NEC公司30%的销售额；而在1985年，也就是NTT部分私有化时，百分比仍达到13%。面向政府的销售额对其他公司而言也是非常重要的。富士通公司和相对于NEC公司或富士通公司来说更加依赖NTT的冲电气公司就在此列。日立公司也不例外，尽管身为在日本拥有重型电气设备和消费电气等多种产品的最大信息与通信公司，它在总体销售额方面对政府和NTT的依赖要小一些；但是在远逊于NEC公司或富士通公司的交换和传输系统领域中，面向政府的销售额对日立公司相当重要。在战后早期日立公司还由于涉入了政府对重型电气设备的采购，从而在政府重建项目中获益匪浅。

NTT和日本政府的其他部门，如文部科学省等，还为富士通公司、NEC公司和日立公司于20世纪50年代和60年代生产的最初的计算机提供了重要的市场。由于不属于NTT给予特殊关照的供应商"族群"的成员，东芝公司和松下电气在1985年以前从面向NTT的销售中获益较少。NTT对其供应商族群的支持在20世纪70年代早期尤其关键，当时IBM因370系统的推广而向前飞跃了一大步，造成了灾难性的后果。370计算机系统对全世界的计算机生产商产生了巨大的冲击波，导致英国通用电气公司（GEC）和美国无线电公司（RCA）这样有实力的企业退出了这一领域。然而由于NTT以采购相当数量计算机的形式加以维护，加上与NEC公司、富士通公司和日立公司合作开发DIPS（日本电信电话公司信息处理系统）计算机以及与日本通商产业省合作研发，从而刺激了能力的成长，因此它们仍作为日本的主机生产商而屹立不倒。另一方面，东芝公司、松下电气和冲电气公司因缺乏NTT的

第二章 公司的愿景与日本计算机和通信公司的演进

支持而放弃了主机业务。不过后面所述的3家公司参与了日本通商产业省在信息与通信领域的合作项目，还受益于政府的其他扶持信息与通信公司的举措，这些举措包括关税保护和确保日本公司在信息与通信产品的日本市场占领上享有特权等。

日本政府的作用

在选择环境方面，日本政府起到的主要作用就是对日本的信息与通信公司进行培育。由于世界市场被技术上、财政上都遥遥领先的西方公司所支配，如果没有政府插手，这些公司是无法幸存的。我们将在后文中看到，西方公司的能力在于：它们仍然在为日本企业提供技术。因此，毫无疑问，日本政府创造的培育性选择环境对于日本公司进入信息和通信行业市场而言是必要条件。

不过随着国际竞争能力的日渐积累，日本的信息与通信公司对日本政府的依赖不断减少。可以从日本通商产业省的角色转变中看出这一点，该省的职能逐渐被局限在解决国际贸易争端、环境和能源问题以及较基础性研究等领域内。

电信领域的"控制下的竞争"

日本信息与通信公司的选择环境的深层次特征之一就是电信领域中日本独有的组织形式的演进，我们称之为"控制下的竞争"（参见Fransman，1995a）。这是一种在日本完善于20世纪20年代和30年代的合作性组织形式。它包括协作性地将劳动力在运作组织和进一步发展日本电信网（先是由通信省后是由NTT进行）之间进行分配，还包括封闭的日本公司团队共同开发先进电信设备的问题。当通过共同行为完成了产品的初始模型后，由该团队中的各个公司自行生产。

控制下的**竞争**存在于组成团队中的供应公司中，它们构成可选择的供应来源并促进了进步（一家公司对其他公司造成压力，迫使它们做到相匹配的改进）。因此各个供应企业都面临一定程度的竞争压力，需要改进自身。但是它们的竞争是受到控制的，因为通信省或NTT的采购面对的是这些供应商全体且该团队限制其他供应商的加入。(在1985年前对其他公司的加入严格限制，造成的结果是新公司几乎不可能加入该团队。1985年后，随着新的采购法规Track Three procedures的实行，NTT发出了共同研发市场上尚未完全发展的新电信设备的邀请，由此选择成立了一支供应商团队，其中既包括日本公司也包括西方公司。但是在选择结束后，尽管从原则上讲当NTT公布其对使用设备的采购需求时，任何公司都可以继续加入，但其共同研发项目已经不再接受新成员。)

　　控制下的竞争是如何进行的？其利弊有哪些？控制下的竞争对日本信息与通信公司的发展会产生什么影响后果？

　　我们现在转向讨论控制下的竞争及其对日本信息与通信公司的影响后果。最初，工部省和之后的通信省把通信设备的生产交给了私营的日本供应公司来进行。但是通信省作为拥有相当研发能力且需求复杂的设备用户，与其供应商进行了密切的合作并加强了供应商的实力。这一模式导致在世纪之交，一家供应企业（冲电气）具有了强大的主导能力并持续到20世纪20年代中期，之后是NEC公司。1926年，NEC公司得到通信省电信设备采购中68%的份额。冲电气、富士通公司和日立公司的份额分别是17%、11%和1%。

　　20世纪20年代末期发生了两件重要的事。其一是几次金融危机，其二则是弥漫日本且不断增长的民族主义情绪。为了处理好前一事件，通信省决定通过增加向其他供应商的采购份额来加剧NEC公司面临的竞争。与此同时，作为民族主义的温床，该省尝试着减少日本公司对西方技术的依赖

第二章 公司的愿景与日本计算机和通信公司的演进

(下面会介绍提供技术的主要西方公司)。上述尝试的主要受益者是日立公司和冲电气公司。日立公司因为没有与西方公司签订任何重要的技术协议而得到了通信省给予的特权待遇。

截至1931年，控制下的竞争严重限制了NEC公司在通信设备市场不断升级的竞争中的主导地位。从1926年到1931年，NEC公司的通信省采购份额由68%降到了54%，日立公司的份额由1%上升到6%；而冲电气公司的份额则由17%上升到21%。富士通公司的份额依然维持在11%。但是这些数据反映出了通信省关于已经安装使用的设备的政策。从通信省重新购买的设备份额中更能看出NEC公司主导地位的下降。从1925年到1931年，NEC公司的此类份额由38%降到了11%。

控制下的竞争是日本信息与通信公司选择环境的重要组成部分，对它们的发展有重要的影响。首先，也是最重要的，由于通信设备市场缺乏"纯粹市场"的机制，于是产生了一些重要的影响：降低了该市场中供应商的集中程度（在"纯粹市场"条件下很可能只有NEC公司和另外一家供应商能够生存下来）；它加大了先进技术在同一团队中的其他供应企业中的扩散程度，从而增强了这些企业的能力；由于竞争的压力（尽管是控制下的），控制下的竞争会确保所有的公司继续进行创新而不是守旧；最后，通过使供应商享有与通信省或NTT的长期稳固关系并从而获得合理且确定的市场，控制下的竞争创造了对能力积累和特定资产交流（如设备和经过专业培训的人力）等进行引导的条件。由此，条件受到控制的竞争使得日本采用了这样一种机制：为了帮助几家参与竞争的大型公司积累能力而使用电信（设备）。在战后，这些公司继续运用在战前积累的能力以进入新的、与能力息息相关的晶体管和计算机领域。

日本的情况与美国的情况所形成的对照是惊人的。在美国，自亚历山大·格雷厄姆·

贝尔（Alexander Graham Bell）与设备制造商托马斯·沃森（Thomas Watson）合作生产出第一台电话机开始，同一家企业就既发展电信网络又研究生产所需的设备了。当1880年美国贝尔电话公司（American Bell Telephone Company）收购了西联国际公司（Western Union）供应电话的子公司——芝加哥的西部电气公司（Western Electric）后，该模式就已牢固地确立。根据1882年签订的一份协议，美国贝尔将从西部电气购买所有需要的电话设备，而后者则同意仅限于供应美国贝尔及获其许可者。

美国的情况导致了其仅有一家主要的通信设备供应商（即西部电气），它目前是企业大鳄AT&T的一部分。[美国第二大经营电信设备的公司是摩托罗拉（Motorola），它不是通过为国家电信网络发展设备，而是通过在20世纪20年代到30年代为私营的无线部门发展无线电设备所积累的能力获得目前地位。摩托罗拉在交换系统这一电信核心领域的劣势一直对其在移动通信系统等领域的竞争造成阻碍。]

此外，在美国，在AT&T被拆分之前，约束该公司的法规使电信和计算机行业之间出现了裂痕。因此美国主要的计算机公司中没有任何一家有电信方面的能力背景。（IBM在20世纪80年代初未能因兼并Rolm公司而得到电信方面的能力——它过于看重计算和通信整合的重要性。此外，AT&T通过接管NCR而对协同配合所产生的认识仍然不被人肯定。）

形成强烈对照的是，3家在主要的信息和通信市场上排行最高的日本公司（如图2.2、图2.3和图2.4所示）——即NEC公司、富士通公司和日立公司——却在所有关键的信息与通信领域（计算机、通信和半导体领域）都有能力。但

第二章 公司的愿景与日本计算机和通信公司的演进

是现在仍不确定这些日本公司为了得到国际竞争的优势,能否认识到这3个领域之间的协同效应。此外,对于为具备竞争优势,是否需要全部3个领域的内部能力这一问题,西方的公司至今仍有分歧。

外国技术的获取

选择环境有一个更深层的重要特征,就是日本的信息和通信公司对西方技术的了解。这一点对两家目前在信息和通信行业处于领先地位的日本公司(NEC公司和富士通公司)非常重要。NEC公司是1899年日方与西部电气合资建立的企业(西部电气在此的利益后来被ITT接管)。NEC公司从西部电气获得的技术一直极为重要,直到20世纪60年代,NEC公司的本土能力已经先进到足以向ITT(美国国际电话电报公司)出售为止(即著名的微波通信技术)。日方1923年与西门子公司合资成立的企业最终发展成为富士通公司。西门子公司的技术在战前时期对于富士通的能力积累有着同样至关重要的作用。

其他一些日本公司也同样受益于西方主要的信息与通信公司直接或间接提供的技术。举例来说,东芝公司在20世纪20年代由于与通用电气公司之间有所联系,接触到了真空管技术,从而成为日本最大的生产这些装置的企业。通用电气公司还帮助东芝公司在无线电领域积累了能力。松下电气也同样因为和西屋电气(Westinghouse)有联系而得益。尽管日立公司在战前未能与西方公司建立技术联盟(其技术在日本主要的信息和通信公司中是最弱的,在电信设备领域中的弱点一直延续到了今天),但通过逆向工程(reverse engineering)等活动,它也从西方出口到日本的技术中受益匪浅。

在二战刚刚结束的时期,西方的公司在推动日本公司迅速进入新的电子工业范式方面起到了至关重要的作用。例如晶体管,是美国无线电公司(RCA)、通用电气公司(GE)、飞利浦公司(Philips)和西部电气把这项重要的通用技术传到日本的。

1952年,日立公司在美国无线电公司就晶体管给予的生产许可基础上,开设了生产晶体管的工厂。美国无线电公司和通用电气公司把晶体管生产许可授予了专门生产消费电器和电气产品的松下电气。1952年,松下因与飞利浦合资成立的松下电气厂(Matsushita Electronics Industry,松下拥有70%股权)而获得巨额利润,飞利浦公司帮助松下由照明配件、电池、灯具和电子管收音机等电器产品转移到新的电子工业范式中。1953年刚刚起步的索尼公司与西部电气签订协议取得了晶体管技术(日本通商产业省对此表示反对,认为其规模太小,无法从中受益)。尽管西部电气的工程师告诫助听器是仅有的适用晶体管的消费产品,索尼公司有大学学习经历的工程师却能够将晶体管的极性倒转,并开发出被用在日本第一台晶体管收音机上的新型晶体管。1958年,NEC公司在经历了一场有关是否应自主开发晶体管技术的辩论后,与通用电气公司签订了一份许可协议。

西方公司在日本信息与通信公司的第二代计算机的开发方面也起到了同样重要的技术提供作用。不过有一点很重要,第一代计算机主要是由政府实验室(日本通商产业省的ETL和通信省的ECL)开发的,西方公司起到的作用很小。(有趣的是,ECL最早开发的武藏野计算机使用的是Eichi Goto研制的晶体管的替代品——参变元件(parametron),这位东京大学的学生自此成为半导体研究专家。但是参变元件无法跟上增值创新使晶体管具有的极大速率,大多数公司和研究者广泛使用的还是晶体管。)

为了增强在计算机领域的早期能力,日立公司与美国无线电公司、东芝公司与通用电气公司、NEC公司与Honeywell各自签订了一份协议。之后成为日本最大的计算机生产企业

第二章　公司的愿景与日本计算机和通信公司的演进

的富士通公司与IBM进行了协商，但是由于后者提出的条款过于苛刻，富士通公司最终决定独立进行。富士通公司非常幸运，很快与IBM主要的计算机设计师吉恩·阿姆达尔（Gene Amdahl）建立了联系，他当时已经离开IBM自行成立公司。当阿姆达尔遇到了财务困难时，富士通公司的机会来了，通过向阿姆达尔注入资金，富士通公司得以接触到IBM类型的技术。

然而，重点并不完全在于日本的信息与通信公司接触到了西方的技术，而是在于它们将这些技术作为推进它们所拥有能力的途径，而且没有将其用来取代自身的努力。与发展中国家和前苏联的许多持续在同等程度上依赖外部技术的公司不同，日本的信息和通信公司是大步迅速前进的——首先掌握得到的技术，随即对其进行改进。这种行为上的差异并不是因为需要保持在出口市场上的竞争力（韩国的电子工业很大程度上如此），因为在20世纪70年代前，日本的信息与通信公司几乎不涉及所在领域的出口市场，原因主要在于这些公司所面对选择环境的另一个重要特征，即日本市场内的激烈竞争。

日本市场内巨大的竞争压力

日本内部的竞争方式在许多重要方面与西方国家不同。首先，长期的责任关系是许多日本公司之间交易的特色，它会对特定公司销售产品的竞争领域造成限制。例如，与三菱集团公司建立联系的公司很少会选择其他品牌的小轿车，而不购买三菱汽车公司制造的某一车型。如上述例子所显示的，长期的忠诚度常常是卖家及其客户之间的纽带，它意味着产品市场在某种程度上的分化，而这在西方国家是不存在的。但有一点很重要，即不要夸大这种分化的程度。与其说分隔市场之间的墙壁"高不可攀"，不如说它"高仅及膝"。如果传统的供应商和试图争取的新商家之间的价格或质量差异足够大且保持足够长时间，那么即使是受到与传统供应商之间的长期责任关系束缚的商家也会改变主意。但是这种责任关系确实意味着与西方产品市场的情况相比程度更深的市场细分。

这种市场细分对日本的竞争过程有很大意义。主要的意义在于，市场细分意味着在许多情况下（但绝非所有情况下），比起相应的西方市场，日本会有更多公司争夺特定的产品市场。从略有不同的角度看，在以现货市场（购买者会立即对有利的价格/质量差异做出反应的市场）为主而非长期责任市场为主的经济情况下，市场集中的程度较高，所有商家所承受的竞争压力的程度因此会轻一些。

日本市场中的竞争者明显数量较多（相对于市场规模），例如机动车领域的竞争者有丰田、尼桑、本田、三菱、马自达和铃木。主机领域除了3家实力相当的竞争企业：富士通公司、日立公司和NEC公司外，还有IBM日本公司。在局端电信交换器领域中，则是4家竞争企业：NEC公司、富士通公司、日立公司和冲电气公司。光导纤维电缆（optical fiber cable）领域有5家：住友电子（Sumitomo Electric）、藤仓（Fujikura）、古河、日立电缆（Hitachi Cable）和昭和电子（Showa Electric）。在电信行业中，控制下的竞争对细分的市场产生了影响，并增加了竞争的程度和压力。举例来说，如果竞争不在控制下进行，那么冲电气公司很久以前就已退出电信市场了，而日立公司在交换机领域也不可能屹立不倒。同样的，日立电缆和昭和电子也不可能进入光导纤维电缆市场。由波特（Porter）1980年的著述中可以看到在日本市场竞争的日本公司的数量——尽管他没有对这些现象提供充分的解释，而且其中几处数据不够准确。

因此，激烈的竞争是日本选择环境的重要特征。反过来，竞争压力也刺激了创新，即熊彼特（Schumpeter）经济学说

106

中的通过创新进行竞争（competition-through-innovation）。

不过另一形式的竞争压力——股票市场（equity market）的压力——在日本是比较小的，特别是与美国和英国相比（股票市场和保持距离的投资者在这两个国家起着重要作用）。在日本，不仅银行经常通过提供贷款更多地参与企业融资（corporate financing），而且大公司还能比英美公司更大程度地受益于"忠实的股东"。日本的资本市场所起的作用与西方国家不同，它构成了日本选择环境的特征，使得日本的管理者往往能够从长远角度做出决策。（可以将忠实的股东定义为在出售某公司的股票并买入其他股票将得到更大的预期利益的情况下仍保留该公司股票的个体。举例来说，作为公司融资的主要银行家、保险服务的提供者、客户或供应商，忠实的股东会因长期持有某公司的股票而放弃得到预期收益的机会。）

2.4.4 愿景、能力和选择环境

到这里为止，我们完全是从过去的角度分析能力及其与选择环境之间的相互作用。这就意味着对做出决定从而积累能力的过程所进行的抽象化，也错误地传达了这样的印象：尽管需要时间，但选择环境可以自动产生出各种类型的能力。但是当我们研究这些做出决策的过程时，即当我们从前瞻的角度分析公司能力时，可以清楚地看到被包含在愿景中的信念起到了核心作用，且这些过程形成的结果通常是不可预测的。

可以通过在富士通公司发展中极为重要的"创造能力的时刻"，即这家后来成为日本最大、世界第二的计算机生产商决定进入崭新的计算机生产领域的时刻，来说明上述观点。

该时刻发生在20世纪50年代末期，富士通公司已经生产了其最初的计算机，但不

是通过自身资源，而是在日本通商产业省为促进新的工业产品发展而设立的资金的支援下生产的，这一点值得注意。但是对于富士通公司在计算机领域的未来而言，信息是不完全的，因而有相当程度的解读性模糊。对于公司获得必需的新技术的能力、未来的规模和日本计算机市场的成长，以及富士通公司在这个市场上面临的竞争，存在着许多重大的不确定性。此外，由于竞争在控制下进行，意味着富士通公司在向 NTT 出售通信设备方面已经拥有了相对确定且稳定的市场。在上述情况下，各位富士通的领导人根据不完全信息就公司未来优先发展的方向得出不同的信念也就不足为怪了。如 1981 年成为富士通公司董事会主席的 Taiyu Kobayashi 所回忆的：与尝试未知领域（即发展计算机）相比，半数以上的董事倾向于就已知情况做出安排的较为谨慎的行动方针……如果我们止步于与NTT的协议，那么这段长期且稳定的关系有许多优势且提供了利润率有保障的前景。（参见 Fransman，1995a）

然而包括Kobayashi在内的一群在富士通公司工作的工程师已经参与了第一代计算机的开发工作，他们希望看到计算机成为富士通公司优先发展的领域。但是由于与多数董事的想法不一致而处境艰难，Kobayashi 回忆道："因为他们仍像看待养子一样对我们抱有偏见，所以毫不考虑我们（在富士通发展计算机）计划中的价值，我们只能等待可以想象到的糟糕答复。"（参见同上：44）。

要使占优势地位的公司愿景（即让多数董事为该愿景辩护）变得转而支持计算机发展，富士通公司内部必须先有一个重大转变。尽管有些偶然，实际上这一转变在正确的时机来临了。1959年 Wada 不堪同时担任富士电气和富士通公司

第二章 公司的愿景与日本计算机和通信公司的演进

总裁的重任，请Kanjiro Okada担任富士通公司的总裁。Okada在战前曾是古河公司的总裁，但在一次人事变动中失去了这个位置。早在1955年，调动到古河集团位于宇部(Ube)的一家混凝土公司的Okada就已经抱持有计算机对日本公司而言有重大发展前景的信念。Kobayashi回忆了当年拜访Okada并探讨计算机的情况："令我振奋的是，Okada听了我们的报告并不断点头，似乎很赞同，而且对计算机表现出了极大的热情。"(43)

Okada使富士通公司新的愿景得以形成，该愿景将计算机放在了公司未来的中心位置上。当他1959年成为富士通公司总裁时，"Okada摒弃了董事们按过去的思考方式提出的建议，迅速启用了许多像我们的计算机团队成员这样的年轻员工，并把他们分派到公司的重要岗位上。尽管这是对公司的一次重新调整，但如果不是这样，我想我们的（计算机）业务不会转换得那么迅速……从直接被卷入其中的人们的角度来看，这是一剂猛药，而且完全是因为Okada的缘故才可能做到。"(45)

但是拥有新的愿景并不代表富士通公司面临的问题已经解决。这家公司还必须适应对其进入新兴计算机市场造成了严重制约的选择环境。当时由于较大型的个人计算机市场还没有形成，政府市场特别是NTT非常重要。Kobayashi是这样解释富士通当时面临的困难的（同时也指出了我们在本章前文中探讨的市场细分问题）："NTT基本上在电话交换设备方面是富士通公司的主要客户之一，我们也……试图向他们出售计算机……然而，他们制订了不利于我们的不成文政策（NTT控制竞争手段的一部分）：无论如何努力，作为较迟进入（计算机）市场的生产商，我们不能取代先进入该市场的NEC公司。我的一位在NTT工作的朋友告诉我：'如果想得到我们最大的一份订单，你们必须在NTT影响范围之外的市场上取得无可争议的主导地位，以至于每个人都来问我们为什么不买富士通公司的设备'。"(46)

在进入新的计算机市场方面面临着这样的困难，且与NEC公司相比在通信设备领域处于相对弱势，Okada及其在富士通的拥护者相信为了公司未来的顺利发展，当务之急是迅速建立起计算处理领域的强大能力。正是建立能力这一决策和相关联的后续决策使得富士通公司在1968年超越NEC公司和日立公司，成为日本最强的计算机制造商，仅次于IBM日本公司。之后使得富士通公司成为位列IBM之后的世界第二大计算机公司（从总销售额上来看，参见图2.2）。

2.4.5 能力和竞争力：历史决定现在

如本章前文详细阐述的，能力需要长时间的积累——与其说需要几年不如说要几十年，而且能力中承载着公司的历史。日本的信息和通信公司显然就是如此。

以NEC公司为例，它从20世纪初到现在一直是日本最强的通信设备公司，其生产的交换机等复杂电信设施在日本和许多发展中国家市场上的强大地位以及微波通信机和较简单的电信产品如传真、移动数字电话等领域的国际竞争力使得它在世界电信设备生产公司中排名第五位。NEC公司落后于阿尔卡特、AT&T、西门子和北方电信（参见图2.3），这在很大程度上反映出其在像交换机这样的复杂电信设备方面积累的能力无法直接应用在西方市场上这一事实。其排名的部分原因还在于西方国家最大的此类市场是相对封闭的，直到最近才开放（但这种强制不准入也同时作用于其他国际电信设备公司）。

尽管NEC公司和富士通公司、日立公司一样发展全体范围内计算机方面的能力，从超大型计算机到主机再到个人电脑，但NEC公司在计算机领域排在第三位的部分原因是其在

第二章 公司的愿景与日本计算机和通信公司的演进

小型计算机方面相对较强，控制了50%的日本市场（参见图2.2）。其之所以在小型计算机方面实力强劲，主要是由于Koji Kobayashi的信念，20世纪50年代后期，计算机和通信的集中引导他制定了发展小型计算机的发行系统，而非以中央主机为基础的系统发行网络的策略。不同于富士通公司和日立公司紧随IBM脚步（IBM在20世纪90年代初50%以上的收入来自主机），NEC公司的主机仅占计算机收入的约1/3。在NEC公司，小型计算机的销售收入占总收入的10%，这一实力来自于其发展微处理器所得到的能力。实际上，NEC公司的第一台个人电脑是作为出售微处理器的途径研制出来的。

而在半导体领域，NEC公司在存储器和微控制器方面的主要能力使其成为世界第二大半导体公司（参见图2.4）。公司主要是为了适应日本市场而积累起关于这些产品的能力的。由于个人电脑在日本普及的程度和速度远远不如其他西方国家，而且个人电脑及微处理器最初在日本是为了进行日文处理而开发的，规格不同于西方国家，因此NEC公司（和日本其他两家主要的半导体公司东芝公司和日立公司一样）未能在微处理器领域处于国际支配地位。作为极端的对照，英特尔公司因IBM做出的，将用于个人电脑的微处理器转包给英特尔的决定（后来发现是错误的）而大为受益。英特尔公司不仅积累了微处理器方面的深层次能力（NEC公司也做到了这一点），而且还得以支配了日益受个人电脑驱动的微处理器的实际标准。1992年英特尔公司控制了32位微处理器73%的市场，摩托罗拉和AMD落在后面，分别占有8.5%和8%，日本最大的生产商NEC公司占有1.1%。

尽管经过多次尝试，NEC公司还是未能在消费电子产品市场上取得好成绩。问题不在技术或制造上，而是公司消费电子产品的销售网络过于薄弱。要知道能力的概念指的不止是技术能力，而是整体的价值链。1993年消费电子产品的销售额仅占NEC公司总销售额的 5%。

富士通公司之所以能在全球计算机生产中居第二位（参见图 2.2），原因可以追溯到其在 20 世纪 50 年代开始建立的能力，在本章最后一节中会略作阐述。尽管排名居高不下，而且已因部分拥有阿姆达尔公司（Amdahl）和 ICL 公司而打开了进军欧美市场的道路，以及以委托生产方式生产销售计算机和计算机子系统，但富士通公司尚未在日本之外的计算机市场取得重要进展。在电信设备领域，富士通公司是仅次于 NEC 公司的另一家有机会保持全球性企业地位的日本公司。自 20 世纪 20 年代富士通还在日本市场上排名第三位时起，就已经在试图超过排第二位的冲电气公司了。

不过富士通公司未能设法在半导体和消费电子产品领域建立强大的能力（包括外销在内）。在这些领域的能力不足始终是富士通公司自成立以来的一个特征。

日立公司在半导体和计算机领域实力较强，分别是全球第五位和第六位（参见图 2.4 和图 2.2）。但在电信设备的能力相对薄弱，这一点可以追溯到 20 世纪 30 年代其在 NEC 公司、冲电气和富士通公司之后排名第四的时候。作为比 NEC 公司或富士通公司更加多样化的公司，日立公司还拥有重型电气设备和消费电子产品领域的能力。尽管在消费电子产品上的能力远胜于 NEC 公司和富士通公司，但日立公司在该领域的份额与专门从事消费电子产品的主要公司（如松下和索尼）相比是很小的。1993 年，与总销售额 608 亿美元的松下公司和 344 亿美元的索尼公司相比较，日立公司的消费电子产品的销售额仅有 81 亿美元。

在日本计算机、通信设备和半导体这 3 个主要的信息与通信市场，至少一个市场排名前 5 的信息与通信公司中，东

第二章 公司的愿景与日本计算机和通信公司的演进

芝公司是惟一一家不属于NTT的供应商族群的公司。历史的重量同样明显地表现在东芝公司当前的能力和竞争力中。东芝公司的实力体现在半导体领域——排在该市场的第三位（参见图2.4），这一点可以回溯到其20世纪20年代与通用电气公司结盟生产真空管。该公司持续把重点放在用于信息、电信和消费产品中的电子设备上面。东芝得以确立在笔记本电脑市场的早期支配地位很大程度上是由于其电子设备方面的实力。但是说到大型电脑，被NTT"族群"排除在外是其在20世纪70年代早期IBM退出370系统之后退出主机市场的主要原因。如图2.2所示，东芝公司之所以能在全球计算机生产商中排在第十位，主要依靠的是其笔记本电脑的销售业绩。东芝的消费电子产品方面的能力和日立公司一样，是从公司初创时就开始积累的。

在日本所有的信息与通信公司中，冲电气公司是最引人注意的公司之一，因为它未能成功地凭借其在20世纪最初几十年中积累的相对强大的实力进入半导体、计算机和消费电子产品这几个与实力密切相关的领域。与其他信息与通信公司一样，冲电气是有着典型的日本式管理和组织特征的"日本化"公司。但与在此提到的其他公司不同，它相对而言是比较失败的。可以说它的失败不应当归因于管理和组织特征，而是其他弱点；其中最大原因就是冲电气领导者愿景的失败，他们令公司与NTT保持了太紧密的联系，结果这使得公司未能将自身能力拓展到足以进入新电子工业范式的成长领域。由于公司主要能力所在领域的日本市场的特殊性，以及西方国家在该领域市场的封闭性，冲电气未能有效地令自身在该领域能力的成长速度与主要的日本信息与通信公司的能力平均成长速度持平。

综上所述，所有的大型日本信息与通信公司都能深刻地感受到历史重负的存在。

2.4.6 能力的组织

本章第一部分中认为，以能力为基础的公司理论同时需要对公司的组织结构进行分析，说明公司是根据何种规则将能力组织起来的。在本节中我们将关注许多大型日本公司较显著的组织特征之一，即其行动的分权程度或者说细分程度。

正如弗鲁因（1992）曾指出的，信息、通信和消费电子产品行业中的几家大型日本公司将其公司运作（如策略制定、市场推广以及一些较典型的生产、设计和发展方面的运作）分权到其部门和工厂进行。此外他们比西方公司更多地委托其所有的子公司或转承包商来分担实施其活动。在将AT&T、IBM和NEC公司进行比较的基础上，笔者曾经提出信息与通信行业的日本公司比西方同类公司更快地趋向于分散的组织形式（S型）的观点（参见Fransman，1994a）。但是20世纪90年代AT&T和IBM等大型西方公司也采用了分散的组织形式。

如果日本公司的分权或分化程度确实从一开始就更甚于同类的西方公司，那么我们必须就这一重要的组织结构特点做出解析。以下各因素构成了解析的重要部分。

第一，由于日本工业化的早期所提供的机遇，公司可以获得机会实施很大程度上与自身能力无关的行为，许多日本公司，如东芝公司、日立公司和松下公司，就是如此。举例来说，东芝公司既通过Shibaura工程公司进入重型电子设备领域，又通过东京电气公司涉入"轻型"电子设备领域。日立公司参与了大量与其能力无关的活动，如重型电子设备、电缆、化工、通信设备和消费产品。松下电气的创始人松下幸之助最初开发的产品中有两种——电照明配件和自行车

第二章 公司的愿景与日本计算机和通信公司的演进

用、家用电灯——与公司能力基本无关且从最开始就特别建厂组织生产。当行动与能力无关时，就意味着产生了分散的组织形式。

但是到这里还没有结束。日本的快速成长速度促使新的机会快速形成，作为工业化进程的后来者，新出现的日本公司的管理能力存在严重的瓶颈。正是日本公司管理的**薄弱性**促使其通过分权活动的方式有效发挥管理能力。这是第二个因素。

第三个因素是长期的责任关系，这对调节许多日本公司之间的关系非常重要。[阅读过日本公司历史（如松下幸之助所撰写的那些）的读者常常因公司之间的责任在20世纪初的数十年中的重要性而感到震惊。]这种责任关系使得在委托法律上独立但相互合作的供应商实施行为这一方面，更容易进行劳动力的分配。（从交易成本经济学的角度来说，通过减少机会主义的可能性和增加有益的信息流，责任关系缩减了与互惠的合作公司交易的成本。）有一种特殊的责任关系，即终身雇佣制，尽管在第二次世界大战后广为应用，但20世纪初就已经被许多公司采用了（部分原因是作为留住有技术劳动力的一种方法）。公司的长期雇佣制度减少了用于监督和控制的成本，从而也促进了公司活动的分权。

对于许多大型日本公司的组织构成中明显的分权和细分的程度，上述3个因素组成了笔者所做出的解析的重要部分。

2.5 相对于日本专业消费电子产品的公司，日本的信息与通信公司在全球的弱势地位

日本消费电子产品公司的成功

前文提到的日本信息与通信公司的悖论指的是它们在3个关键的信息与通信市

(计算机、电信设备和半导体)上的全球排名居高不下,同时在这些市场的大多数领域中,国际竞争力却相对较差。将这种情况与日本的消费电子产品公司相比,形成的对照令人吃惊。

日本的消费电子产品在全球市场上的确取得了非凡的成功(在其他市场上日本公司很少能获得这种程度的成功)。麻省理工学院的学术研究报告——《美国制造》(*Made in America*)一书中指出:"仅仅在四十年的时间里,日本消费电子产品行业已经由制造便宜、低质量的零件和无线电装置进步到在市场份额和技术方面领先世界的程度。"(参见 Dertouzos,1989:228)例如,20 世纪 70 年代中期日本彩色电视机的产量超过全世界产量的一半,出口量占全世界出口量的 3/4。该研究观察到"日本的支配地位从根本上是在损害美国(消费电子产品)行业的基础上获得的(参见同上:228)",并指出很大程度上是由于来自日本方面的竞争,美国的这类行业"实际上被挤垮了"(217)。

可以从两个公司间的比较中看出日本的消费电子产品公司的杰出成就。1982 年松下公司的销售额是 140 亿美元,而西方最大的消费电子产品公司飞利浦的销售额是 160 亿美元。到了 1992 年,松下公司的销售额达到 610 亿美元,而飞利浦公司是 320 亿美元。日本最大的信息与通信公司 NEC 公司出现于 1899 年(尽管是主要为西方电气公司所有的合资公司,可能在某种程度上成长受其制约)。索尼在 1946 年成立时规模非常小。1993 年 NEC 公司的销售额是 306 亿美元,而索尼公司是 344 亿美元。

应当如何解释日本消费电子产品公司的非凡成功?若要回答这个问题,需要了解日本消费电子产品公司的演进。

第二章　公司的愿景与日本计算机和通信公司的演进

日本的消费电子产品公司的演进

日本的大型消费电子产品公司中有两个主要团队,其一是专门致力于生产消费电子产品的公司团队,领先的公司有松下公司、索尼公司、夏普公司、三洋公司等;其二是生产一般电气和电子产品并凭借其在电机和电气元件方面的能力进入消费市场的公司,该团队的主要成员是日立公司、东芝公司、三菱电气和NEC公司(尽管后面两家在消费电子产品领域业务较小)。

许多因素对这些公司在战后时期的快速发展和在全球竞争中的迅速成长起到了推动作用。第一,有益发展的国家选择环境。就像索尼公司的Akio Morita形容的:"在1958年,也就是我们生产出了'可放在口袋中携带的'晶体管收音机之后的那一年,只有1%的日本家庭有电视机,5%的家庭有洗衣机,2‰的家庭有电冰箱。幸运的是,从20世纪50年代中期开始日本的经济开始蓬勃发展。以两位数增长的国民生产总值和低通货膨胀率使得消费性开支大大膨胀……日本家庭需要一切,而且由于储蓄率较高……超过20%,人们有能力购买。"(参见Morita, 1986:75)

第二,在消费电子产品方面——如收音机、录音机、电视机、录像机和音频产品,这些为日本市场而开发的产品基本无须修正就可以使用在主要的西方市场上,与电信交换器、个人电脑和软件等很多情况下不得不为日本市场上的特殊环境度身定制,而且必须经过实质性的、成本高昂的修正才能在国外市场上推广的信息通信产品形成了强烈的对照。(冰箱、洗衣机和真空吸尘器等消费电子产品的情况之所以有些不同,部分原因在于日本的家庭条件(如空间)有限,所以这些产品倾向于具有日本特色,在西方市场上不能以同样的形态出售。)

结果,日本消费电子产品公司为日本市场而设计并研发的产品可以直接进入西方市场（尽管在有些情况下不尽然，例如电视机在欧洲就受到了政府保护措施的限制）。Morita是这样总结的："很早以前我们就开始考虑让东京通信工业公司（Tokyo Tsushin Kogyo，索尼公司的前身）进军国际市场，如此一来我和Ibuka将不可避免地出门旅行"（参见同上：63）。索尼公司第一项商业上取得成功的产品——磁带录音机是1950年在日本面市的。1952年Ibuka（索尼的创始人之一）前往美国考察市场，次年Morita再度考察。1951年松下公司的创始人松下幸之助首次出访美国。1960年，由于在美销售业绩斐然，美国索尼公司就此成立。至1960年，松下公司12%的产出销往海外。

  第三，日本公司迅速获取了与新的电子工业范式有关的技术能力，不过它们是在不同的起点上以不同方式获取的。松下幸之助1918年创立的微型公司最初生产的是照明配件和电池供电电灯等简单产品。这些由当时的"电学范式"产生的产品改变了日本的公司和家庭。实际上松下是在早期为大阪电灯公司（Osaka Electric Light Company）工作时获得电学和电灯相关产品的知识的。在20世纪30年代早期，松下公司由上述电气产品中获得的能力对公司进入无线电领域起到了推动作用，该领域需要电子线路和真空管等电子设备方面的知识。这些知识又继续促使松下公司在20世纪50年代初进入晶体管和以晶体管为基础的消费产品的领域中，尽管其在电子产品领域的能力获得了其与飞利浦公司1952年共建的合资公司（70%为松下公司所有）的支援。日立、东芝这样生产普通电子产品的公司也运用战前在电气产品方面积累的能力进入了新的消费电子产品市场。但它们为了更早接触到新的晶体管技术，也与通用电气公司和美国无线电公司等西方公司签订了协议。

第二章 公司的愿景与日本计算机和通信公司的演进

从1946年开始，凭借所获得的军事相关电子产品领域的战时知识，索尼得以直接进入电子工业的范式，但这也要归功于其高素质员工的巨大支持。Morita指出，在1950年前后"有45个人为我们工作，其中1/3以上是大学毕业生（多数是工程师）。我们的用脑负担极重"（参见同上：57）。索尼的脑力资源在其对晶体管进行的重要的增值创新中表露无遗。尽管当Morita表示索尼的项目队伍"不得不改造并从根本上重新发明晶体管（参见同上：67）"时可能有些夸张，但显然该公司的工程师的确对晶体管作出了重要创新，使其可以用在收音机上。

实际上，甚至把晶体管用于收音机这个想法也是创新性的。当1953年Morita经西部电气获准使用晶体管技术时，他被告知能使用晶体管的惟一消费产品是助听器。为了制造出晶体管收音机，必须使晶体管的频率比贝尔实验室最初发明的晶体管频率高。在尝试达到较高频率的过程中，索尼公司的工程师倒转了晶体管的极性并用不同的材料进行实验。初始的贝尔实验室的晶体管使用了夹在两片铟锗合金（能提供阳性磁极）之间的锗片（能提供阴性磁极），因此晶体管是"阳极－阴极－阳极"的元件。考虑到负电子移动的比正电子快，项目组尝试通过将磁极倒转，也就是通过制造"阴极－阳极－阴极"的元件来加快晶体管的频率。问题主要在于要找到适合的材料。经过了不断实验、不断失败的过程，最终索尼公司的一位工程师想出了（在锗底板中）掺入磷的方法，从而达到了想要的效果，贝尔实验室的研究人员已经试过这种方法却没有成功。（正是通过晶体管研究、特别是对磷的使用的研究，索尼的一位物理学家江崎珍於奈（Leo Esaki）"发现并描述了二极管隧道效应（diode tunneling effect），亚原子粒子为何能以波的形式穿过似乎不可穿透的障碍"（参见同上：68）。这一研究使江崎珍於奈获得了1973年的诺贝尔物理学奖。）

第四，消费电子产品公司不仅掌握了新的电子工业范式的相应技术，而且还发展了创新的能力。这些能力中的一部分与产品相关联。例如，除了晶体管收音机（在美国的雷根西公司推出第一台晶体管收音机之后几个月，该公司的技术来源是德州仪器公司），索尼公司还于1960年制造了世界上最初的全晶体管电视机。取得重要的竞争成果所需的与生产有关的能力还包括小型化和设计的能力——令使用的元件数量更少并使生产方式更加有效的能力。另外这些公司还发展了处理方面的能力，这使得在改进质量的同时能够缩减成本。日本的激烈竞争性的选择环境大大促进了创新能力的发展。

第五，日本20世纪50年代和60年代的劳动力价格相对低廉，消费电子产品公司因而受益，获得了在劳动密集型的消费产品领域的相对优势。

最后，日本的消费电子产品公司也得益于在成长态势上与之竞争的西方公司，特别是美国公司的失败。对于这一后来被证实不仅对于公司而言代价昂贵且对美国整体经济来说也是如此不寻常的失败，麻省理工学院的研究中是这样解释的："主要原因是：在这些竞争领域中，美国生产商的风险较高而潜在利润较低，而且在其他领域投资的边际报酬比较高"（参见Dertouzos，1989：229）。实际上，该研究极其深入，以至于做出了如下推断："不应一般性地将美国人在消费电子产品市场上的溃退归因于没有能力或判断失误。美国公司的管理者始终保护股东的利益，他们的行为是理性的。"（参见同上：228）

对于上述推断是如何与现实观察相符的，研究报告中另外进行了阐释，但并未说清楚："1987年通用电气以64亿美元收购了美国无线电公司（包括国家广播公司在内），而消费电子产品部门其后在同年卖给了法国的汤姆森公司。斯坦福研究学会（Stanford Research Institute，一个契约研究公司）得到了在消费电子产品技术领域为美国无线电公司创造出数以千计的创新发明的普林斯顿实验室"（227）。读者看完后留下的印象是美国资本市场的高效运作导致了美国消费电子产品行业的迅速消失。而与此同时研究报告还指出"美国的[消费电子产品]市场从1976年开始以每年15.2%的复合速率成长，据估算1986年工厂销售额达到了300亿美元。然而在20世纪50年代中期美国人的公司拥有的市场份额接近100%，到了20世纪80年代末已经缩减到大约5%了。1986年消费电子产品为美国造成了110亿美元的贸易逆差，从日本的进口占了其中74%"（217）。尚未有人对市场力量运作所产生的相关影响进行探索。

日本政府在消费电子产品领域并未起到重要作用

这里还值得指出的是，日本的消费电子产品公司与信息通信行业同等规模的公司不同，它们在实践中不能得到日本政府的直接援助。不过它们确实和日本经济中所有的组成部分一样，受益于战后经济的快速发展，也受益于诸如相对较低的资金成本和研发刺激等有关政府的优势。但是日本政府没有专门针对促进消费电子产品业发展的措施。日本通商产业省的官员们的看法是：消费电子产品公司是能够完全自立的。这与选择环境一节中所探讨的日本政府对信息与通信公司的影响形成了鲜明的对照。

重新审视日本信息与通信公司的悖论

在对比性地了解了日本消费电子产品公司的发展历程后，现在可以解释日本信息与通信公司的悖论了。回忆一下，该悖论指的是一种明显的异常情况：尽管在计算机、通信设备和半导体这三个关键的信息与通信市场上，日本的信息与通信公司的总销售额的排名极高，跻身于世界前10位，但与此同时在日本之外的这些市场的许多下属领域中却未能取得领先地位，甚至也没有较强的竞争地位。举例来说，日本信息与通信公司在日本之外缺乏支配性或较大市场份额的主要下属市场领域有主机、小型机、工作站、个人电脑、软件、复杂电信设备、光纤和微处理器，等等。日本的信息与通信公司缺乏同等规模的日本消费电子产品公司和汽车公司，以及在3个市场上与西方竞争对手所具有的国际竞争力。

一旦认清日本信息与通信公司的高排名是因其在本土的支配地位，以及日本经济的迅猛成长和空前规模而来的，上述悖论就开始有了解释。换言之，日本的信息与通信公司的高排名基本上是紧随日本蓬勃的经济状况而获得的。但是要充分理解这一悖论，必须了解为何日本的信息与通信公司与在消费电子产品、汽车、机床、照相机、半导体处理设备和氨基酸等市场的同等规模公司不同，无法以其在高度竞争情况下取得的实力为基础在国际上获得更强的竞争力。

在探索这一问题时，需要立即注意到日本信息与通信公司已经设法通过国内市场的实力在国际市场上建立了支配性的或非常强势的地位。属于这类情况的较值得注意的领域包括：记忆半导体、微控制器、光电子设备、液晶显示器、微波电信设备、传真和数字移动电话。但这引发了一个更进一步的问题：为什么日本信息与通信公司能设法在这些领域建立起强大的国际竞争优势，而在上文提到的其他领域中就不行？

我们需要同时了解日本的选择环境对该国信息与通信公

第二章 公司的愿景与日本计算机和通信公司的演进

司能力的影响，以及这些公司的主要西方竞争者的实力，从而得出上述问题的答案。关键在于日本信息与通信公司从根本上是由日本经济的成长以及该经济中客户的需求所驱动的。考虑到日本经济的高速增长和随之具有的保证本土公司快速成长的能力，完全可以理解日本的信息与通信公司的领导者主要集中关注迎合日本经济（发展）需求的做法。这种优先考量塑造了公司的能力。

在有些情况下，为了满足日本客户的需求而发展的能力同时也令日本的信息与通信公司具有了强大的国际竞争力，其中就包括了记忆半导体等领域。但是在其他许多情况下，日本人需求的特殊性排除了迅速建立国际竞争力的可能。这样的例子包括交换器、个人电脑、软件等复杂的电信设备。在前一种情况下，日本信息与通信公司的国际实力反映在其出口比率、海外市场销售额的比例以及一些跨国直接投资行为上面。但是如前文所述，通过这些指标衡量，它们的国际实力不及消费电子产品和汽车领域同等规模的公司。

如上节所述，日本的消费电子产品公司能够直接将其在充满活力的日本市场上高度竞争中磨练出的能力转化为收音机、电视机、音频产品、录像机等领域中的国际竞争力，（与信息与通信公司）形成了强烈的对照。同时还可以看到，消费电子产品类的西方竞争者特别是美国竞争者的竞争力较弱，相反，日本的信息与通信公司却面临着IBM、DEC、苹果、Sun、微软、康柏以及戴尔在计算处理领域，阿尔卡特、AT&T、爱立信、北方电信在通信设备领域以及英特尔、摩托罗拉、AMD和新近崭露头角的韩国公司在半导体领域的强大竞争，而且这些公司中有许多早已占领了**全球**市场的强势地位。

日本信息与通信公司的未来

这一悖论会对日本的信息与通信公司的未来有什么影响？答案是这些公司的选择环

境正处于重大转变的过程中。简单来说，它们正逐渐变得不那么依赖日本的经济。原因包括：自20世纪80年代中期以来日元的升值推动了将生产活动移至国外的方式；与主要的西方贸易伙伴的贸易冲突也造成了同样的效果；以及近些年来日本经济的严重衰退。在过去十年中，日本的信息与通信公司加强了其在美国和欧洲进行市场推广和生产的能力，近几年研发操作也有所进步。因此尽管还远远落后于西方公司，但这些日本公司的"全球化"步伐正在稳步推进。随着时间的流逝，这种全球化将使日本的信息与通信公司更紧密地与本土之外的主要市场的经济与商务结构结合在一起。由于上述的结合不断变得紧密，它们将有机会把在日本的选择环境下积累的潜在能力适用在上述市场的环境中。时间将会告诉我们它们有多么成功。

第三章

AT&T、BT和NTT：愿景、战略、能力、路径依赖和研发的比较*

3.1 引言

AT&T、BT和NTT分别是美国、英国和日本最大的电信服务公司。在20世纪80年代中期以前这3家公司都是垄断了其本国市场的电信服务提供商。在20世纪80年代中期，它们都面临着所在环境中的一些类似的改变。更确切来讲，由于其政府和管理职权方面信念的转变，3家公司都面临着充满活力的新进入者的竞争。与此同时它们的法律地位也有所改变，AT&T被剥离，从此与几个地区性的贝尔运营公司分开，BT和NTT被部分私有化。同时3家公司不得不面对电信服务市场的成熟，新的电信服务重要性上升以及服务和设备市场的迅速全球化。

---

* AT&T于1995年9月被重组为3家公司：AT&T（电信服务）、朗讯（电信设备）和NCR（计算机公司），本章撰写于此次重组之前。本章最初曾以"AT&T、BT和NTT：愿景、战略、能力的比较"为题发表于《电信政策》(*Telecommunications Policy*)，1994，18（2）：137—153；并曾以"AT&T、BT和NTT：研发的作用"为题发表于1994，18（4）：295—305。

我在此说明，撰写本章中大部分内容的经济支持来源于爱丁堡大学的日本-欧洲技术研究所以及英国的经济和社会研究委员会。我还要感谢NTT和BT的许多高层管理人员为我拨出时间并慷慨地提供信息。特别要感谢NTT的Iwao Toda博士，尽管还不至推翻我原本的想法，但他使我对NTT研发活动的理解有了极大的改进。Toda博士带来了图3.1中使用的"网络元件（network elements）"这一术语。当然，以上所说的人都无须以任何方式为本章中提供的信息、分析和结论负责。

这3家公司是如何对所在环境的类似变化做出反应的呢？它们为了应对变化带来的这些挑战和机遇是否构建了类似的愿景？更确切地说，3家公司制定的战略和它们对于需要何种能力以便利用环境的变化的信念有什么不同？它们认为研究和开发在适应威胁和机遇上应起到什么样的作用？它们认为应当如何组织公司内部的研发工作从而使其起到适当的作用？本章将就这些问题进行分析。

3.2 本章概述

本章关注的是一个明显的疑问。主要的全球电信设备公司，如北方电信、西门子、阿尔卡特、爱立信和NEC公司，在研发上投入的资金额是相似的（销售额的一定比例），然而AT&T、BT和NTT对研发所作的资源分配（以同样的方法）却有相当大的不同。为何后面提到的3家公司都日益变得不得不在同样的全球环境中竞争？应当根据每个公司独一无二的历史背景将该差异解释到什么程度？又应根据它们所做的战略决策解释到什么程度？就战略选择对该差异的反映程度的意义上来讲，能根据基本原理对公司的选择和即将决定此选择在较长时期内的成败的因素有所说法吗？本章将对上述问题进行分析。

本章首先描述了AT&T、BT和NTT在规模、利润率和研发方面的差异。接下来调查了3家公司所面临的在全球的选择环境中发生的主要变化。继而提出并解答了这样一个问题：公司做出的战略选择是否是其过去历史也就是它们的路径依赖导致的结果？之后对3家公司就有关怎样获得能提供有竞争力的电信服务的能力这一问题做出的战略选择。BT选

第三章 AT&T、BT 和 NTT：愿景、战略、能力、路径依赖和研发的比较

择运用市场来获得"网络元件"(network elements)（广义来说就是电信设备）；NTT 选择与少数供应商合作开发，而 AT&T 则选择垂直整合 (vertical integration)。在接下来的小节中对作为3家公司各自战略选择基础的不同愿景进行了详细分析,同时解释了存在这种差异的原因。随后就市场、合作以及作为调整补充性能力的可选择模式的内部开发的优势和劣势进行了全面分析。最后转向本章关注的一个主要问题,即研究和开发对3家公司的影响。本章是通过这些公司对有关研发的4个问题的处理方式来调查该影响的：公司现在需要什么样的研究？（信息的问题）；怎样防止"不切题的"研究？（控制的问题）；未来需要怎样的研究？（不确定性的问题）；所需的研究应当由内部承担还是外部承担？（分配的问题）。在探讨这4个问题时,主要关注了内部市场对研发的影响。但是可以看到,这样的市场固然重要,但在提供较长期、尖端的创新方面,公司还必须超出内部市场的范畴。

3.3 AT&T、BT 和 NTT：规模、利润率和研发

表3.1显示了 AT&T、BT 和 NTT 的规模和利润率的有关数据。

如表中所示,AT&T 和 NTT 的销售额的规模是类似的,1991年前者的销售额是450.7亿美元,后者是422.2亿美元。BT 的销售额是243.1亿美元,比其他两家公司的一半多一点点。但是在市场价值方面,情况就大大不同了。由于当时东京股票交易所规定的价值不同,NTT 的市场价值与另外两家公司差异极大。NTT 的市场价值是1030.0亿美元,而 AT&T 的是404.3亿美元,BT 是400.3亿美元。这一评估上的差异反映在了价格和收入的比例上,NTT 的比例是60,AT&T 的是15,BT 是11。

表 3.1 AT&T、BT 和 NTT 的规模和利润率

指标	AT&T	BT	NTT
销售额（1991）	450.7亿美元	243.1亿美元	422.2亿美元
市场价值（1991）（至1991年7月15日）	404.3亿美元	400.3亿美元	1030.0亿美元
价格与账面价值之比（1991年5月的收盘价格和每股或普通股东的产权投资的净值的比率）	2.9	2.5	3.6
价格和收入的比例	15	11	60
资产净值的收益（以最近时间的账面价值与单股的百分比来表示的1991年5月每股的收入）	19.7%	22.3%	5.9%
利润占销售额的百分比		22.4%	8.8%
1991年净财产、厂房和设备的运营收益		22.6%	7.3%
1991年的营业毛利（在取得利息和纳税前）		26.5%	11.4%
1991年每次服务的纯收益		139美元	36美元
1991年每次服务的现金节余（或亏损）		33美元	6美元
1991年每位员工提供服务的次数		112	204

注：AT&T 的销售数字摘自 NCRP（美国国家辐射防护与测量理事会）的报告。
资料来源：《商业周刊》，1991-12-2、1992-1-20；英国《金融时报》，1991-11-1（21）

利润率的衡量方法之——资产报酬率也彰显了评估的差异。1991年，BT是22.3%、AT&T是19.7%，NTT却只有5.9%。另一种衡量利润率的方法即利润占销售额的百分比，得出的数据与前种方法类似。BT的比率是22.4%，NTT的比率是8.8%。以其他方法衡量利润率，BT的数值也远远领先于NTT。在1991年，BT的净资产、厂房和设备的运营收益百分比是22.6%，NTT的是7.3%；BT的营业毛利百分比（在取得利息和纳税前）是26.5%，NTT的是11.4%；BT每次服务的纯收益是139美元，NTT是36美元。然而，以某种（较受争议的）生产力衡量方法即每位员工提供服务的次数来评价，BT的数字是112次，而NTT的是204次。（但值得注意的是，英国《金融时报》的版面上对于上述的BT相对生产力的衡量方法及其适当性有激烈的争论。）

表3.2显示了通信设备公司和运营公司的研发程度。

第三章　AT&T、BT和NTT：愿景、战略、能力、路径依赖和研发的比较

表3.2的上半部分是几家设备公司1987年用于研发的投资占总投资额的百分比，可以看到NEC公司研发投资的程度是最高的，是程度最低的爱立信的1.5倍。另一方面，表的下半部分是运营公司的类似数据，可以看到AT&T的研发程度最高，研发投资占销售额的百分比比程度最低的BT高3.5倍。因此与设备公司相比，运营公司的研发行为显然有更大的差异。本章后文对这种差异进行了阐释。

表3.2　1987年研发投资占销售额的百分比

公司	研发投资占销售额的百分比
NEC公司[①]	13.7
西门子[①]	12.8
北方电信[①]	12.3
阿尔卡特[①]	9.8
爱立信[①]	9.1
AT&T[②]	7.3
NTT[②]	3.8
BT[②]	2.1

注：①研发占电信销售额（估计的）的百分比，*Grupp and Shnoring*（1992年，p58，表4）；
②全部研发占总销售额的百分比，*Grupp and Shnoring*（1992，p53，表2）。

表3.3中提供了AT&T、BT和NTT更进一步的研发信息。

如表3.3所示，在NTT的研发资金占总销售额的比率由1987年的3.8%增加到了

表3.3　AT&T、BT和NTT的研发

指　标	AT&T	BT	NTT
1991年销售额[①]	450.7亿美元	243.1亿美元	422.2亿美元
1991年研发资金[①]		4.5亿美元	17.4亿美元
1991年研发资金与销售额的百分比[①]		1.9	4.1
1987年研发资金与销售额的百分比[②]	7.3	2.1	3.8
1992/93年研发资金与销售额的百分比[③]			4.7

注：AT&T的销售数字摘自NCRP（美国国家辐射防护与测量理事会）的报告。
①《商业周刊》1991-12-2；
② *Grupp and Shnoring* 1992年度；
③《日经周刊》，1992-3-21。

1991年的4.1%时，BT的相应数字却在这几年间由2.1%减到了1.9%。此外还提供了一些关于NTT的其他信息，表中显示1992～1993年度研发资金所占比率上升到了4.7%。就我所见，BT没有增加研发资金所占比率的意图。

尽管AT&T、BT和NTT在研发投入程度上有显著差异，但它们在全球的选择环境中面临着相似的变化。在下一节中将更详细地谈到这一点。

3.4 全球选择环境的变化

自20世纪80年代中期开始，AT&T、BT和NTT所处的且不得不在其中运作的全球选择环境产生了许多重要的变化，其中有如下几点：

1. 国内市场电信服务的竞争加剧，在其他事项都稳定的前提下，导致了赢利困难加大的倾向。（这是对这些公司的一个**挑战**。）

但是这一倾向是以不同的方式作用于3家公司的。经过一段时期严格的成本削减，AT&T实现了纯利润率由1990年的7.1%上升到1991年的7.3%。BT也成功地通过自身的成本削减措施抵消了赢利困难的问题。同一时期，NTT却经历了一次利润率滑坡。例如在开始于1992年4月1日的财政年度，NTT的税前利润下降了6.4个百分点，降至3510亿日元。因此，NTT所计划的、占销售额一定比例的研发资金的增加是在利润率下滑的背景下实现的，显示出了该公司致力研发的强大力度。❶

2. 国外服务市场的逐渐自由化产生了新的可能的业务资源。（这是这些公司的一个**机遇**。）

特别重要的是，运营公司现在逐渐有可能为全球跨国用

❶ 参见《商业周刊》（*Business Week*），1992-1-20（35）；以及《日经周刊》（*Nikkei Weekly*）1992-3-21。

第三章 AT&T、BT和NTT：愿景、战略、能力、路径依赖和研发的比较

户提供全球电信服务了。这导致产生了一些作为运营公司出现的战略性团体联盟，试图相互合作包揽全世界的"终端对终端服务"。同时国外服务市场的逐渐自由化还使得国际用户有可能把电信管理活动外包出去（垂直非一体化的），从而造就了"外购市场"。我们在后文就AT&T、BT和NTT所认为的为了在这些正在形成的市场中具有并保持竞争力所需的能力进行分析的时候会再谈到这一点。

3. 国内和国际通信设备市场的逐渐自由化使得有可能出现对运营公司而言卖家众多的购买环境。（对运营公司而言是一个**机遇**，尽管同时这些运营公司的设备生产部门也可能将其视为**威胁**，因为它们现在有可能面临潜在的外来供应商的更强竞争。）

我们在后文中将看到，AT&T、BT和NTT之间的决定性差异导致了（在卖家众多的采购的影响方面）它们所采取的战略性立场。

4. "普通老式电话"（plain old telephone）的国内市场和国际市场的成熟使得运营公司有必要推出新的电信服务。（对运营公司而言既是**机遇**也是**威胁**。）

举例来说，尽管拨出的对讲电话占全世界电信通信量的90%，但其年增长率只有大约7%。其他电信服务的成长速度要快得多，如数字通信每年就增长约25%到30%。[1]

5. 有时会出现且同时出现的新的技术和标准化能产生创新性的新服务的潜在可能性，同时也会增大因成本降低而竞争压力增强的可能性。（对运营公司而言也既是**机遇**也是**威胁**。）

在将来，新的交换和传输系统的出现意味着比起传输的距离，打电话的价格和成本将更多地取决于输出的信息量（比特率关锐），这一点如今已经被人们广泛接受。但是

---

[1] 参见《经济学家》（*Economist*），1990-3-10（12）。

当对长途电话和数字电话的需求量增长得非常迅速时,成本就会下降。这将为运营公司带来不断增大的压力。

考虑到上述这些影响了所有主要电话运营公司的全球选择环境的转变,应当如何解释它们对于研发资源的完全不同的分配呢?

3.5 公司能力的战略性选择和对研发资源分配的解释

3.5.1 路径依赖

除了规模和利润率,AT&T、BT 和 NTT 还有重要的历史差异。从本章对于研究和开发的考量的角度来看,或许最值得一提的就是 AT&T 既表现为通信设备的主要生产商,又是电信运营商。这反映出了前西部电气公司被并入 AT&T(在其被剥离的时候)的过去。相反,BT 和 NTT 在私有化或部分私有化之前都没有真正涉入生产活动的领域。不过尽管 BT 和 NTT 在前期都参与了一些本土的设备生产商就复杂电信设备进行的研究、设计和开发活动,但这两家公司的参与度有很大不同。NTT 与其供应商"族群"——主要包括 NEC 公司、富士通公司、日立公司和冲电气公司的合作整体来讲是很不错的,而 BT 的经历则可以说要不确定得多,特别是该公司最雄心勃勃的项目——X 数字交换系统的合作研究开发。此外,BT 还见证了其供应商所在环境的重大转变:英国通用电气公司(GEC)和普莱塞公司(Plessey)最先合并其电信力量成立了新的 GPT 公司(General Plessey Telecommunication),该公司后来又被西门子公司和 GEC 以及另一家主要供应商 STC 公司(Standard Telecommunications Cable)所掌控。[弗

第三章 AT&T、BT 和 NTT：愿景、战略、能力、路径依赖和研发的比较

朗斯曼（1992a,b）分析过NTT与其供应商的关系，莫利纳（Molina）1990年阐述过BT的经历。]因此，AT&T、BT和NTT在通信设备的研究、设计、发展和生产方面有着完全不同的经历。

这些相对照的经验足以解释研究、设计、开发和生产在3家公司中的不同地位吗（很快会详细列举这些不同之处）？从路径依赖的意义上讲，可以说这样解释是不充分的。理由在于自3家公司被剥离、私有化和部分私有化以来，它们有足够的机会来对其在这些领域的活动做出**改变**。而且事实上它们也确实做出了相当的改变。在收购了一家计算机生产公司——NCR公司后，AT&T **加深**了对研究、设计、开发和生产电信相关设备的涉入程度。BT则是另一个极端，由于几乎完全撤离了在电信设备方面的合作研究、设计、开发和生产，其对上述领域的涉入已经大大减少。在3家公司中，NTT表现出了最大程度的持续性，它与新加入的日本、西方供应商合作，也保持着与以前的供应商的合作，同时渐渐处于多厂商供应的状态。显然无论在原则上还是在实践上，3家公司都是可以做出（与上述）不同的选择的。也就是说AT&T可以选择减少对电信和电信相关设备生产的关联，BT可以像NTT一样与国际设备供应商建立更紧密的联系，合作研究与开发；而NTT也可以选择向其供应商指定并购买设备，而非合作研发，从而与供应商拉开距离。

综上所述，我们必须得出这样的结论：与其说应当用路径依赖来解释研究、设计、开发和生产在3家公司中的地位，不如说这是战略选择的结果。应当注意的是，要强调的并不是"历史无关紧要"，而是3家公司的决策者根据历史经验以及他们对转变中的全球**环境**的理解，就上述活动做出了截然不同的选择，从上文所述的、他们对研发资源的不同的分配上就可以反映出来。因此我们现在要转向更深层地分析他们的战略选择。

3.5.2 公司能力的战略选择概述

在伦敦皇家学院（Royal Society）的一次会议上，AT&T的贝尔实验室的总裁J. S. Mayo博士提出，在之后10年中人们将对各大公司所广泛提供的电信服务产生普遍的共识。[1] 电信服务是以声音、数据和图像为基础的服务，而且在任何时候都可以获得结合了这三要素的服务。要提供上述服务，在3个核心领域中的能力是不可或缺的：软件、电子技术和光电技术。

传播网络

服务

网络元件：
交换
传输
（用计算机）计算
装置

网络设计
操作
管理
开发

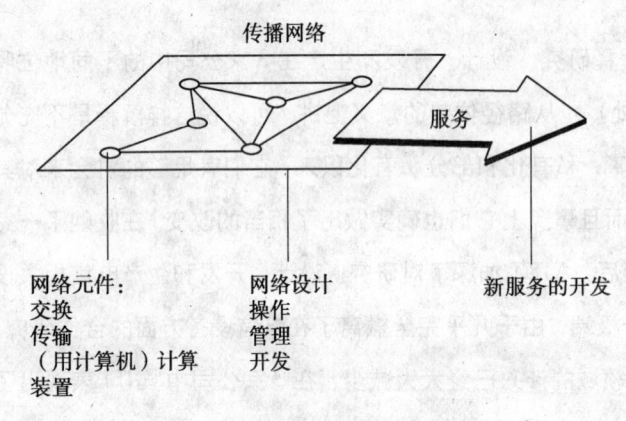

新服务的开发

图3.1 电信能力图

[1] 引自1992年3月18~19日，伦敦皇家学院的会议"公元2000年之后的传播"。

图3.1是一张较详细的"地图"，是关于提供上述电信能力所需要的3种主要能力体系的。这些能力属于"网络元件"（也就是交换、传输、计算和装置）；网络设计、操作、管理、开发；以及开发新服务的领域。我们可以把这些能力区分成两个互补的活动体系，第一个体系包括了运行并改进网络服务（此任务由网络元件的使用者承担）；第二个体系则是网络元件的设计、开发和生产（由供应商提供）。图3.2显示了上述两个活动体系。

显然，为了提供电信服务，需要对使用者和供应商的行为进行协调。但是就像1972年理查森（Richardson）（1972）

134

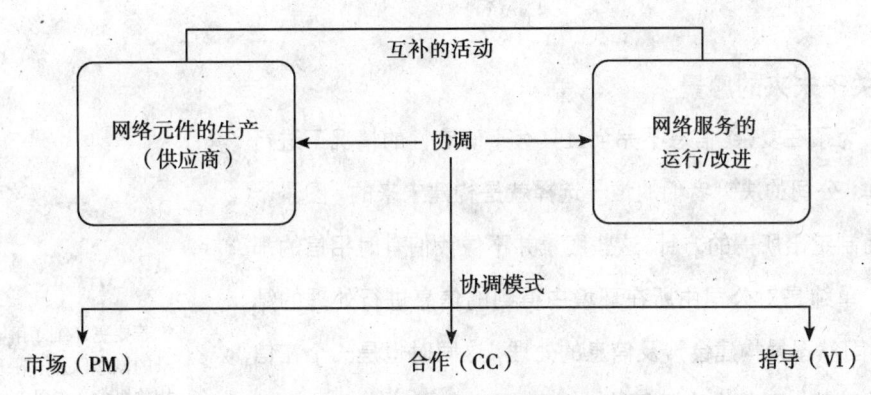

第三章 AT&T、BT和NTT：愿景、战略、能力、路径依赖和研发的比较

图3.2 协调使用者和供应商活动的模式

在通过把公司比喻为在市场海洋中的小岛来批判产业组织的二元概念时所指出的，实际中存在着3种可选择的主要协调模式：通过市场、通过公司间合作和通过公司内部的指导和发展。

在协调两个活动体系的模式方面，AT&T、BT和NTT做出了什么样的战略选择呢？从表3.4中可以看到，3家公司都选择了发展在网络操作、研发和提供新服务等领域的内部能力；与此同时，他们在取得网络元件方面却做出了截然不同的选择。更确切地说，作为通信设备市场上重要的买家，BT选择了更大程度地运用市场并以此

表3.4 有关获取能力的战略选择

战略选项	能力		网络元件			
	网络操作、开发	新服务	交换	传输	计算	装置
购买(市场)			BT	BT	BT	BT
共同开发(合作)			NTT	NTT	NTT	NTT
制造/实行 (内部开发)	BT	BT	AT&T	AT&T	AT&T	AT&T
	NTT	NTT				
	AT&T	AT&T				

作为获取网络元件的模式，NTT选择了更大程度的公司间合作，而AT&T则选择内部发展。

它们为何会做出不同的选择呢？接下来的一节中会进一步探讨这一问题。

3.6 BT——运用市场

BT关于未来的愿景

为了在复杂、信息不完全且具有不确定性的情况下进行运作，公司的决策者们的惟一选择就是构建未来的"图景"，从而制定出所需的方针。这些图景并不像我们有时相信的那样，单纯是对公司由所在环境中得到的信息进行处理的结果。固然图景构建会涉及信息的处理，这同时也是一个在信念的基础上对信息进行解读的过程。这些图景会被体现在关于公司未来的愿景中，而该愿景令公司得以展望未来并从而决定当前最应采取的行动。❶

BT的愿景中包括了以下基本点：

①迎合客户特别是大型跨国公司的需求的能力是推动电信运营公司的未来竞争力的关键力量。

②该能力的基本要素就是使电信服务的特点适应特定客户的需求的能力。

③而该能力则很大程度上依赖于在软件和工程系统方面的能力。由于这些能力极其重要，BT主要依靠自身对其进行发展，而非依靠外界的软件和工程系统供应商。（软件和工程系统直接关系到有竞争力的电信服务的提供，因而被视为主要在公司内部发展的核心能力。其他软件，如软件包等，则可以从外界的供应商处购买。）

❶ 若要更详细了解有关愿景的概念以及有限理性的相关概念，参见Fransman（1990，1991）的著作，还有本书的导论和第一章。

第三章 AT&T、BT 和 NTT：愿景、战略、能力、路径依赖和研发的比较

④在很大程度上，生产电信相关设备的能力被视为与公司在电信服务领域的竞争力无关，由此BT将在市场上购买所需的通信设备。在参与耗资巨大的通信设备合作研发方面，BT不具备竞争优势。

⑤尽管许多分析者提到过所谓的通信和计算技术的"融合"，但是BT并不相信上述两个领域的协同效应的实现将成为提供电信服务的一个决定性竞争要素，因此该公司决定不谋求成为计算机和计算机服务的供应商。

⑥同样，BT已决定，如果是为了（增强）竞争力，那么发展设计和生产设备（包括电子设备和光学设备）方面的实质性内部能力是没有必要的。尽管这些设备是其所提供的电信系统和服务的重要组成部分，但BT可以通过市场来满足自身需求。而且研发成本不断增加，使得提高该领域的能力的成本不断增加，但就已提高的能力而言却没有能够补偿成本的利润。

⑦所有这些关于研发的情况意味着BT可以在很大程度上让供应公司来进行通信设备生产、计算和设备等领域的研发活动。BT更倾向于将研发活动集中在软件和工程系统等直接且强烈影响到竞争力的领域中。不过，研究的作用之一在于确保BT对于新技术有足够的了解，从而能够迅速、充分地吸收这些知识。此外研究的另一个目标是"防止遭到突袭"，就该目标而言，相当数量的长期研究是有意义的。

在下一节中会更细致地分析研发问题，现在我们来研究上面列出的BT愿景中的一些迹象。

根据BT的主席伊恩·瓦兰斯所说的，"我们所知道的成功运作的方法"就是"运行电信网络并提供服务扩大这些网络"。瓦兰斯确立了3个他认为对BT极其重要的能力水平：按照用户要求定制并迅速有效地提供给客户的软件能力，独立运营电信网络的能力，

以及"最重要的"营销、销售以及提高客户服务的能力。他认为技术在本质上不及客户服务重要:"我们必须提供的不是技术解答,而是客户需要的服务"。[1]

由于把重点放在了客户服务而非"技术解答"上面,BT决定其不需要内部生产的能力。回顾该公司的发展历程,BT因而做出了判断,认为其对加拿大通信设备生产公司——敏迪公司的投资(BT 拥有 51%的股份)是错误的。如 BT 的公司战略主任理查德·马里奥特(Richard Marriott,曾任职于 IBM)所说:"BT 进行的海外投资中确实未能取得我们所希望的成果的就是敏迪……当时进入硬件领域看起来似乎是不错的主意,而我们如今的愿景完全建立在网络服务的基础上。因此这当然意味着我们的研究和发展方向有了重大的转移——由硬件转移到软件和系统上面,以便使我们在满足客户日渐复杂的需求方面获得优势。敏迪不符合我们的新战略。"(参见 Marriott,1992:26)

如果技术解答不受重视,那么计算机硬件和软件方面的内部能力也一样。如伊恩·瓦兰斯所说:"何所谓'融合'?10 年前这个词就已经出现了,AT&T 和 IBM 也正是因此在巨头之争中双双落马的。从较小的规模来说,STC 公司 5 年前兼并 ICL 公司(英国国际计算机公司)的根本原因正是为了融合。'融合'从未实现过。ICL 公司现在属于富士通公司,STC 公司很快将成为北方电信的一部分(现在已经是了)。我原本想大声质疑 AT&T 在计算机领域是否遭到了与 IBM 在电信领域同等惨重的损失,不过从鲍勃·艾伦(AT&T 的主席兼首席执行官)最近的说明来看这样似乎不妥"。[2]

BT回避设备生产且不肯涉足计算机领域的深层次原因是为了"节约有限理性",即通过把注意力集中在较小范围的

[1] 伊恩·瓦兰斯,引自伦敦皇家学院会议网址,也可参见 Vallance(1990:84-87)。
[2] 引自英国电讯公司(BT)主席伊恩·瓦兰斯在运营企业高层会议(Common Carrier Summit)上的讲话,1990年12月17日,东京。

第三章 AT&T、BT和NTT：愿景、战略、能力、路径依赖和研发的比较

事项上来减少复杂性。如理查德·马里奥特所说："我们的国际战略可能是所有的主要国际商家中最集中的。我们心无旁骛，不参与类似为第三世界组织提供服务这样的事情，也不在电信或计算机生产上投注力量——我们离开了生产领域。我们的战略非常、非常集中。"（参见Marriott，1992）。伊恩·瓦兰斯强调了上述观点，他说："已经有太多的复杂性需要处理，我们不想参与其他活动"。❶

3.7 AT&T——通过垂直整合获得协同效应

AT&T的未来愿景

AT&T关于未来的愿景包括了以下基本点：

①公司的未来竞争力背后的关键驱动力量在于协同效应，这一点可以从其在软件、交换和传输、通过计算机计算以及设备等领域的内部能力上看出来。协同效应将使AT&T有能力比其他竞争者更迅速地为客户提供更好的电信服务。

②AT&T的独特性在于它内部拥有所有领域的能力。其他的主要电信运营公司以及一些刚加入电信服务相关市场的竞争的设备供应公司都没有这样广泛的能力。尽管后者可能也拥有在硬件以及相关软件领域的能力，但它们不具备AT&T在电信网络管理和服务方面的能力，因此它们无法为客户提供像AT&T所提供的这样完整的服务。

③含蓄来讲，AT&T需要认识到，通过签订协议将其自身能力与其他独立公司的能力合并到一起而取得的协同效应正是公司的竞争力所在。因此，举例来说，与和某一家

---

❶ 伊恩·瓦兰斯在伦敦皇家学院的会议上回答问题时所说。

或更多计算机公司建立密切的联系相比，其更需要的是在内部发展必需的计算机领域的能力或收购一家计算机公司，正如AT&T最终在内部发展战略失败后接管了NCR。

④在研发方面，愿景的含意在于AT&T必须在其选择的发展内部能力的全部领域中进行研发活动。此外，基础研究会为公司未来在服务方面的进步播下种子。但是正如后文将提到的，公司必须建立起能够保障研发活动有效地增强公司的商业竞争力的组织机制。

现在让我们来简要地分析一下上述对AT&T愿景进行阐述的一些根据。

在AT&T的主席兼首席执行官鲍勃·艾伦最近一次接受美国《商业周刊》的采访时，他说："没有任何一家公司能像AT&T这样。我们是独一无二的，因此也就拥有独一无二的机遇"。❶《商业周刊》是这样确切描述艾伦的观点的："艾伦确信，即使经历了几年徒劳的努力，AT&T依然是强大的国际性信息站，原因是AT&T整合了一系列其他公司无法匹敌的资源，包括遍及全世界的输送声音和数据的尖端网络以及运行该网络所需的设备，还有与之挂钩的装置……艾伦认为同时具备上述资源，足以令公司超越任何计算机生产商、远程公司或电话交换机制造商所能提供的任何服务。"(参见同上：35)

对AT&T而言至关重要的是，作为协同效应的结果，这些能力结合在一起带来的竞争力会比其分别带来的竞争力之和更强且回报更大。AT&T的"产品和系统"部分由于是单独运作，还远未能取得像"通信服务"部分那样的效益。[1991年产品和系统部分——包括计算机、网络交换器和传输设备——取得的净利润率仅为3%，相比之下传输服务——包括远程电话和

❶ 参见《商业周刊》，1992-1-20（36）。

第三章 AT&T、BT 和 NTT：愿景、战略、能力、路径依赖和研发的比较

商务专用的高速数据线——的净利润率是 13.8%。"（参见同上：34—35）]

　　虽然被寄予厚望的协同效应基本上仍需要通过努力来实现，但在 AT&T 已经有许多例子足以说明其潜在收益。这些例子包括 AT&T 为意大利电话运营公司——SIP 公司开发的智能（电信）网络。SIP 公司研发部门负责人克劳迪奥·卡雷尔里（Claudio Carrelli）认为 AT&T 的竞争优势来自于其交换系统和网络操作："所有的交换器制造商应用的技术都是同样的，但是 AT&T 有着卓越的运营经验。从这一点来看，AT&T 远远超过了其他公司。"（参见同上：38）另一个例子则是 AT&T 和 NCR 公司将通过通信网络和计算能力的结合为纽约证券交易所的交易后时段安装计算机网络（参见同上：39）。NRC 主席吉尔伯特 P. 威廉森（Gilbert P. Williamson）认为，如果两家公司之间的关系是以市场为基础且有一定距离的，那么就不可能达到上述的协同效应："如果真的想完成一些大事，在保持距离的基础上是很难做到的。"

3.8 NTT——通过合作来竞争

NTT 的未来愿景

　　NTT 的愿景由以下基本点组成：

　　①为了对抗新的电信公司，保持在国内市场的竞争力并逐渐成为在国际上有竞争力的公司，NTT 在新的电信服务领域中必须独占鳌头。

　　②为了取得新的服务领域中的领先地位，NTT 的研发活动必须领先。这意味着 NTT 必须在其他通信设备生产商成功开发之前主动开发出新的服务项目（以及支撑服务的技术）。NTT 需要优势地位的原因在于一旦生产商开发出了新的服务项目，那么该项服务将

很快面向所有的主要电信运营公司提供,没有哪一家电信运营公司能因此得到竞争优势。因此,NTT决定**逐渐增加**研发成本在销售额中的百分比。

③出于历史原因,NTT不具有生产能力。然而考虑到积累这种能力所需要的成本,NTT决定让生产商来进行生产活动而非尝试(在该领域)与它们竞争。

④不过,NTT相信通过与一些设备生产商紧密合作,以及共同开发尚未在市场上以合理的形式和价格推出的通信设备和服务,是能够获益的。通过这种途径NTT将有能力使自身的能力与其供应商的能力"联姻",从而通过技术优势达成取得服务上的领先地位的目的。

⑤NTT还相信(部分私有化的法律条款也要求其相信)其必须继续作为电信相关技术的研发的支持者和先行者在国内和国际上占有重要地位(除了私有地位之外)。

自1985年部分私有化之后,NTT就处于日本市场上新的电信公司所带来的沉重压力之下。截至1990财政年度,新的电讯公司占据了日本的长途电话服务市场的12%,1991年增至16%。1990年新的电讯公司控制了东京-名古屋-大阪的庞大市场的40%,1991年增加到49%。[1] 新的电讯公司市场份额增加的部分原因在于它们的收费低于NTT的收费,进而使它们有可能以自身能够承担的较低成本使用NTT的电信网络。尽管至1994年使用费达到了一定比率,但新的电讯公司支配的大量日本市场份额以及之前提到的NTT下滑的利润率使NTT面临着保证长期竞争力的巨大压力。

NTT计划如何增强竞争力呢?根据NTT的执行副总裁Iwao Toda博士所言,答案是NTT将致力于改善服务并通过集中研发推出新的服务。至1994年,NTT预期其新服务将占

[1] 引自NTT公平竞争促进办公室的高级副总裁Teruaki Ohara先生在英日高新技术产业论坛上的讲话,1991年6月于东京,以及NTT执行副总裁Iwao Toda博士在伦敦皇家学院的会议上的讲话。

第三章 AT&T、BT 和 NTT：愿景、战略、能力、路径依赖和研发的比较

据全年收入额的 30%。Toda 博士说："我们认为（NTT 的）收入中相当一部分应当归功于研发。因此 NTT 的管理层相信研发是 NTT 的营业活动的基础"。[1] 出于这个原因，如我们在表 3.3 中所见，NTT 在研发上的开支与销售额的比率由 1991 年的 4.1% 上升到了 1993 年的 4.7%。

Toda 博士解释了 NTT 研发活动的 3 个目标：第一个目标是开发新的电信服务，第二个目标是改善电信网络的设计、经营和管理，第三个目标则是在"网络元件"（包括交换器、传输系统、装置和计算机）领域进行创新。Toda 博士详细阐述了 NTT 强调网络元件的原因：

电信领域的技术进步极其迅速，以至于我们越快推出较新型、成本效率较高的网络元件，就越能缩减网络成本。这是 NTT 自行开发重要的网络元件的原因，目标是远比外面的生产商**更早地**制造出元件。通常我们自身的研发工作会放在以迅速前进的技术为依托的元件上，此外还放在我们预计能比外界企业领先两年的项目上面（参见 Toda, 5）。

但是这并不意味着 NTT 不与通信设备生产商密切合作，Toda 博士再一次阐述：

NTT 没有生产能力，因此必须与外面的生产商合作开发网络元件。也就是说，我们不得不要求外面的生产商根据**我们的设计**建立起某种网络元件的生产模型。这些合作生产商被我们称为开发合作者。（参见同上：8）

但是与所选择的一些生产商进行密切合作并不意味着 NTT 放弃了竞争的利益。Toda 博士解释了 NTT 采用的方式的优势所在，我们在第二章已经概述过并将其称为"**控制下的竞争**"。

---

[1] 引自对 NTT 的 Iwao Toda 博士的采访。

某特定网络元件的开发合作者是……从（来自）世界范围的生产商中通过开放投标选择出来的。选择过程开放且公正，从而鼓励了生产商为之竞争。我们通常会选择两个以上的合作者，让它们在开发过程中相互竞争（参见Toda）。

此外，NTT还受益于未合作的生产商通过与NTT合作公司的市场竞争所施加的竞争压力。

需要注意的是，NTT与未合作的生产商的竞争是最为激烈的。我们相信这种竞争[合作公司之间以及合作公司与未合作公司之间]有助于在更短的时间里做到更好的产品开发(参见Toda)。

Toda博士将NTT由此获得的优势（尽管没有生产方面的能力）概括为："首先，作为网络元件的大规模使用者，NTT能对技术进行创新；其次，NTT能够一直利用世界上最先进的生产技术。"但是他也承认"缺陷是不利于积累生产的实际知识，而要进行更好的设计，这些知识是必需的"（参见同上：9）。NTT正尝试通过与其合作公司的协作来克服这一缺陷。

Toda博士举出了若干在控制下竞争的条件下通过合作开发更迅速地开发出网络元件的例子，其中包括低损耗光导纤维电缆（low-loss optical fiber cable）和大容量传输系统（large capacity transmission system）。例子中包括了ATM（宽带异步传输模式）宽带数字交换系统，NTT的合作生产者除了日本公司外还包括北方电信；还有用于界定NTT未来获取计算机的行为分界点的MIA（Multi-vender integration architecture，多厂家集成结构）项目，其中涉及了IBM日本公司和美国数字设备公司（DEC）。❶

❶ 若要更详细地了解光纤技术在日本的发展以及ATM和MIA工程，参见Fransman（1992b）。

144

第三章 AT&T、BT 和 NTT：愿景、战略、能力、路径依赖和研发的比较

3.9 愿景的不一致之处

3.9.1 愿景、有限的愿景和愿景的失败

回到表 3.4，可以看出 AT&T、BT 和 NTT 的愿景有很大的差异，反映出 3 家公司在市场、合作以及作为网络元件（其所出售的电信服务的基础）内部开发方面的不同战略选择。如表 3.4 所示，BT 选择通过市场获取网络元件，NTT 选择合作，而 AT&T 则选择内部开发。

如何对不同的选择做出解释？其是否反映出了 3 家公司对于市场、合作和内部开发的相关成本和交易收益的计算的不一致性？

上述问题的答案取决于对公司愿景形成方式的理解。简而言之，可以通过 3 家公司过去的历程为决策者所解读的方式，以及这些决策者对于可供选择的道路以及后果所抱持的信念来解读公司愿景的差异。因此可以看到，关于 BT，其过去参与共同研究开发通信设备的历史总体上并没有被看作是很顺利的，所以从市场上获取就成了相对有吸引力的选择。另一方面，关于 NTT，对与稳固的供应商团队合作研究开发的经历的解读结果则要积极得多；故而或许不应惊讶于 NTT 选择延续与其选择的供应商团队的密切联系，从而努力在研究开发先进网络元件方面占据领先地位并同时利用供应商的生产能力。类似的，AT&T 在内部开发网络元件（通过 AT&T 的运营单位和下属公司西部电气的紧密互动）方面拥有国际性的骄人记录，因此在剥离后仍坚持认为内部开发是获取这些元件的适当方式的积极看法。[1]

---

[1] 若要了解对 NTT 和 AT&T 在交换领域的表现的国际比较分析，参见 Fransman（1992a）。

根据上述说明，公司"看到什么"要取决于它的知识，而"知识"则由公司的决策者的理解和信念组成。这些理解和信念会受到（不是完全取决于）决策者过去的经历的影响。但是这样一来就出现了"有限理性"的可能，即公司愿景受到了决策者的理解、信念和过去经历的影响。在有些情况下有限理性会导致"愿景的失败"，也就是当公司的愿景导致了未能正确地预见未来情况，造成不适当的决策的时候。由此铜制电缆的生产商可能会预见不到光纤的重要性；模拟开关（analog switch）的制造商和购买者可能会忽略数字交换器即将带来的高速率；主机的制造商可能会低估对较小型计算机的需求的增长；复杂指令集计算机微处理器（CISC microprocessor）的生产商可能会看不到RISC即将发挥的作用；等等。可以参见第一章中对有限理性的理论探讨这些问题。同样，电话运营公司也有可能高估或者低估市场、合作和内部开发的优势和劣势。

3.9.2 市场VS合作VS内部开发

我们可以看到BT、NTT和AT&T在"网络元件"的获取方面做出了截然不同的战略选择。更确切地说，BT趋向于更大程度地依赖市场；而NTT尽管也诉诸市场，但与其他公司相比，它选择更多地进行公司间合作开发；最后，AT&T也利用市场，然而它选择了将内部开发（或者说垂直整合）作为最好的协调方式。有可能就这些供选择的协调模式的优势和劣势进行分析性的概括吗？

尝试进行概括的第一步是就每家公司所做的战略选择构建程式化的"理想类型"（ideal type），然后进而分析他们所选择的组织模式的优势和劣势。但在这样进行的时候，必须

第三章 AT&T、BT 和 NTT：愿景、战略、能力、路径依赖和研发的比较

注意所建立的是理想类型，不可能确切地反映出电话运营公司及其网络元件供应商之间的所有相互作用。

图3.3描绘了BT、NTT和AT&T在获取网络元件方面采取的3种可选择的组织模式，或者说战略选择。

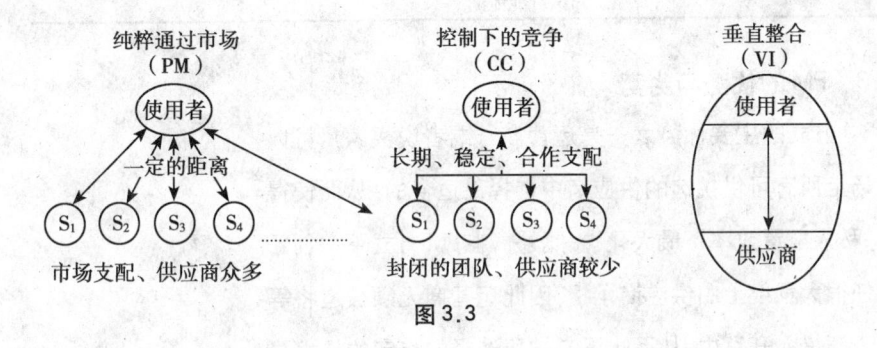

```
      纯粹通过市场              控制下的竞争              垂直整合
         (PM)                    (CC)                   (VI)
         使用者                   使用者                  使用者
                             长期、稳定、合作支配          ↕
      一定的距离                                         供应商
     S₁ S₂ S₃ S₄              S₁ S₂ S₃ S₄
   市场支配、供应商众多         封闭的团队、供应商较少
```

图 3.3

BT倾向于选择以潜在数量巨大且都与BT保持一定距离的供应商为本质特征（至少在合同未签订的阶段）的"纯粹通过市场"（PM）的方式。相反，NTT选择通过"控制下的竞争"（CC）的方式来开发其认为会带来竞争优势的以及市场上尚未供应的网络元件。控制下的竞争涉及了与小部分被选中的供应商组成的团队保持相对长期且巩固的合作关系。（NTT）近期的供应商包括了北方电信、DEC、IBM（日本）以及AT&T等非日本公司，以及在1985年以前未向NTT提供设备的东芝、松下和三菱电气等日本公司。最后，AT&T选择了垂直整合（VI）或者说内部开发的方式来取得其不希望通过市场采购或想要通过协同运作来获取的网络元件。

这三种理想的可供选择的组织模式类型的优势和劣势是什么？表3.5中显示了主要的优势和劣势。

表 3.5 PM、CC 和 VI 的优势和劣势

PM	CC	VI
对运营商而言的优势	优势	优势
1. 使静态效率最大化（选择最好的供应商） 2. 供应商有进行创新的责任	1. 更好地协调(与 PM 相比)/更好的信息流 2. 有限的可能竞争 3. 有更强的动机来投资交易用特定资产	1. 通过指导进行的协调效率会比较高 2. 知识泄露的可能性最小化 3. 有更强的动机来投资交易用特定资产
劣势	劣势	劣势
1. 竞争引起的不确定性 2. 投资交易用特定资产的动机有限	1. 短期内在转换供应商方面能力有限（即静态无效） 2. 协调成本可能较高（都是独立管理的公司） 3. 竞争引起的一些不确定性 4. 知识可能泄露	1. 作为使用者有进行创新的责任（即较高的研发要求） 2. 缺乏引起创新的竞争 3. 不存在由内部到外部供应商的转换（即静态无效）

3.9.3 PM 的优势与劣势

PM 方式的主要优势之一是运营商（或者说买家）可以从市场上所有可供挑选的供应商中选择最适合的（从而使得"静态私人配置效率"最大化）。此外，在 PM 方式下，创新的责任很大程度上由供应商承担，因此运营商无须被迫将等量的资源投入开发中，从而也没有被所选择的特定的技术路线"困住"的风险。而且只要潜在的供应商之间存在竞争，那么就可能存在竞争引起的创新，这种创新会使供应商更快地提供新技术以及改善技术的质量。

另一方面，由于在一轮又一轮的供给中，供应商（即使是已经得到订单的那些供应商）无法确定能否赢得未来的订单，因此 PM 方式也会导致竞争带来的不确定性的程度变得更大（相对于 CC 和 VI）。另外，从不确定性增加这一点看，在 PM 方式下潜在的供应商为"特定交易资产"投资的动机是很有限的，而"特定交易资产"是指供应商专门为了与某一特定买家的交易而准备的机器、设备以及人工技能等资

第三章 AT&T、BT 和 NTT：愿景、战略、能力、路径依赖和研发的比较

产,且这些资产若用于其他用途会严重贬值,原因是供应商不确定将来能否获得订单并从而使为交易用特定资产所进行的投资得到合理的回报。在这样的情况下,比起有更大把握得到未来订单的客户,供应商为此类（采用PM方式的）客户而投资上述资产的可能性比较小。[1]

3.9.4 CC 的优势与劣势

CC方式有这样一个优势：与PM方式相比，供应商和运营商之间的协调活动更为有效。PM方式通过市场机制（market mechanism）特别是价格机制和竞争过程来进行协调，但在促进彼此有一定距离的供应商和运营商之间的、非经市场传递的信息流方面就不甚有效了。彼此关系较长期且相对稳定的运营商和供应商之间的较好

---

[1] 科斯（1937）首先探讨了交易用特定资产带来的市场交易问题。威廉森（1985）对这些资产的重要性进行了较为详尽的阐述。我们很快会看到，这些问题通常出现在CC模式下，如科斯之前指出的，有时也会出现在VI模式下。其出现的确切原因在于那些在纯粹市场环境下发生的，会对使用者-供应商的关系产生消极作用的，令公司试图在保留其对供应商进行替换的竞争选择的同时改变该市场环境的问题——如交易用特定资产和竞争引起的不确定性等问题。因此举例来说，BT在其为潜在供应商而发布的公开资料中强调："我们只购买那些物有所值的商品和服务，这对我们维护自身和客户的地位而言至关重要。"但这就需要那些会直接影响到BT向其客户出售的服务质量的供应商（特别是复杂设备的供应商）供应的商品和服务达到很高的水准。而要达到该水准，BT就需要致力于"共同改善质量工程"、"全面监控售后服务"以及收集"关于全生命周期成本的信息"等增进质量的活动。但是在纯粹的市场实践中，使用者或者说买家是可以为了得到新供应商提供的更好的价格或服务而更换掉当前的供应商的，而这一点与上述活动并非总能取得一致。出于这个原因，BT的采购服务部主任布赖恩·里格比（Brian Rigby）在上述文件的引言里表达了他的希望："如果选择了共同合作，那么我们可以发展一种长期互利的关系。"在后文中又重申"与供应商之间的密切关系是必要的，我们需要建立在诚信、合作、支持且不断进步（首要条件）的基础上的合作关系"。正是这些控制下竞争的支持者们认为必要的关系特征与控制下的竞争所应有的市场关系严重脱节了"〔参见BT的"向BT出售，成功的合作关系"（Selling to BT. A Winning Partnership），未标日期〕。

的信息流不仅能使协调更成功,而且可以带来更有效的面向用户的创新。而且,尽管在CC方式下,竞争比PM方式下的竞争要少(因为在任何时间点上所存在的都是由少数小公司组成的、封闭的供应商团队),但仍然有机会得益于团队成员间的一些竞争。竞争比在PM方式下少也意味着竞争引起的不确定性会少一些,因此与PM方式相比,供应商有更强的就交易用特定资产进行投资的动机。

但是必须看到:与上述优势相悖的是短期内转换供应商的能力有限,而这一点可能导致相对于PM方式的"静态私人配置无效(static private allocative inefficiency)"。CC方式也可能使协调费用相对较高,因为运营商要尝试与数个独立管理的公司分享信息并取得一致。此外,尽管竞争引起的不确定性可能比运用PM方式低(竞争受控制的缘故),但按照竞争的程度仍然会有一些此类的不确定性。另外从供应商的角度来看,一些敏感的商务知识有被泄露给其他同样参与合作研发的、有竞争关系的供应商的危险。

3.9.5 VI的优势和劣势

VI方式的优势之一某种程度上在于互补性活动之间的协调更为有效(既然这些活动是在同一公司的同一"指令结构"下进行的),因此这些活动之间的协同效应能得以更好地实现。而且在VI方式下,投资交易用特定资产的动机是最强的(相对于PM和CC),这是由于将这些资产转移到赢利较低的其他用途上的成本将不得不由公司自己承担(科斯在其1937年的文章中最初提到的观点)。另外,知识泄露给竞争公司的机会也被最小化了,同样被最小化的还有竞争引起的不确

第三章 AT&T、BT和NTT：愿景、战略、能力、路径依赖和研发的比较

定性，因为交易是在同一家公司进行的。

然而，VI的主要劣势在于创新是运营商的责任，而这可能导致相对高昂的研发费用。此外还存在着这样的危险：在投资了特定形式的创新后公司逐渐被其"困住"，因而不易利用外界出现的可替代的创新成果。另外，既然从概念上讲只有一家内部的供应商，那么在"纯粹的"VI方式下就不会存在竞争引起的创新。同理，在"纯粹的"VI方式下，由于从概念上讲不存在从内部供应商转换到外部供应商的机会，那么"静态私人配置无效"的程度将比在PM或CC方式下更加严重。（当然，为了避开上述后果，采用垂直整合方式的公司通常会为内部的用户保留一些选择向外界公司购买的机会。）

3.9.6 结论

考虑到PM、CC和VI方式取得的可能效果的复杂性，我们不可能就这些战略性选择的相对功效得出确定的结论。无疑，BT、NTT和AT&T正是因此才得以就上述选项做出选择并坚信自身做出的选择是最理想的。选择的功效在更大程度上由公司的能力决定，公司能力包括在有效地应对劣势的同时，能够组织性地以及管理性地运用其所分析到的（自身具有的）优势的程度。此外如开始时提到的，本节中分析的3种战略选项都是理想类型，尽管3家公司就这些选项做出了截然不同的选择，它们也修订了这些理想的、类型化的协调模式以使纯粹的优势有所增加。

然而，必须清楚地将就网络元件的获取做出的战略选择与公司在研发领域的战略选择彻底区分开，由此我们现在要转向对研发活动的分析。

3.10 研究和开发的作用

3.10.1 引言

最初的属于公司的研究实验室是属于德国化工行业的，成立于19世纪末，之后不久，AT&T、通用电气、杜邦等美国公司也成立了研究实验室（参见Reich, 1985；以及Hounshell和Smith, 1988）。这些实验室使公司得以将科学的原理和实践应用于工业生产，且在有些情况下，通过保护权威性的专利权，可以加强公司获得合理投资回报的能力。此外，实验室还带来了一些不易解决的组织方面的新问题。这些问题主要是在建立工业实验室所必然导致的、更深刻的**知识分化** (fragmentation of knowledge)（伴随着劳动力分工程度的加剧）情况下产生的。而今，骨干研究者与公司的常规生产流程拉开了一段距离，而且他们的知识基础与参与生产过程的工作者有极大区别，（公司）必须以增值的方式将他们整合到公司活动中。那么怎样的整合才能达到这种效果？就公司的管理而言，这个问题并不总是有明确的答案，过去如此，现在依然如此。

自20世纪80年代开始，解决组织方面的问题对大型的电信运营公司来说已日益变得紧迫，因为它们在主要市场上面临着越来越激烈的竞争。直到现在它们在国内市场上的垄断地位仍起到一定程度的保护作用，使得它们不必要求研究产生直接即时的价值；而短期竞争的世界则是比较残酷的，相对地偏离于直接的价值创造之外的研究是一种"奢侈"，不可能维持下去。结果就是，这些公司组织方面的改革被设定为将研究活动整合得更贴近于直接的价值创造过程。

第三章 AT&T、BT和NTT：愿景、战略、能力、路径依赖和研发的比较

3.10.2 研究活动的四大问题

任何承担研究活动的公司都必须解决四个与研究相关的主要问题（参见Fransman，1991）：

①公司需要研究什么？这是一个**信息**的问题。

②怎样避免"关联"研究？这是一个**控制**的问题。

③未来需要研究什么？这是一个**不确定性**的问题。

④所需的研究应当在内部进行还是在外部进行？这是一个**分配**的问题。

电信运营公司是怎样处理上述问题的呢？

信息和控制的问题

为了确保……（研究）能较好地与业务需要相关联，战略上要求中心实验室实施的工作至少有三分之二直接由（BT的）运营部门作为客户来发起并承担费用（参见Rudge，1990：124～125）。

如果实验室的研究者的酬劳由NTT的运营部门支付，那么这样做的好处是研究者将变得更有客户导向性或业务导向性，但是代价是他们的研究会趋向短期化。（运营部门的）业务人员是无法看到未来（发展）的，因此我们目前不采取[运营部门和中心实验室]经费挂钩的方法，而由总公司为实验室的大多数研究活动拨款（参见作者对NTT高层的采访，1991）。

通过内部市场进行研发 在一篇重要文章中，BT的技术开发部主任艾伦·拉奇(Alan Rudge)详细解释了自从私有化以来BT是怎样尝试解决研究方面的信息和控制问题的。被拉奇称为"客户—供应商规则"（参见Rudge，1990：127）（或我们在此称之为通过内部市场进行研发）的规则在解决上述问题中起到了主要作用。

简而言之，为了在BT中优先提供有关研发的信息，同时也为了确保公司的研究者根据优先信息分配时间和其他资源，BT建立了一个内部的研发市场。在该研发市场中，BT的运营部门(Operating Division)对公司中心研究实验室的4000名科学家、工程师、技师和负责支持的员工所提供的研究开发活动提出要求。这种要求是通过关于某个特定项目的显性契约（explicit contract）的形式表达出来的，该特定项目会被确定好意义、可交付使用性以及规定确定的时间期限和价格。中心研究实验室承担的每个任务都被以上述方式定义为项目（参见同上：121）。总体上中心研究实验室在收入上对内部市场是高度依赖的，他们需要有收入才能雇佣员工并应付支出。因此拉奇指出在1989年中心实验室75%的工作是由运营部门[为其提供了主要收入]或外界客户提供资金并从而直接指挥的（参见同上：126）。

为了"套住"中心研究实验室，BT联同作为其主顾的运营部门，安排了更多的组织步骤，拉奇称之为BT的"变化的原动力"（参见同上：127）。这些步骤之一涉及项目办公室主任（Programme Office Directors）的任命，项目办公室主任的主要职责是协调实验室承担的来自运营部门的某一特定客户的全部项目。项目办公室主任在"尽力配合客户要求及其可能的未来方向"的同时，也是"生产线管理者（line manager）"，为同一主要客户工作是其职责的重要组成部分（参见同上：123）。为了令运营部门和中心研究实验室之间的界限成为"管理下的分界面"(managed interface)，BT使用了被拉奇称为"流动管理原则"(flow management principle)的方法。这种方法是指"通过监控技术、方法、产品和服务意见的跨界限流动来衡量公司的研发活动效率"

第三章　AT&T、BT和NTT：愿景、战略、能力、路径依赖和研发的比较

（参见同上：128）。拉奇认为"这种流动是可衡量并量化的。比起通过发表文章数量衡量的方法有显著的优势，后者常常不适合用于商业性的组织"（参见同上：129）。

为了协调实验室和运营部门的活动，AT&T也尝试使用内部市场。1988年AT&T的主席罗伯特E.艾伦（Robert E.艾伦）将公司重组为盈亏责任制（profit-and-loss responsibility）下的约20个单独的业务单位。次年贝尔实验室的副研究总裁（Vice President of Research）亚诺 A.彭齐亚斯（Arno A Penzias）在实验室中进行了一些相应变动。这些变动的主要目的之一就是使实验室和业务单位的联系更加紧密。变动包括：将研究项目合并到被分成四个部门的15个实验室中，要求1200名研究人员中的几乎半数去支持业务单位的项目,并向实验室的全部19位主任分配了部分通过成立合作项目与某个业务单位一起工作的任务。❶

人们希望通过诸如上述情况的变动，AT&T能够使研究的收益有所增加并从而得以堵住评论者们的批评。像原AT&T市场主管之一，现南加利福尼亚大学（位于洛杉矶）传播学教授A.迈克尔·诺尔（A. Michael Noll）就认为AT&T的研究投资回报率太低。据诺尔所言，"1884年（贝尔）实验室的员工数量占AT&T全体员工数量的5.3%，1989年这个数字翻了一番，达到了10.2%。"诺尔提出，然而AT&T未能从这些员工身上得到充分的收益。为了支持该论点，诺尔并没有大肆声明而是发表了以下文字：

AT&T同意被剥离的原因是为了自由地发展许多新的业务机会。人们认为贝尔实验室的技术储备库能提供这些机会。在被剥离前这个假设没有得到验证。在AT&T被剥离后贝尔实验室就其所有关于新产品、服务和业务的设想作了一项内部研究。当我还在

---

❶ 参见《科学美国》（*Scientific American*），1991，12：92~93。

AT&T时我可以看到这项研究的结果，是分多卷装订的文件。根据我的回忆，在所提交的成百上千的设想中，只有不到半数是有现实意义的，且多数已经被通过某种方式开发了。事实很简单：实验室的储藏是空谈。贝尔系统的光环乃至这家运营公司就这样毫无回报地化为乌有了！（Noll,1993：103）

在1985年部分私有化之后，NTT也为了加强研发和运营部门的联系而进行了重组。1987年，在NTT的新领导神藤（Shinto）博士的影响下，NTT电气通信实验室（Electrical Communications Laboratories）位于武藏野、横须贺、厚木和茨城的四处研究基地被分割成了11个研究实验室。❶ 为了满足运营部门的发展需要，属于电气通信实验室的一部分但没有被包括在（分割）内的现有的科学家、工程师和技工被转移到了两个与部门活动联系密切的新的开发中心——网络系统开发中心（Network System Development Center）和软件工程中心（Software Engineering Center）。1991年NTT约8200位科学家、工程师和技工中的约3200位被分配到了11个实验室中，其他的5000人则成为中心和运营部门的开发单元的基础力量。同年，NTT全部开发预算的大约40%分给了中心和开发单元，60%则被分配到了11个实验室。❷

当神藤博士的改革方案刚刚交付讨论时，引起了研究人员方面和其他担心改革将反作用于NTT在电信领域的研究引导模式的NTT高层领导的极大忧虑。因此NTT的研究人员的高级代表团找到了神藤博士讨论这一事项，后者则作为前任的工程师向他们再度保证自己了解研究的重要性。他说，他没有削弱研究在公司中的作用的意图，尽管感到为了增强NTT的开发活动的功效必须进行一些重组。正是出于这个原

❶ 在11所实验室中，3所从事电路和人机界面相关研究（电信网络实验室、通信和信息处理实验室和人机界面实验室）；3所研究系统（通信交换实验室、传输系统实验室和无线电通信系统实验室），4所研究关键技术（软件实验室、LSI实验室、光电子实验室和应用电子实验室），还有一家从事基础研究（基础研究实验室）。1991年增加了一所新的实验室——地处关西一带的通信科学实验室。大约在同一时间成立了一所新的开发中心，从事光学用户回路（optical subscriber loop）的研究。

❷ 依据作者的估计和表3.6。

第三章　AT&T、BT和NTT：愿景、战略、能力、路径依赖和研发的比较

因他才组建了两个新的面向开发的中心并使其与运营部门更紧密地相互联系。[1]

内部市场及内部市场之外　虽然如本章所证明的，前文提到的解决信息和控制问题时，面向研发活动的内部市场起到了作用，但是内部市场的机制在满足公司研究需要上的价值却很有限。拉奇（1990）观察到"研究提供了深入的知识，但显然我们大部分客户[BT中的]没有兴趣为这样的研究付款"（参见同上：117），他很确切地表述了这种局限性。然而，"如果中心研究室准备针对需要提供专门服务，那么他们必须在客户有需求前设立适当的、指挥良好的研究项目来开发可用的技术"（参见124）。这就造成了某种两难局面：中心实验室必须在客户对知识产生需求**之前**准备好该知识，因此也就是在客户愿意为此付费之前。问题由此产生：如果要从根本上创建知识，那么谁来支付创建知识的费用？多数情况下这个问题的答案是公司总部将不得不对中心研究室做出效果上等同于赠与的安排，为其所进行的、能取得日后运营部门愿意付费的成果的研究提供资金。这就超出内部研发市场的范畴了。

可是即使由总部承担起提供资金的责任，还有进一步的问题。举例来说，来自总部的资金应当占中心研究室经费预算的多大比例呢？公司怎样才能确保以这种形式给予的资金能与公司的需要有所关联？在处理此类问题时我们研究的几家公司的做法有重大差异。这使得我们进入前文提到的第三个问题，也就是不确定性的问题，即未来需要研究什么？

不确定性的问题

在处理不确定性的问题上，BT和NTT采用的解决方法有重大的差异。回忆一下之前

---

[1] 引自对NTT资深研究领导者的采访。

分析过的这两家公司在网络元件的获取上的差异,BT倾向于比NTT更大程度地依靠市场力量,而这一次(即在不确定性问题上)则是依靠内部市场的力量。在表3.6中可以清楚地看到这一点。

表3.6 BT和NTT的研发活动

	BT	NTT
中心研究室(CRL)的研发资金百分比	66	60
相对于运营部门,总部为CRL投资的百分比	18	95
1989年BT的CRL的员工数量	4000*	
1991年NTT的CRL的员工数量		3200**
用于未来0~6年远景的资金占全部研发预算的百分比	65	60
用于未来7~10年远景的资金占全部研发预算的百分比	25	30
用于未来11~20年远景的资金占全部研发预算的百分比	10	10
"基础性"研究占总体研发活动的百分比	n/a	5

* 包括全体与研究相关的员工。
** 只包括科学家、研究人员和技工。
资料来源:拉奇(1990);NTT年度报告1991,以及作者对NTT的判断

从表3.6中可以看到,两家公司的中心研究室的研发资金,相对于公司其他实验室的资金,占总额的比例是比较接近的,在NTT为60%,在BT是66%。而在其中心研究室的研发资金来源的比例方面,BT和NTT的巨大差异在于,相对于运营部门,BT总部承担了资金额的18%,而NTT总部承担了95%。

上述的巨大差异表明了对于研究的作用以及在处理不确定性问题时市场力量和非市场力量的平衡,以及两家公司的价值观(或确切地说是愿景)的差异。可以从前文中的两段引用文字(在"信息和控制的问题"这一小节里)中看出上述的价值观差异,这两段引用文字足以充分证明此种情况,我们再次将之引用如下:

第三章 AT&T、BT和NTT：愿景、战略、能力、路径依赖和研发的比较

为了确保……（研究）能较好地与业务需要相关联，战略上要求中心实验室实施的工作至少有2/3直接由（BT的）运营部门作为客户来发起并承担费用（参见Rudge，1990：124~125）。

如果实验室的研究者的酬劳由NTT的运营部门支付，那么这样做的好处是研究者将变得更有客户导向性或业务导向性，但是代价是他们的研究会趋向短期化。[运营部门的]业务人员是无法看到未来（发展）的，因此我们目前不采取[运营部门和中心实验室]经费挂钩的方法，由总公司为实验室的大多数研究活动拨款（作者对NTT高层的采访，1991）。

可以用以下方式来表述两家公司的价值观差异：两家公司都认为应当通过"内部市场牵引"和"科技推动"（资金由总部供给）的结合来解决不确定性问题，但它们在这两股力量的**平衡**问题上观念不同：BT基本上更多地依靠内部市场牵引，而NTT倾向于更青睐科技推动。

根据NTT的看法，运营部门员工（包括在此从事开发工作的工程师）的愿景受到了运营部门当前活动的束缚，而这些活动又取决于现有市场和运营部门的技术。只要市场以及（或者）技术上的递增量依然是被需要的，那么（当前）状况就是适当的。在需要更彻底的变动的时候，比方说当市场上引入了基于完全不同的技术的新服务时，运营部门的有限的愿景就成了一种束缚。在后一种情况下必须由创造了新技术及其应用的有关知识的研究实验室来进行引导。[1]

在未来所需知识的创建以及此类知识创建后即刻转入运营部门发挥作用等方面，

---

[1] 引自对NTT资深研究领导者的采访。

NTT所做的选择的倾向性十分明显。在神藤博士1987年发起改革前（参照前文），中心实验室在知识和知识的应用方面都取得了根本性的创造成果，且这些成果被转往运营部门。在改革中公司曾尝试将这类应用创造活动转移到开发中心和运营部门进行，但很快发现开发中心和运营部门的工程师常常对新技术不够熟悉。因此公司决定恢复以前的部分做法并将以技术的根本改进为基础的应用（知识）的创建交由中心研究实验室完成。为了把应用知识转入运营部门，较之选择其他途径，工程师大体上会从运营部门到开发了新的应用知识的实验室学习。他们随后会回到原本所在的部门，根据部门需要完善（技术的）应用。在中心研究室的研究人员到运营部门协助技术转移过程的情况下，这些研究人员通常会回到实验室，而不是像许多日本的电子公司中出现的状况那样，从此永久地留在部门里。❶ 如此这般，比之其他途径，对创新的"临时指导"就确定下来是由中心研究实验室（人员）到运营部门进行。

关于总部提供的中心研究室研发资金占预算总额的比例，NTT的情况与NEC公司、富士通公司、日立公司等主要的日本工业电气公司有极大不同。后者的中心实验室一般会从公司总部得到预算的50%（参见Fransman, 1991）。但是在最近一次偏离原有方向的重要实践中，这些公司中有几家建立了承担长期的"导向性基础研究"(oriented basic research)的高级研究实验室，其所有的经费都由公司总部拨款。这些实验室包括日立公司的高级研究实验室（Advanced Research Laboratory）和NEC公司的普林斯顿实验室（Princeton Laboratory）。从资金的角度来讲，这些实验室更类似于NTT的中心研究实验室（电气通信实验室, Electrical Communi-

❶ 引自对NTT资深研究领导者的采访。

第三章 AT&T、BT 和 NTT：愿景、战略、能力、路径依赖和研发的比较

cation Laboratories）；虽然与 ECL 不同的是这些实验室的任务完全为较长期的导向，且后果是其与公司的运营部门的交流要远远（比 ECL）少得多。

在 BT，比起推动创新进程由中心实验室承担起独力推动学科或技术发展的责任——像其以前开展创新进程时那样，或比起 NTT 的做法来，该公司选择尝试由研究成果的使用者来推动研究进程。的确，即使在中心研究实验室中，就像拉奇（1990）所阐释的："促进（技术、方法、产品和服务意见在实验室和运营部门之间以及在中心实验室的研发室之间跨界限流动）的方法就是确保界限一端有相当数量的项目能获得资金支持，且界限另一端有管理者进行指挥。在 BT，这一过程不仅在中心实验室和其运营部门的客户间得到建立，而且也在**中心研究组织的内部**建立起来了。尽管共同投资研究项目（corporately—funded research project）的管理者很难担保成果能在最终的市场上取得成功，但他常常可以确保其成果足以吸引来自**中心研究实验室**的客户，使他们愿意通过采用该成果或共同投资拓展性研究（extensive research）的方式占有该项目。"（参见 Rudge, 1990: 128～129）按照拉奇的解释，在 BT，对创新的"临时指导"即使不是完全也是在很大程度上由知识的使用者向知识的创建者进行的；而不是相反的状况。

评价 BT 和 NTT 的差异 刚才提到的 BT 和 NTT 的差异可以消除吗？有一个达到此目的的途径：在内部例证的技术变动（intra-paradigmatic technological change，指技术的变动发生在指定的科技系统内部）的情况下需要知识的使用者对知识的创建者提供临时指导。这样不仅能通过提供更多关于大环境和用户需求的信息对知识创建者有所帮助，而且还对之后由创建者到使用者的知识流有促进作用。然而在交互例证的技术变动（inter-paradigmatic technological change，指科技系统中的变动）中需要不同的临时指导，即知识创建者为使用者提供临时指导。举例来说，机电开关或铜质电缆传输系统或

唱片的用户能够提供对于数字交换器或光传输系统或光盘的创造者而言用途非常有限的知识。因此在这种情况下，为了保证基础性新技术的产生和完善，就必须超出市场甚至内部市场的范畴。但是，在使用者自身对知识创建作用有限的前提下，如何确保所创建的知识能与用户保持关联性并能为公司谋利，依然是组织和管理上的难题。

基础研究和长期研究 这里提出了基础研究和长期研究的问题。在BT和NTT，这两类研究的作用有差异吗？

如表3.3所示，BT和NTT都为涉及未来10~20年商业远景的项目拨出了其研发预算总额的约10个百分点。但是两家公司在长期和基础研究的作用上有着重要的分歧，这一点将变得日渐明朗。

拉奇详细描述了BT长期研究的作用

研发职责中最难以有效指导的就是最后的10%，即用于确认在较长时期内会影响公司的商业活动的技术威胁和机遇的部分。从较长期的角度来看，可能变得利益攸关的科技开发活动的数量是不断增加的。BT采取的方式好比用只能过滤相对较小项目的细筛来阻挡震惊的可能；同时结合数量较少且规模较大的项目——集中在被认为对集团的战略发展起关键作用的领域里。为了加强较长期的保障，公司设置了与所选定的大学和其他外界的研究组织共同实施的研究项目。（参见Rudge，1990：125~126）

但是即使在长期研究中，BT也应用了"客户-供应商规则"。

为了将客户—供应商框架应用在公司研究项目（指的是公司出资且基本上关于未来7~20年的商业远景的研究）中，BT建立了"项目办事处"（类似于前文提到的负责协调中心

第三章 AT&T、BT 和 NTT：愿景、战略、能力、路径依赖和研发的比较

研究实验室和运营部门的活动的项目办公室主任）结构，由首席工程顾问（Chief Engineering Advisor）领导且设有一小支专家队伍对其提供支持，他们的任务是在允许的公司预算内建立研究项目的投资计划并在常规基础上审核该项目。公司的研究投资计划要与研究和技术委员会（Research and Technology Board）通过的委员会战略指示相一致，且经该委员会会同顾问委员会复查，此顾问委员会是由从整个集团的商务单位中挑选的资深技术经理组成的。项目办事处的其他资源包括来自商务运营部（Business Operating Division）的商业支持以及30个因在其专业领域成就卓著而被选择出来的、经特别认定的技术专家的建议。（参见 Rudge，1990：126~127）

如拉奇的阐述中所提示的，即使BT的实验室承担了"基础研究"，数量也非常少。至少当所指的范围是无须考虑实践或商业目的的研究时情况如此。根据上述定义，NTT这方面的情况也一样，基础研究很少。不过这两家公司是有差异的。从NTT的基础研究实验室（Basic Research Laboratories）的作用上可以看出这一点，该实验室与电气通信实验室（ECL）中号称从事基础研究的部分占据了NTT研发预算总额的约6%，而且在削减预算时属于优先受保护的领域。[1] 尽管基础研究实验室最大的特色或许就是其所承担的较长期的"导向性基础研究"，且尽管开展研究时可能仍会考虑到长期的电信需要，但它的活动与ECL中通过较大程度上集中进行"科学"研究来同样关注导向性基础研究的实验室是不同的。一位该研究室的前任主任说，相对于工程类期刊，该研究室现在的出版物主要集中在科学方面。[2]

---

[1] 作者的估计。
[2] 引自对NTT基础研究实验室的一位前任领导者的采访。

此外，与NTT的"科技推动"方式相吻合，无论是ECL的其他实验室还是运营部门都无权干预基础研究实验室的安排——尽管当然有可能以非正规的方式影响。

这种重心上的差异有一部分是BT和NTT在"国家利益"方面的研究义务不同的结果。拉奇明确地提出这一私有化之前承担的义务而今已不复存在："对（BT的）研究和技术来说，BT的运营部门和公司总部必然有最优先的地位。BT已经强调过公共成分对其而言不甚重要：除了与BT利益一致的情况，公司最先考虑的问题中不包括'英国工业'、'英国政府'，甚至也不包括'民族利益'。"（参见Rudge，1990：117）

NTT的义务则大为不同。1984年为NTT部分私有化而制定的NTT公司法（Nippon Denshin Denwa Kabushiki Kaisha Law，日本国际电信电话大型公司法）中详细规定了NTT的研究相关的责任：

因为电信在社会和经济的未来发展中起重要作用，NTT应致力于电信领域的进步，并通过促进电信领域的基础性以及应用研究并传播研究成果提高人民的社会福利水平。

但是，虽然BT和NTT的确在公共利益方面的研究义务上有重要的法定差异，但不能把两家公司在基础和长期研究方面的差异全部视为法定义务不同的结果。为了证明即使不存在为了民族利益而发展研究的法定义务，这两家公司在基础和长期研究的意义以及组织研究的方法方面也会有极大区别这一结论，本章中已经充分谈到了它们的愿景和管理风格的不同。

分配的问题

最后，我们转向讨论分配的问题，也就是所需的研究应当在内部进行还是在外部进行的问题。

第三章 AT&T、BT 和 NTT：愿景、战略、能力、路径依赖和研发的比较

我们在前文中提到过，AT&T、BT 和 NTT 在其就网络元件领域（广义来说是通信设备）的能力获取所做出的战略选择上有重大差异。更确切地说，AT&T 选择内部发展，BT 选择使用市场，而 NTT 决定踏上与所选择的供应公司小团队合作开发的道路。

但必须指出，这些战略选择并没有同时解决我们这里讨论的分配问题。例如，即使一家公司决定在市场上购买交换器或传输系统，也不能就此推定该公司不应当研究交换或传输技术。同样，如果一家公司决定内部或合作开发交换器或传输系统，也不能由此认为其不应从市场上购买研发所需的一些、甚至相当多的同类设备。因此，就整体性的能力获取所做的战略选择不能决定研究开发是否应当开展，以及如果开展的话应当在内部进行还是在外部进行。

说得再深入一点，出于至少两个原因，在市场上购买交换器的公司可能仍需要交换器方面的知识。首先，为了对市场上提供的两种交换系统做出合理选择，以及为了安装并有效使用购买的交换器，公司需要交换方面的知识。其次，为了有能力预见交换领域的未来趋势并"打入"将提供有关趋势的信息网，公司需要知识。这些知识将帮助公司做出适当的决定。

但是公司应当经由研究来从内部积累知识还是应当依靠此类知识的外部资源？这一问题依然存在。如果选择后者就不得不面对以下难题：为了获取复杂知识，某一个人或公司需要已经拥有部分此类知识。此外，所需知识中有许多潜在地伴随着难以取得且成本昂贵、有时甚至不可能得知的结果。这些困难会增强内部积累所需知识的动机。

BT 和 NTT 就分配问题做出的决策有多少不同？由于没有可用于回答此问题的比较信息，我们不得不依靠细微迹象来分析。按照迹象提示，情况大致是这样：尽管两家公司都通过内部研究积累知识并从外部获取知识，但从程度上讲 NTT 比 BT 更倾向运用内部

积累方式。这看起来的确是微电子方面引起的结果。因此拉奇（1990）指出，作为BT新的组织形式的结果（如其论文中所分析的），出现了以下情况："在过去两年中……实验室的活动持续变动"。举例来说，在对BT最重要的三个技术领域中，我们看到微电子领域持续下滑，光子领域的活动保持高水平，软件系统工程领域则大幅度成长。拉奇继续认为："这些相关变化并不是基于科技上的兴趣，而是基于实验室为坚持自身需要的运营部门提供专门服务的能力**以及与其他现有的、可供运营部门选择的资源的竞争**（参见129）。有趣的是，最近一项关于贝尔实验室重组的报告中提到："在去年（1991年）一年中，彭齐亚斯……开始将[研究]资金的平衡由高成本和相对较低的赢利的研究（如基础物理和材料科学等）偏离，倾向更有利可图的软件和信息技术"。[1]

尽管公司的研究领导承认正面临着不断增加的压力，要求证明此类研究会有回报，NTT在微电子等领域的研究还在持续。[2] 但是NTT内部不乏认为这些研究不智的批评者。例如微电子领域，素有盛名的《日经通信》(Nikkei Communication) 指出：不仅NTT在该领域的研究由于主要的日本生产公司技术实力壮大而失去了意义，而且当NTT这样的大企业推行这种未必能有收获的研究方向时，很可能适得其反，妨碍到公司的研究（参见1990，Vol.3, no.4）。该期刊承认NTT在日本的大规模集成电路（Large Scale Integration）的早期开发中作出了重要贡献。1975年NTT发起了该领域第一个合作研究项目，比日本通商产业省组织的合作项目——自1976～1980年的VLSI研究项目（VLSI Research Project）早一年；后者的名声虽然大得多，但很难说比前者更富成

[1] 参见《科学美国》，1991，12：93。

[2] 引自对NTT的研究领导者的采访。

第三章 AT&T、BT和NTT：愿景、战略、能力、路径依赖和研发的比较

效。❶ 该期刊又认为，尽管如此，NTT在这一领域的研究如今已经超出了有用的范围。尽管不宜在这里评估《日经通信》对NTT的微电子研究的观点，但可以很容易地注意到，从NTT的角度来说这类研究是很重要的，因为它使得设备的设计和开发性能更为强大，而这些设备是交换器、计算机、用户预定设备（Customer Premise Equipment）等网络元件的有效性的重要决定性因素。由于考虑到这些情况，NTT的研究者们相信纳米结构（nanometer-scale fabrication）技术和量子装置（quantum-device）技术将开启一个图像的、智能的和个人电信服务的新时代。❷ 因此NTT的研究领导认为更全面的微电子研究和器件研究会继续在公司的整体战略中起到重要作用。

3.11 结论

笔者不准备尝试从这里进行的对AT&T、BT和NTT的复杂比较中概括出结论，这是不可能做到的。令人满意的是，我们在这一章中分析的是3只截然不同的"动物"，它们自身重组的结果分别是被剥离、私有化和部分私有化。通过重组，它们将以日渐集中或自由化的方式在全球电信市场中投入战斗。尽管这些"动物"是在日渐趋同的全球选择环境中运营，但如我们所见，它们的愿景、战略和所选择的能力有极大的差异。这些差异是否将起到作用，也就是说会有助于它们在日渐艰难的运营环境中成长，还是会成为重大缺陷的来源，是一个至关重要的问题，我们只有等待时间给出答案。

---

❶ 若要了解对日本通商产业省的VISL研究工程（1976~1980）的详细分析，参见Fransman（1990, ch. 3）；若要大概了解NTT的VISL研究工程，参见同上：87。

❷ 与Iwao Toda博士的交流。

第四章

公司组织的愿景： AT&T、IBM 和 NEC——组织形式从多部门到分散*

4.1 引言

  现代的大型工业公司有一种很强的趋势，即当其在规模经济和范围经济上取得优势时，总体销售额就会随着时间而不断增加。然而不断膨胀的规模带来了组织上的新问题——公司忙于解决如何协调、控制其活动以及规划活动的战略等问题。为了应对这些组织问题，如本章所述，现代大型工业公司在趋向于规模扩张的同时出现了变得更加分权的倾向。一些大型美国公司自20世纪20年代开始采用多部门组织形式，明显体现了变得更加分权的趋势。

  但是在分权为一些随着规模增大产生的问题提供了解决方法的同时,分权本身却是更深一层问题的起因。本章中特别加以关注的是被拆分的公司活动间的互相依赖。这种相互依赖可以被公司正面地用于产生经协同效应而取得的重要利益或范围经济(economies of scope)。但是协同效应和范围优势必须经组织才能实现，这就出现了一

---

* 本章写于1995年9月AT&T自动重组为3家分离的公司——AT&T（从事电信服务）、朗讯公司（从事通信设备）和NCR（从事计算机）——之前。本章曾以"不同的文化，不同的行为方式——IBM、AT&T和NEC是怎样通过分权参与竞争的"(Different Folks,Different Strokes-How IBM, AT&T and NEC Segment to Cpmpete) 为题，刊登于《企业战略评论》，1994, 5 (3): 1~20。

个关键问题：为了实现上述利益，现代大型工业公司应当怎样组织？

参考这里准备分析的3家公司即AT&T、IBM和NEC的情况，可以更具体地表明这一困难。3家公司都有相当广泛的多样性，是信息领域中多技术、多产品且多部门的公司；都面临着组织起足够的集中度、灵活性、反应速度以及效率以便投入竞争的问题；都面临着来自更加高度专业化的对手的激烈竞争，如苹果公司、康柏公司、英特尔公司、微软公司以及北方电信等在较有限的技术和产品领域内运营的公司。而AT&T、IBM和NEC在潜在竞争优势方面也有着共同的愿景：与较专业化的对手相比，它们可以从相比之下更广阔的能力范围中得益。更确切地说，它们相信由于拥有在半导体、软件和计算机等领域的内部能力，它们可以为顾客提供比专业化的对手（提供的）更好的信息解答。

但是问题在于协同效应和范围经济是不能自动流动的，它们需要被组织起来而且会有组织的成本。此外，我们已经提到过，这些公司的分权化与在实现协同效应和范围经济时对各个分权的单元的行动进行协调的需要之间存在着矛盾。

为了处理上述情况，这些公司需要什么样的组织形式？围绕着这个问题有着大量的解读性模糊。根据这种解读性模糊的状况，AT&T、IBM和NEC构建了怎样的组织的信念和愿景以应对这一问题？后一个问题构成了本章的最大难题。

4.2 本章概述

本章最开始通过研究从一元形式的组织结构（unitary form of organization，也称U型结构）到多部门形式（multidivisional form，也称M型结构）的转变分析了现代大

第四章 公司组织的愿景： AT&T、IBM和NEC——组织形式从多部门到分散

型工业公司分权的趋势。随即继续思考IBM和AT&T中出现的、导致两家公司均在1990年前后大规模重组的问题。可以看到为了解决这些问题，IBM和AT&T逐渐相信需要进一步分权。正是这一组织上的愿景使得它们构建了本章中称之为分散形式的组织结构（segmented form of organization，也称S型结构）。本章通过与U型结构和M型结构做比较分析了S型结构的特征。

之后分析了NEC的情况。在1965年这家公司历经了自二战以来最重大的组织调整——选择了S型的组织结构。但是到了20世纪90年代初NEC的领导者得出结论：为了实现通过在半导体、计算机和通信领域的协同效应和范围优势进行竞争的这一愿景，公司的组织的存在形式还需要进一步改变。这就导致了该公司在1991~1992年进行了自1965年以来最大规模的重组。

本章最后一部分讨论了AT&T、IBM和NEC根据不同的组织愿景，为了在S型的分权组织结构的背景下实现协同效应和范围经济所尝试的不同途径，将这些协调模式加以分类并分析了其长处和短处。

4.3 大型公司中的分权现象

分权是现代大型公司在组织方面主要的长期趋势之一，这一点由从所谓的一元形式的组织结构向多部门形式的转变中可以看出。由于20世纪80年代末被称为分权模式的新组织形式的出现（有据可考），这一趋势得到了进一步加强。

4.3.1 从U型结构到M型结构

从20世纪20年代起，美国的大型公司在组织上即出现了很大的变动，尽管该变动

的存在、重要性和起因直到60年代初才被认识到。这一变动指的是从集权化的、在功能上分部门的、或者说一元形式的组织结构——U型结构,转变为以半自主的运营部门(依照产品、品牌或地理界限划分)为基础的多部门形式,即M型结构。这一普遍的转变影响了电气和电子、动力机械(power machinery)、汽车和化工等行业的大型公司。第一批采用M型结构的公司有杜邦公司和通用汽车公司。图4.1显示了U型结构和M型结构的区别。

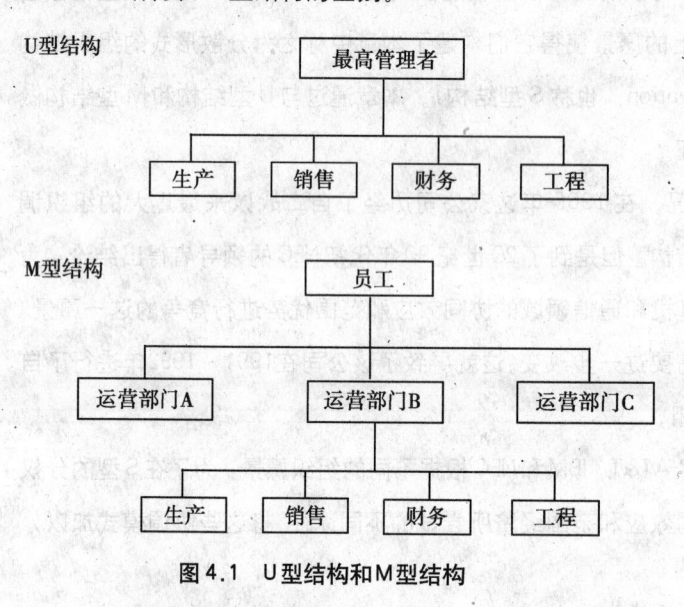

U型结构

```
        最高管理者
   ┌──────┼──────┬──────┐
  生产   销售   财务   工程
```

M型结构

```
            员工
   ┌─────────┼─────────┐
运营部门A  运营部门B  运营部门C
        ┌──────┼──────┬──────┐
       生产   销售   财务   工程
```

图4.1 U型结构和M型结构

为什么会发生从U型结构到M型结构的转变？哈佛的商业史学家钱德勒在其开拓性的著作《战略与结构》(*Strategy and Structure*,这是第一本详细分析此转变的著作)中给出了权威的答案。钱德勒通过分析U型结构的缺陷解释了上述转变,他将U型结构的缺陷概括如下:

集权化的、在功能上分部门运营的公司的固有缺陷……只有在高层管理者的行政负担达到无法有效地履行管理企业的责任的程度时,才会变得不可救药。当企业的运营变得过

第四章　公司组织的愿景：AT&T、IBM和NEC——组织形式从多部门到分散

于复杂，且协调、评价以及阐明政策等问题变得过于盘根错节，以至于使得少数顶层管理者既无法应付长期的、企业家的管理活动，也不能进行短期的运营管理活动时，就会出现这种状况（参见Chandler，1962：382~383）。

另一方面，就像钱德勒所指出的：M型结构可以有效地弥补上述缺陷：

其成功的基本原因很简单，就是它明确无疑地将负责整个公司命运的管理者从大量的常规运营活动中解放出来，从而使他们得到了进行长期策划和评价所需的时间、信息甚至心理上的投入状态……在（此）新结构中，现有资源的分配和新资源的获取等主要战略决策仍由高层的全面管理者队伍掌控。"（参见Chandler，1962：382~383）

M型结构的两个主要特点使该结构得以超越U型结构的缺陷。第一点在于，公司**分解**为一定数量的半自主的、相互独立的单元——即事业部。事业部的相对独立意味着它们的活动可以有所变动而不会影响公司的其他部分，这样公司的效率和活力就会增加。在20世纪60年代，诺贝尔奖获得者赫伯特·西蒙曾在对复杂系统演进的研究中详细阐释了分解的优势（参见Simon，1981）。

但是，正如奥利弗·威廉森（Oliver Williamson，一位运用钱德勒的研究成果发展组织的经济理论的经济学家）曾经指出的，组织的M型结构的内涵并不止于活动的分解。M型结构的第二个特点是公司综合办事处（general corporate office）的建立，该办事处有三项职能：战略策划、监督部门业绩以及将资源分配到各事业部（参见Williamson，1985：281）。

4.3.2　从M型结构到S型结构

直到20世纪80年代末，M型结构在现代大型公司中都应用得很好。之后，IBM、AT&T

以及ICI（英国化学工业公司）等一些大型公司开始令其M型结构发生了质的变化，它们引入了一种新的组织形式，这里称之为分散形式或S型结构。我们以IBM为例说明M型结构的缺陷以及向S型结构的转变。

IBM 的情况

M型结构的主要优势之一就是将运作公司的高级管理者从运营部门日常活动的泥淖中解放了出来。通过将这些日常活动委派给掌管运营部门的管理者，高层管理者得以避免为满足整个公司信息处理上的需要而变得负担过重。因此M型结构所带来的分权意味着许多信息可以由运营部门来处理，高层管理者可以集中关注战略、监督以及资源分配。简而言之，用威廉森的学术表述来说，M型结构能使公司"节约有限理性"，也就是说减少对高层管理者有限的信息处理能力的需求。此外，威廉森认为将战略决策的责任留给公司的综合办事处可以"减少资源分配过程中派系性的政治投入"（参见 Williamson, 1985：296）。

但是，到了20世纪80年代末，IBM发现M型结构的信息处理优势不足以令公司免受利润率和成长方面的巨大倒退。在1993年初，IBM公布了当时在其历史上最大的亏损（状况）。为什么IBM的命运中会遭遇到这次倒退？其原因并不是对公司高层管理者有限的信息处理能力的过度需求。这次倒退更大程度上是由于处于支配地位的高层管理者的**信念**，这些信念导致它们以自身所安排的方式来**解读**信息，而该方式后来证明是错误的。具体而言，直到1991年之前，这些管理者依然相信IBM的业绩和过去一样，要依靠主机。荒谬的是，杰出的信息处理公司IBM，未能正确解读不断增加且提供了较小型、功能更强的计算机将取代主机的依据的信

第四章 公司组织的愿景：AT&T、IBM和NEC——组织形式从多部门到分散

息。这次取代建立在日渐强大的微处理器的可用性的基础上，使得IBM在主机领域的利润化作泡影，并从而打击了公司的利润率和成长。

对主机的信念，加上IBM未能在技术上保持压倒性的领先，使得公司高层管理者变得更加保守。[具体情况请参见关于IBM的著作：Ferguson and Morris (1993), Corroll (1994), Heller (1994)。]高层管理者在IBM的未来系统项目失败后日趋谨慎保守（未来系统项目的目的是通过计算机技术的巨大飞跃来淘汰公司现有的370系统），370系统主机于是被视为公司的主产品，可能与其竞争的新技术和产品都遭到阻挠甚至打击。

结果，像RISC（精简指令集）微处理器这些目前被视为所在领域的超越目标的权威性新技术，当时却得不到支持。具有讽刺意义的是，IBM发明的RISC却被其他公司用于赢利，如Sun公司在工作站中使用了这项技术并在低端市场与IBM的大型计算机竞争。尽管在引入了自己的个人电脑后IBM迅速赢得了主要的市场份额，但它已经是迟来的进入者了。公司关于主机的信念使其将个人电脑的组成部分——操作系统和微处理器承包出去，反过来推动了两家IBM的最成功的竞争对手——微软和英特尔的胜利。

从组织的角度来看（本章主要关注的问题），显然M型结构不能防止公司的高级管理者们出现派系偏见，这一点与钱德勒和威廉森的主张是矛盾的。在这些管理者从运营部门的常规活动中被解放出来的同时，"主机拥护者"以及相应的对主机的信念在公司中发挥了支配性的影响。由于战略是集中规划的，因此（管理者）群体及其想法整体上控制了公司，破坏了公司对正逐渐变得重要的新产品和技术的关注。这一集中的战略决策制定过程以及对主机的强调意味着IBM缺乏抓住新机遇所必需的灵活性和反应速度。

为了弥补这些作为M型结构的副产品的缺陷，IBM的前主席约翰·埃克斯（John

Akers)在1991年12月进行了重要的组织变动,这或许是在他于1993年被迫离开办事处之后留给IBM的最重要的馈赠。取代他的卢·格斯特纳(Lou Gerstner)尚未对该重组进行过任何较大的修正。(不过值得一提的是,M型结构的弱点并不是必然的缺陷。尽管M型结构中战略决策制定的集权化使得不正确的信念体系——对主机的信念——有可能支配整家公司,但这种情形并非不可避免。无论是否得到董事会成员的协助,最高管理层都有可能对挑战主机的新产品和技术报以更加鼓励的态度。但结果上述情况没有发生。)

IBM从M型结构到S型结构的转变 多部门形式和分散形式,也就是M型结构和S型结构的主要区别是什么?主要差异在于公司和各事业部(有时被称为业务单元)之间的权力平衡朝后者倾斜的程度。在M型结构中由综合办事处独力承担战略规划、监督和事业部间资源分配的责任;而在S型结构中上述功能中的第一项由事业部加以分担的程度(比在M型结构下)大得多。

对IBM而言,权力平衡的转变显然是为了增加集中度并加强企业的竞争力。在为了澄清约翰·埃克斯在1991年12月发布的《IBM的根本性再定义》(fundamental re-definition of IBM)中的一些细节而于1992年6月出版的公司文件《IBM管理系统》(IBM Management System)中提到,重组的目标是"创建一个由集中度更强、更具竞争力的企业族群组成的IBM"(参见IBM Management System, 1992: 5)。

公司新的自我界定是"增加中的自主企业和独立公司的队伍"(IBM 1994年年度报告),权力平衡的转变在其中表现得很明显。经过重组,其"队伍"由13个相对自主的运营单元组成。这些单元被分成两种主要类型:9家业务单元,掌

第四章 公司组织的愿景：AT&T、IBM和NEC——组织形式从多部门到分散

管计算机系统中各类型和部件的生产和发展；还有4家地域单元，处理不同地区的销售事宜。

在如今已经托付给运营单元掌控的战略功能方面，权力变化的平衡是最为明确的。根据《IBM管理系统》中的内容，公司的管理委员会保留"发展并交流IBM的愿景、业务定义以及世界性战略"的职责（20），业务单元和地理单元应当"准备好并执行世界性的计划"（10）以达成目标，支持公司的愿景和战略。[❶]权力平衡的变化与M型结构相比固然明显，但文件着重指出，尽管赋予了这些单元更多的自主权，但它们依然是公司整体的一部分，从属于公司："在令运营单元拥有更多的自主权的同时，管理系统的首要目的是保证IBM公司的目的和目标得以达成"（6）。管理委员会还保留了其他的公司职能——监督活动并分配资源。

由此，通过在某种程度上将公司的平衡朝运营单元倾斜，公司希望给予运营单元更大的权限，以便通过自己的方式寻找自己的市场，使其较少受到公司整体的中心战略决策的阻碍。公司的意图在于，这将使上述单元有能力抓住新产品和技术带来的机遇并从而更有效地与其他独立的公司竞争。

[❶] 通过钱德勒的《战略与结构》（Chandler 1962）中关于"战略"的定义，可以清楚地看到，在IBM公司1991年之后的组织形式中，战略规划的职责由公司层面和运营单元层面分担的程度。根据钱德勒的理论，战略在M型结构中是公司的职责，对其的定义为"企业的基本长期目标和目的的决定，**以及达成这些目标所必需的行动方针的采用和资源的分配**"（13）。在IBM，定义中的第一部分仍为公司的职责，第二部分（黑体部分）很大程度被转移到了运营单元。钱德勒进而详细阐述了"长期目标的决定"以及"行动方针的采用"的含义："做出扩大行动量、成立远距离工厂和办事处、转移到新的经济功能中或顺着多条业务线逐渐多元化等决定涉及对新的基本目标的界定。为了达成这些目标，保持并扩张公司在新领域的活动，从而应对需求转移、供应源变动、经济条件波动、新的技术发展出现以及竞争者采取行动等问题，必须设计新的行动方针并进行资源的分配和再分配。"（13）

AT&T 的情况

尽管与 IBM 相比走过的道路完全不同，但 AT&T 也抵达了采用 S 型结构的彼岸。事实上 AT&T 于 1988 年 11 月进行了 S 型结构的重组，比 IBM 早 3 年。

1982 年 8 月，美国司法部（US Justice Department）和 AT&T 签订了剥离该公司的协议。这份协议使得 AT&T 与新创建的 7 家地区运营公司（即俗称的小贝尔）就此分离。经过这次剥离，留给 AT&T 的是在 3 个主要领域的活动（能力）：提供长途电信服务的长途线路；生产通信设备的前西部电气；以及承担研究开发工作的贝尔实验室。

AT&T 在剥离前的组织形式的最大特点或许就是 U 型结构，因为这家公司很大程度上是建立在功能的基础上的。这种组织形式能反映出 AT&T 自起家后在短短时间内就在电信领域享有的垄断地位。M 型结构的关注点在产品、品牌或地域市场上，因而更适用于竞争的环境。

在剥离时公司既有的组织结构的两点缺陷很快凸显了出来。首先是无法将成本顺利地分摊到公司活动中，这也反映出了其过去的垄断地位。第二个缺陷是 AT&T 缺乏对客户细分的关注，并因此不能迅速应对来自新的竞争者（如 MCI 和 GTE Sprint 等）的竞争。

为了弥补上述缺陷，1983 年 5 月 AT&T 宣布将在 7 条"业务线"的基础上进行重组。这 7 条业务线是从产品（如网络系统、组件和电子系统以及信息系统）的角度定义的，代表了 AT&T 首次转为 M 型结构。但是直到 1988 年 4 月罗伯特 E. 艾伦（Robert E. Allen）在前任主席詹姆斯 E. 奥尔森（James E. Olson）突然去世后继任为 AT&T 的主席，AT&T 才向 S 型结构迈出了决定性的步伐。

第四章 公司组织的愿景： AT&T、IBM和NEC——组织形式从多部门到分散

艾伦立即着手从根本上重组公司。在他上任后很快开展了对组织和管理问题的大规模总结。1988年11月4日，艾伦在与AT&T的高层人员会面后立即展示了他准备好的文件："AT&T的方向"。这份文件指出了艾伦看到的AT&T现有组织形式的主要缺陷，并勾勒出了他为这家公司设计的新的组织方向，即这里所说的S型结构。

AT&T从M型结构到S型结构的转变 艾伦对AT&T的缺陷做出的诊断很简短却一针见血：

我们现在过于相互依赖；责任没有清楚地划分；有太多交易在我们做出决定前就"踪影全无"了，完成的交易数量远远少于此数。对集权化、规模经济以及垂直整合等所有值得尊敬但不应盲从的事物的神圣化膜拜已经造成了问责性（accountability）的分化，这使得业务单元的管理人员们承受着超出了其控制范围的可观成本。偶尔会出现不正当业绩的情况，有时则是隐性的失败，这些经常令管理人员们受到挫折。（参见艾伦，AT&T的方向，1988）。

尽管5年前就采用了M型结构的"业务线"，但在艾伦看来，AT&T仍然过于"相互依赖"以及"集权化"。IBM也遇到了类似的问题，M型结构为"主机拥护者"主导公司提供了可能。

艾伦对于诊断出的问题提供了哪些解决方案？艾伦认为只有通过公司的逐渐分权才能由集中度、问责性、责任感乃至从而有所提高的竞争力中受益："我认为我们必须**集中关注业务**。我们必须创建以客户或市场为中心的业务单元，且这些业务单元的领导者们可以最大限度地掌控自身的命运。他们具有所能得到的最大限度的自由，因而必须在取得继续营业所需的资源这一问题上承担责任**并且**有责任感……否则只能失败。"

实际上艾伦已经到达了考虑将分权原则放到业务单元的层级上应用（IBM在1991年

的文件中也提到了这一点）的地步："而且从可行的程度上来看，我们应当将这一原则置于营业单元之下——要求下级单元集中关注离散的客户群体、细分市场或系列产品。"

从上述陈述中可以清楚地看出，艾伦规划的分权程度要高于在 M 型结构中的，后者在这方面比较传统。他提出将 AT&T 的组织结构"倒转"，将客户放在最顶层；下一层是对客户需求做出反应的业务单元和次级单元；公司总部则处在第三层，为营业企业及其战略提供支持而非领导它们。他的想法意味着与 M 型结构的进一步分道扬镳。

为了达成该组织愿景，AT&T 建立了 4 个最初共包含 19 个业务单元的团队，这四个团队是：通信服务——销售AT&T 的网络提供的电信服务；网络系统——销售交换器等操作网络所需要的设备；通信产品——销售电话、电视电话和个人通信器等终端用户产品；NCR——销售计算机和计算服务。

4.3.3　U 型结构、M 型结构和 S 型结构的比较

图 4.2 中比较了 U 型结构、M 型结构和 S 型结构。我们通过两个维度来比较这三种公司组织形式，分别表现在 Y 轴和 X 轴上。第一个维度是公司的运营单元获准自主的程度。用赫伯特·西蒙的话来说，这是对公司分解程度的测量。第二个维度是战略规划的集中程度。

如图 4.2 所示，U 型结构位于左下区。在 U 型结构中，（从功能上界定的）运营单元的自主程度非常小，因为制定决策的活动集中在公司办事处。战略规划与之相类似，也是集中性的职能。M 型结构位于左上区。由于 M 型结构的主要目标之一是将公司的高层管理者从运营单元的日常活动中解放出来，从而将精力集中在战略、监督和资源分配上，故而战略

第四章 公司组织的愿景：AT&T、IBM 和 NEC——组织形式从多部门到分散

规划依然是集中性的公司职能。但是在 M 型结构中，运营单元享有的自主程度远远高于其在 U 型结构中的。

S 型结构位于右上区。正如在对 IBM 和 AT&T 的分析中所显示出来的，在 S 型结构中运营单元享有的自主程度（以及责任和问责性）高于在 M 型结构中的。与在 M 型结构的情况下相比，单元也可能更小且更加集中关注较精细界定的细分市场。与此同时，尽管 S 型结构中的战略规划对于公司整体而言依然是一项中心职能，但运营单元分担这项职能的程度高于在 M 型结构中。通过上述方式，(公司的)单元为自身命运承担了更大的责任。对于(公司)单元的客户的需求，比起在战略方面的职能较为集中的 M 型结构，我们期待 S 型结构将能带来更高的集中度和更强的责任感。

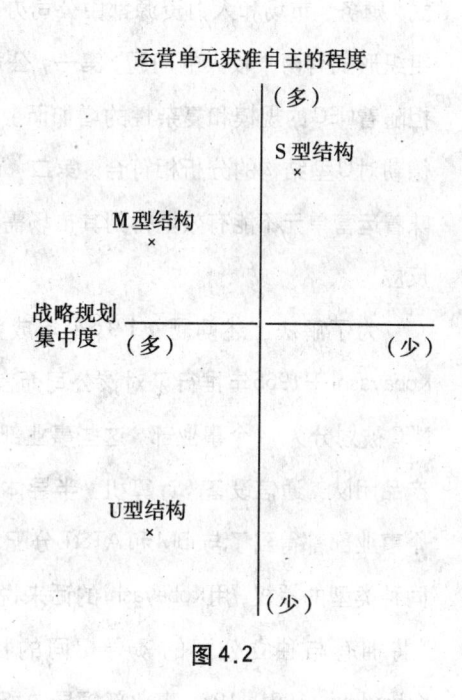

图 4.2

NEC 的情况

NEC 与 IBM 和 AT&T 形成了有趣的对照。NEC 是一家卓越的信息通信公司，它是世界上惟一一家在计算机、通信设备和半导体 3 个关键市场都能保持排名前 10 的位置（在全球销售额方面）的公司（参见第二章）。相对的，IBM 尽管在 20 世纪 80 年代做过尝试，但未能在通信设备市场上赢得一席之地；而 AT&T 直到收购了 NCR 公司后才确立了在计算机行业的地位。

NEC 的规模远远小于 IBM 和 AT&T。1993 年后两家公司的销售额都在 650 亿美元上下，NEC 的销售额则是 330 亿美元。尽管规模较小，但自 1965 年就开始实行 S 型结构的 NEC 的分权化程度远远高于这两家美国公司。

直到 1965 年前 NEC 采用的都是以工厂为基础的组织形式，财务、市场和人力资源都由公司办事处集中管理。这种组织形式有两个较大的问题。第一，公司的高层管理者的负担随着 NEC 的规模和复杂性的增加而变得过于沉重，这与钱德勒对 U 型结构的分析相符合。第二，市场功能的集中化意味着运营单元不能有效地得到其市场需求的反馈并对此做出反应。

为了解决上述问题，1964 年成为 NEC 总裁的 Koji Kobayashi 于 1965 年推行了对该公司而言最重要的一次重组。NEC 被划分为 14 个事业部，这些事业部又转而集合成了 4 个产品团队：通信设备、计算机、半导体和家用电子产品。每个事业部都得到了与 IBM 和 AT&T 分配其业务单元的自主权同种类型的授权。用 Kobayashi 的话来说，各个事业部的领导"将拥有与独立公司的领导相同的权力和责任"（参见 Kobayashi, 1991: 19）。事业部领导向所在团队述职，类似于向控股公司述职。

1965 年 NEC 划分的 14 个事业部的规模显然远小于 1989 年 AT&T 建立的 19 个团队以及 1991 年 IBM 成立的 9 个业务单元，但 NEC 在 1965 年进行的分权化的程度更深，其副产品是在东京区域（包括郊区）之外的一些完全为公司所有但半自主的子公司。这些子公司作为相对独立的公司在其自身的领导者的管理下运行，为了组织方面的目的与在同样产品领域的事业部组成了团队。在 NEC 中，半自主的子公司始终

第四章 公司组织的愿景： AT&T、IBM和NEC——组织形式从多部门到分散

有重要地位。1992年该公司在日本有66个统一的子公司，在海外有20个统一的子公司。

因此NEC显然拥有并保持着比其西方的对手分权化程度高得多的公司组织形式，可见认为其自20世纪60年代就已经是S型结构的公司的说法是正确的。且值得指出的是，在这一方面，NEC与富士通、日立和东芝等大型日本公司是类似的，尽管它们也存在一些组织上的差异。

但是怎样对日本公司更深的分权化程度做出阐述是一个难题。一种可能正确的解释认为，日本公司推行的终身雇佣制以及更紧密的整合、协调程度意味着对集中型监督和控制的需求比较小，从而有更好的分权化的机会。

4.4 相互依赖问题

正如上述研究所显示的，IBM、AT&T和NEC排成了业务单元的集中和独立程度逐渐增大的"队列"(用IBM的话来说)。但是与此同时，由于技术和产品的一体化的天性(这一天性造就了信息和通信产业)，上述业务单元的活动越来越相互依赖。一体化的天性显然源于不断增长的连通性和早先已独立存在的产品和技术的网络。大型的主机被个人电脑的分布网络所取代的事实，个人电脑的网络进入地区网络的情况，以及这些个人电脑与以光纤和微波为基础的国家和国际交换式通信网的联结都为此提供了例证。

相对独立的业务单元和对于协调它们以便实现相互依赖的益处或者说协同效应的需求是并存的，鲍勃·艾伦在其1988年提出的AT&T重组备忘录中充分地表述了这一点：

业务单元之间的协同效应只要存在，就必须得到调节或者至少接受观察，但不能被忽略。必须控制业务单元的冲突和有限资源的分配以实现AT&T的盈亏底线的最优化。"聚焦的"营业(单元)所增加的只是一部分明确的责任和事务。这里我们需要了解，把

责任和问责性都加诸业务单元的方式是偏颇的。集权化必须在以上背景下符合公司的需要。

一方面,内部分权为较小、较独立的业务单元的程度不断加深;另一方面这些业务单元的相互依赖程度也不断加深。大型公司能从这两个矛盾的倾向中抓住哪些潜在含义呢?

主要的含义在于,如果要提供能满足客户需求的、有竞争力的整合系统,公司就需要找到一种有效的方式来协调其业务单元的活动。那么可供公司选择的协调模式有哪些呢?

4.4.1 可供选择的协调相互依赖的业务单元的模式

表4.1显示了可供选择的协调模式。**外部市场选择**是一个极端。公司可以选择完全分解,也就是将自身拆分为一些完全独立的公司。为了实现整合系统的销售带来的商业机遇,这些公司可以自由地相互订立或与其他公司订立市场契约。

表4.1 协调相互依赖的业务单元的模式

外部协调	内部协调	
外部市场	内部市场	指导
1.订立市场契约	2.内部契约	3.公司管理委员会
		4.团队组织
		5.整合系统组织

不过重要的是,没有一家全球信息和通信产业中的大公司采取该模式,尽管卢·格斯特纳于1993年担任了IBM的领导者后曾认真考虑过这种做法。从逻辑上看,只有在公司相信,通过将所有业务单元都保留在同一公司组织中的方式所产生的回报将超过各个业务单元成为完全独立的公司后得到回报的总和的时候,外部市场这一选项才可能被否决。既然大型公司已经拒绝选择外部市场模式,那么可以推断出它们

第四章 公司组织的愿景：AT&T、IBM和NEC——组织形式从多部门到分散

保持着这样的信念。该信念的基础是什么？

基础在于一个更深层次的信念：在公司内部协调而非通过外部市场协调将能更有效地实现公司资源的总体潜在价值。其中出现了两个问题：第一，为什么外部市场可能无法同等有效地提供所需的协调？第二，存在哪些内部协调模式（即指在公司内部），它们的优点和缺点是什么？

第一个问题的答案以"积极的外在性"(positive externalities) 理念为转移，积极外在因素指当公司的活动为其他公司带来了潜在利益，却不能获得充分的酬劳作为提供利益的回报的情况，结果就是公司不制造上述外部利益。例如，一家生产微处理器的公司也许会积累能使计算机制造商受益的知识，但可能无法将这些知识卖给后者。原因可能是计算机制造商缺乏关于此类知识存在的信息；或者可能是计算机生产商在未将该知识进行处理之前无法评估其价值。但如果为了让它们估价而给予知识，那么给予时就不能收费，微处理器的生产商也就因而得不到回报。

此类困难会妨碍外部市场的协调模式将所有潜在的利益都激发出来。另一方面，公司内部的协调活动可以避开签订契约的必要，从而实现上述利益。举例来说，一家公司可以鼓励其营业单元之间的信息交换，而无须被迫先行计算实施交换的单元的成本和利益。正是此类推论成为了以下观点的依据，即认为**协同效应**是保持公司的一致性以及不将其分解成几个完全独立的公司的理由。

现在我们来探讨第二个问题——内部协调模式。

4.4.2 内部协调模式

如图4.3所示，有4种协调相互依赖的营业单元的主要内部模式：内部契约、公

司管理委员会、团队层面的组织以及整合系统形式的组织。在本节中我们将分析IBM、AT&T和NEC是如何运用这些模式的。

内部契约

所有公司都运用了一种重要模式，该模式涉及在公司内部重新构建外部市场的契约机制，以促进营业单元之间的协调；同时要求营业单元以能够产生出所期待的积极外在性的方式运作。举例来说，IBM的管理系统表示"单元之间的关系是通过反映市场实践的协议来建立的……这些（契约）中包括了实施目标、衡量方法、可交付使用性及价格等，是业务的而不是法律的手段。其条款、状况以及对协议的贯彻一般与通行的业内实践是一致的。"（参见IBM管理系统，无限期版：15～17）。

但是文件中继而宣称"契约和协议不是行为可接受和可预期的惟一条件"（19）。例如，在题目为"管理系统思考"（management system considerations）的小节中提到每个单元"都需要成为公司的一份子并平衡……其自身行为及对其他运营单元或公司总体的潜在影响力"（8）。

更具体来说，分配到业务单元的责任包括，他们将"继续支持特定的跨业务的产品协同行为以及内部或外部的标准"（11）。此外文件中表明业务单元"通常不会与其他业务单元竞争，即使重叠情况可能存在"，且业务单元"是其他业务单元优先采用的供应商，且有优先取舍权"（10）。通过这种方式，在尝试通过中心指挥来避开自身缺陷之外，IBM的管理系统还试图在内部使用类似于市场的协调模式。

第四章　公司组织的愿景：AT&T、IBM 和 NEC——组织形式从多部门到分散

公司管理委员会

3家公司也都设有公司管理委员会，拥有为公司的总体利益而否定内部市场机制的权力。举例来说，AT&T 设有负责公司的整体愿景和战略指导的管理执行委员会（Management Executive Committee），以及监督贯彻状况的运营委员会（Operation Committee）；后者由四个团队的管理者和财务总监组成，致力于业务单元的相互依赖所带来的协同效应的实现。在《财富》上刊登的一篇关于 AT&T 的特稿表达了这一点：

要旨在于，这些人无权在尚未彻底了解其他每个人在做什么之前为公司做出运营决策。由此将使不易把握的协同效应顺利发挥出来，且在出现冲突时可以仔细考虑做出权衡。委员会成员所得的红利大致上基于其团队和公司总体的业绩，比例是相同的（参见《财富》，1993.5.17）。

团队层面的组织

为了内部协调，AT&T 和 NEC 都选择再设立一级管理层，即聚集了经营同类产品的事业部团队。但是 IBM 没有设立这个层面，仅依靠管理委员会提供必要的协调。在 IBM 看来，协调、监督团队所得的利益不足以弥补额外的组织层所耗费的成本。

整合系统形式的组织

NEC 自 1965 年以后最重要的重组是于 1991 年 7 月开始，1992 年 7 月结束的。在此次重组中，通过在**整合的信息和通信系统**而非独立的产品的基础上重组其团队，NEC 大大超出了 AT&T 和 IBM。这些整合的系统被称为 NEC 的 C&C 系统（计算机和通信系统）。通过这一方式 NEC 希望公司中相对自主的事业部的活动能得到更好的协调，从而使得整合系统更贴近客户。重组的推进情况见图 4.3。

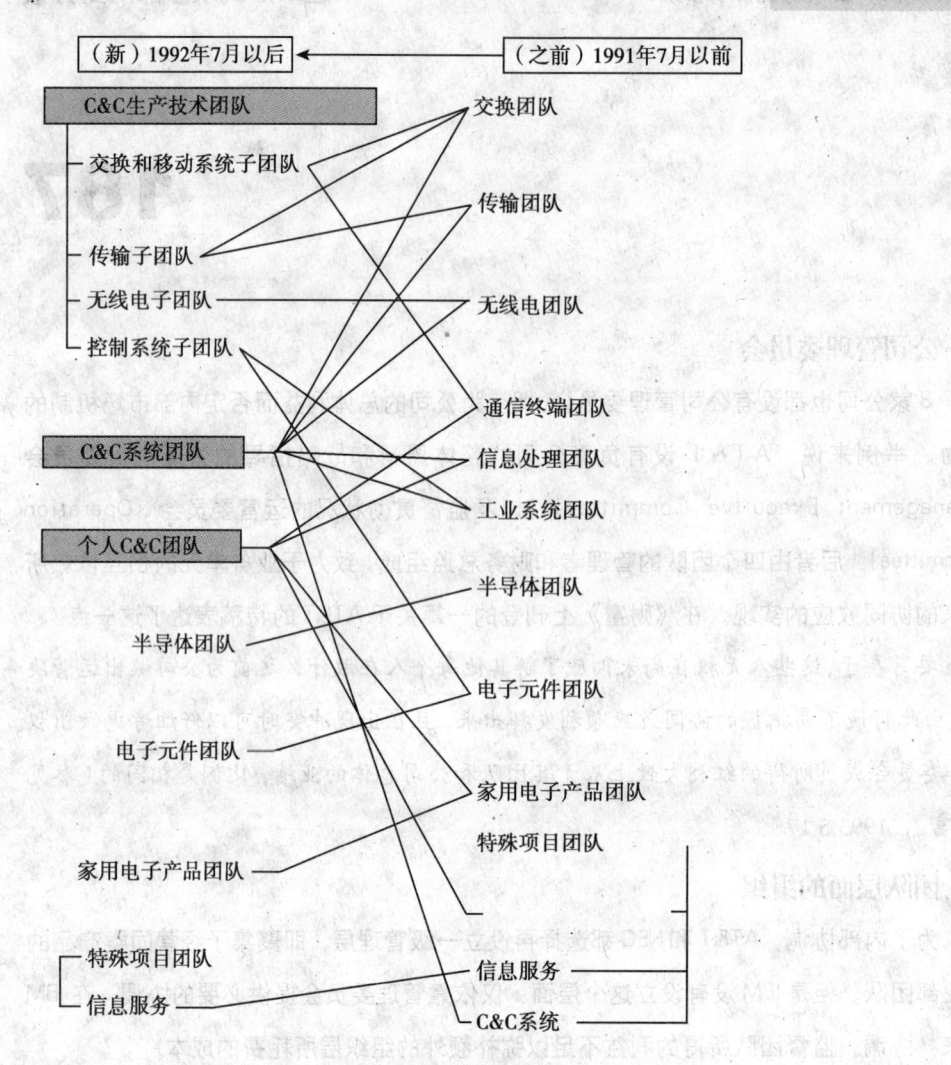

（新）1992年7月以后　　　　　（之前）1991年7月以前

- C&C生产技术团队
  - 交换和移动系统子团队
  - 传输子团队
  - 无线电子团队
  - 控制系统子团队
- C&C系统团队
- 个人C&C团队
- 半导体团队
- 电子元件团队
- 家用电子产品团队
- 特殊项目团队
- 信息服务

交换团队
传输团队
无线电团队
通信终端团队
信息处理团队
工业系统团队
半导体团队
电子元件团队
家用电子产品团队
特殊项目团队
信息服务
C&C系统

图4.3　NEC之前的和新的组织方式的对比

4.5 结论

本章阐述了IBM、AT&T和NEC这3个全球信息和通信行业中最大且最重要的多元化公司是怎样处理分权和相互依赖的问题的。文中显示了它们均没有诉诸将公司分化成许多完全独立的小公司的激进手段，而是通过20世纪90年代的

第四章 公司组织的愿景： AT&T、IBM和NEC——组织形式从多部门到分散

重组和略有差异的途径，去尝试更大程度地分化自身活动并同时发展内部协调模式，来获得营业单元活动中的相互依赖或者说协同效应所具有的潜在利益的方式，从而加强自身的集中度、灵活性、反应速度以及效率。

它们的努力会成功吗？这一关键问题的答案取决于两个因素。第一，分权的过程中（该过程是在大型公司的范围内发生的）会产生与其竞争对手所拥有的一样多的集中度、灵活性、反应速度以及效率吗？第二，内部协调的成本［指增加的组织层面（如团队机构以及公司管理委员会等）的活动成本］会超出内部的相互依赖或协同效应所带来的利益增加值吗？

这两个深层问题的答案会随着时间流逝而逐渐显现在3家公司与其规模较小的竞争者（例如IBM在个人电脑领域与康柏公司和戴尔公司，在工作站领域与Sun公司，在较小型计算机用的软件领域与微软公司；AT&T在电信服务领域与MCI公司，在电信设备领域与爱立信公司和北方电信；而NEC与相类似的一群竞争者）之间的竞争性战役的结果中。这些规模较小的竞争者集中关注范围较狭窄的市场和技术，更大程度地利用外部市场，将之作为借以协调输入量的机制。竞争的结果将进而为信息和通信领域中最著名的争论之———相互依赖或者说协同效应能证明迄今为止支配了这个行业的大型多元化公司的规模和复杂性是合理的吗？——这个问题仍悬而未决。

第五章

日本创新体系的愿景及其如何运作*

5.1 引言

  日本政府对日本公司的创新和竞争力起到了哪些影响？在日本，创新的进程和影响这一进程的机构与西方国家的类似吗？还是截然不同？

  围绕着上述问题存在着大量的解读性模糊现象，从根据不同的分析所建立起来的差异极大的答案中可以清楚地看到这一点。举例来说，一些答案认为通过对这些公司所建立的优先权的影响和分配给其的资源，日本政府对特定行业的日本公司的创新和竞争力施加了重大的影响。根据此观点，日本的政府"强大"到了可以通过对日本公司的深度影响力来决定性地介入并促进国家的发展。然而另一些分析者则就创新进程在日本的实现构建了极为不同的愿景。与第一种观点相反，他们强调日本公司通过创新在竞争激烈的市场上生存的重要性。根据后一种观点，日本政府的基本做法是顺应市场，从而在研究和发展上的投入少于其他主要西方国家。

---

* 为了参加英国国会科学委员会1992年11月组织的在英国皇家学会召开的有关日本的会议，笔者准备了本章内容（早期版本）作为论文。参见《国会科学》(Science in Parliament)，49/4（1992，10）：23~28。本章最初以"日本创新体系：如何运作"的题目发表于《普罗米修斯》(Prometheus)，1994，12（1）：36~45。

在解读性模糊方面,本章的目的不是尝试对日本的创新进程做出"最"具权威性的阐述,而是致力于分析3种在日本的创新进程中起到重要作用的关键机构(与西方国家一样),即公司、政府和大学。这3种相互作用的机构构成了被我们称为日本创新体系(Japan Innovation System, JIS)的重要组成部分。

5.2 本章概述

本章首先概述了日本公司的创新进程。这一部分中特别关注了日本的几种有特色的组织形式,如终身雇佣制(在日本的背景下就是假定不再离开所在公司)和忠实的股东(committed shareholder)的重要性。文中研究了上述组织形式对于创新进程的作用。

文中随后分析的是日本政府对创新进程的影响,提出在创新的"驱动装置"位于日本公司之中的同时,日本政府机构也对推进创新的进程起到了重要的支持作用。随即又将注意力转向了日本通商产业省起到的作用。日本通商产业省固然常常被看作日本政府中对工业创新的影响力最大的政府机构,但其投入研发活动的支出额不及文部科学省和科技委员会投入的支出额。这一矛盾状况应如何解释呢?可以通过日本通商产业省在庞大的信息处理网络中所处的中心地位来解答这个问题。

最后,本章转而对大学在日本创新体系中的地位进行了简短的阐述。尽管在前沿研究的建树方面,日本大学的实力常常不如其他主要工业化国家中相应的一流大学,但日本的大学系统仍然对本国的创新进程作出了重要贡献。

5.3 背景

创新在公司和国家的层面上推动着竞争，这一点已为人们所广泛认同。为了在与市场相互依存的环境中生存下来，拥有并保持竞争力是基本的条件。本章探讨了日本的创新进程以及影响该进程的主要因素，其中分析了一些问题：创新和竞争力在多大程度上是日本私营领域的活动的结果？日本政府及其各省的作用是什么？日本大学对创新进程有多大贡献？

对上述问题的分析以日本创新体系的概念为转移。JIS 是由过程、机构和组织形式组成的复杂体系，其中包括了市场进程、公司内和公司间的组织、政府规定和介入，以及大学的教学和研究。

与分析所有复杂体系时的情况一样，对 JIS 的分析涉及对一些影响体系及其活动、表现的主要因素的简化和抽象。据此，在不探究一些所需空间比此处所能提供的要大的复杂问题的前提下，本章将研究 JIS 的一些主要特征。

但是，在进行分析之前，必须先告诫一下，与谚语故事中的大象一样，JIS 对于所有人而言可以成为所有的事物。举例来说，把市场力量视为资本主义的原动力的人从 JIS 中看到的是：日本公司间你死我活的竞争和一个在确保自身的介入绝对与市场相容的同时，只投入国家收入相对较小的比例的政府。另一方面，相信政府介入的效果的人从 JIS 中看到的是：一个引导国家经济的发展并准备向日本公司施加相当的压力以使其转移到政府认为需要的方向的强大政府。结果是两种观点（或两种观点的某些形式）的支持者就日本的行业政策的效果展开了激烈的争论且毫无缓和迹象。

5.4 日本公司在创新进程中的作用

对日本的私营产业在创新进程中所起作用的衡量方法是，在研发方面的投资总额中其贡献了多少。根据这一衡量方法，私人产业的投资额占总额的约76%，政府的投资额约占16%，大学约占5%。

但是从竞争力的角度来看，上述数字大大低估了日本公司的作用，因为许多对竞争力起到了重要的正面效果的创新属于会不断增加的类型而且产生于厂房中（有时称之为"蓝领研发"），因而没有被记录到研发的统计数据中［主要的日本公司的研发支出的确切规模值得强调。可以看到，日本的5家研发支出最高的企业——日立、丰田、松下、NEC和富士通——的研发支出额（在购买力平价方面）相当于英国全部私营领域的研发支出总额］。

由此可以推断出大多数的创新支出是由私营领域承担且服务于其自身利益的。特别是有关研发的"顺流"部分，即日本政府及其各部门很少施加影响的应用研发活动的部分。在下一节中我们将更多地讨论日本政府在创新进程中的作用。

由于JIS中的创新活动很大程度上由日本公司承担，所以必须再讨论一下这些公司中影响创新进程的因素。但在此之前需要再做一次告诫，正如迈克尔·波特(Michael Porter)在其著作《国家的竞争优势》(*The Competitive Advantage of Nations*, 参见Porter, 1990) 中所强调的，尽管日本造就了几个在国际竞争力方面出类拔萃的领域，但日本经济中的全部或多数领域绝非如此。因而，如果说消费电子产品、机床、机动车和记忆半导体应被包括在出类拔萃的领域中，那么微处理器、复杂通信设备、化学制品和制药等则必须被排除在

第五章 日本创新体系的愿景及其如何运作

外。若是将所有日本公司和领域都盖上"成功的印记",那么就遗漏了日本的经历中的一个基本部分。

无论如何,在多数领域——包括微处理器、复杂通信设备、化学制品和制药,日本公司都倾向于成为投入且耐心的创新者。这种投入和耐心可以被归因于许多相互关联的因素,其中之一就是日本公司在本土市场和国际市场上都面临着普遍的激烈竞争。通过创新来竞争是日本公司对于竞争压力做出的普遍反应。

但是日本市场不仅提供了推动竞争的压力的源泉,还为极其苛求的产品和操作的使用者提供了关于他们愿意接受的产品的信息,以及当某个供应商不愿或不能满足他们的需求时,通常还有哪些供应商有可供选择的供应资源的信息。除了产生(推进)创新变动的市场压力之外,这种要求苛刻的环境也为公司带来了反馈,并使它们有机会了解应如何改进产品和操作。

但在日本公司取得了国际性成功的那些情况中,为什么他们能够不时设法在创新方面凌驾于西方竞争者之上呢?这些西方竞争者确实也生存在同样激烈的国内和国际市场的竞争中,从而应当像日本的同类公司一样被推动着进行创新。

一个常常对日本公司构成帮助的因素就是其拥有被称为"忠实的股东"的持股者。可以将忠实的股东定义为,即使在面临预期中的股价变动、如果卖掉持有的公司股票并转向其他公司可能在短期内对其更有利的情况下,也仍然忠诚于股份所在的公司并保留其股份的个体。

为什么这些股东选择"留下战斗"而不是转向其他公司呢?原因在于,与试图将其证券投资的短期价值最大化并因而与其股份所在的公司保持着一定距离的养老基金(pension fund)经理人不同,忠实股东通常与这些公司有密切的业务关系。

举例来说,忠实股东常常是与公司打交道的银行或其他金融机构,或者是由公司购买或向其销售的重要客户或供应商,因此他们对公司的运营状态有着长期的关注。他们的忠诚减少了许多(当然不是全部)压力,而当对其利润率不符合保持距离的股东的期望时,西方公司就会面临这些阻碍创新进程的压力。

日本公司在试图创新时也得到了公司经过长期完善的组织实践的帮助。这些实践背后的关键决定因素之一是较大公司中实行的多数白领和蓝领工作者的终身雇佣制度。更确切地说,"不离开"(no exit)的假定产生了许多影响了组织实践的极其重要的后果,组织实践又转而作用于创新活动。

一方面是在同一组织被持续雇佣或被终身雇佣的假定,另一方面则是不离开的假定,我们必须强调一下这二者的差异。尽管一些公司传统性地提供终身雇佣待遇,但这**并不意**味着其雇员会怀着不离开的假定工作。西方国家的劳动力市场的代表性机能意味着雇员、特别是广受欢迎的雇员是可以通过被其他组织雇佣而选择离开的。

不离开的假定通过各种方式推动了日本公司的创新活动。首先,该假定使得日本公司具有强烈的培训员工的动机,因为通过确保雇员不会离去,公司可以获得培训的投资回报。其次,不离开的假设促使公司提供较为全面灵活的技能,因为这会令获得了长期雇佣待遇的员工更容易被重新部署到公司的其他部门中。当公司在一些业务领域中面临下降趋势时是必须进行重新部署的。第三,劳动力拥有更全面灵活的技能,可以在公司内促进普遍的岗位轮换。这一实践的主要益处是在公司内部产生了更有效的信息流动,使得跨越公司职责界限和其他界限的协调活动更加有效。这样就对新产品

第五章　日本创新体系的愿景及其如何运作

开发、研发活动相互作用、生产及市场推广、及时供应及质量控制这些依赖于信息流动和跨职能协调的活动中的创新起到了鼓励作用。

不离开的假定还以另一种间接方式对日本公司的创新性和竞争力有所助益。由于不离开的假设令公司不仅需要为员工持续提供工作岗位，而且还要提供提升的机会和其他鼓励，因此公司更不易实施合并或收购活动，从而有助于这些公司"自扫门前雪"，并集中进行已经能通过特定能力加以完成的活动。不少日本公司领导者的工程学科背景进一步加强了上述倾向——比起具有金融背景的西方公司领导者，这些领导者常常更热衷于留守在其了解和熟悉的领域中。这往往意味着日本公司能够将有限的注意力放在自身已经建立了特定能力的领域上，而且当他们的一些西方对手受到从合并、收购和无关能力的多样化中获利的希望诱惑，将注意力转向其他方向时，日本公司却不断深化自身能力，结果就是随着时间流逝，一些西方公司无力跟上其更为专注的日本竞争者的创新步伐。

日本在一些领域中导致了激烈国际竞争以及使销售额和市场份额在国内外迅速增长的创新动力是在某些因素的作用下产生的。日本政府对于日本公司的创新行为起到了哪些作用呢？这是我们接下来要讨论的问题。

5.5　日本政府对创新进程的影响

有一种方法可以衡量政府对国家的创新进程所产生的影响，即全部研发支出中政府所承担的份额。根据该衡量方法，日本政府起到的作用比起西方国家的政府要小得多。有数据显示1988年日本政府承担了总体研发支出的18%，相比之下，法国政府承担了约50%，美国政府是45%。1989年该数字在英国是37%。如果排除与国防相关的研发活动的开支,那么日本的数字是18%,法国是34%,美国是26%。

这一数字对日本有哪些意义？首先,它强调了上一节中提到的日本公司所起的作用——私营日本公司承担了日本全部研发开支的76%,这个比例远远高于其他西方工业化国家。由于相当大的比例在日本是由"更贴近"生产和市场问题的公司承担的,故而较大比例的研发活动具有商业目的。(但是值得注意的是,负责提供科技开支的日本政府和下属各省正致力于增加政府在总体研发活动中的份额,并使之在比例上与其他西方工业国家更一致。不过在经济衰退的束缚下财政压力较大,这个目标需要一定时间才能实现。)

其次,必须将18%这一相对较低的数字纳入考量。由该数字得出日本政府对研发进程的影响可以忽略的结论是不正确的。有许多原因可以说明这一点。首先,正如我们将在探讨大学作用的下一节中反复强调的,日本政府通过教育和培训活动为日本公司输送了大量高质量、有文化、有计算能力且乐于合作的劳动力,从而对创新的进程产生了重大影响。这些劳动力有着高水平的综合知识,随后又在公司的组织实践中得到进一步的提高。公司组织实践会推进有竞争力的特定能力的发展,本章最后一节将提及这一点。

此外,尽管日本政府对于研发的"顺流"部分——即构成全部研发活动90%的应用研究开发活动——的影响微乎其微,但其对"逆流"(upstream)部门的影响却大得多。逆流部分涉及基础研究以及在日本极其重要的被称为"导向性基础研究"的研究。在上述领域日本政府直接和间接地起到了较大的影响,这很大程度上是此类研究的不确定性的程度较高以及使得公司不得不从事此类研究的动机较弱所导致的结果。

第五章 日本创新体系的愿景及其如何运作

日本的政府部门对创新和竞争施加了哪些影响？尽管在回答这个问题时许多西方政策和学术分析都集中关注日本通商产业省，但不能忽略其他一些部门的特定作用。例子之一就是当前脱离了日本通商产业省的邮电省（Ministry of Post and Communication），该省于后自由主义时代（post—liberalisation era）在塑造整体的日本电信领域方面起到的作用极其重要。另一个例子是科技委员会（Science and Technology Agency）、健康福利省（Ministries of Health and Welfare）、农林水产省（Ministry of Agriculture, Forestry and Fisheries）与日本通商产业省和文部科学省（Ministry of Education, Science and Culture）共同在生物工业学领域起到的作用。

说到这里，我们有理由关注一下日本通商产业省曾经以及继续（尽管方式不同）对日本的生产和销售领域的最大组成部分所起到的作用。在历史上，日本通商产业省举足轻重的地位来自于日本作为后起的工业化国家而国家性地大力推动发展进程的定位。直到 20 世纪 60 年代后期，相对于公司，日本通商产业省权限范围内的力量很大程度上衍生自其对外汇分配的控制，还有影响给予具有优先权的领域和公司的授信额度（extension of credit）的能力。通过上述权力的实施，日本通商产业省得以影响日本的资源分配，尽管分析家们仍在不断争论其影响力在多大程度上有益于日本的经济。

但是，而今大多数分析家已经认可自 20 世纪 60 年代以来日本通商产业省的作用发生了重大的变化。变化的原因有以下几点。第一，自 20 世纪 60 年代末起日本通商产业省失去了大多数对于外汇和信贷的直接影响力。第二，日本公司的规模和实力大大成长，其不断增加的国际化程度使它们有能力进入国际资本市场，因而减少了在金融方面对政府的依赖。第三，随着成长，日本公司也开始将确定的、常常是一定比例的资金投入研发活动中，从而其对于政府研究机构的依赖变得越来越小，而过去在将先进技术转移到这些公司方面时,政府研究机构却起着重要作用。

然而在总体的科技开支方面,日本通商产业省起到的作用不如分别承担了政府总体科技开支的46%和26%的文部科学省和科技委员会,日本通商产业省仅承担了12%。参考上述数据,还有理由认为日本通商产业省对日本的创新进程的影响力比其他各省的影响更大吗？

在笔者看来,日本通商产业省的相对较大的影响力主要源于其在交错贯穿日本乃至全世界的庞大而复杂的信息网络中所具有的中心节点的地位。此信息网络为日本通商产业省的决策者们提供了科学、技术、工业和贸易等广泛领域中卓越的高质量信息。在此基础上日本通商产业省得以不仅凭借其掌握的直接资源,而且通过因间接的接触和关联而获得的影响力施加最大程度的影响。

日本通商产业省多年来构建的、与生产和销售领域（处于其影响力之下的）的日本公司的密切联系既保障了该省接收的信息流,又巩固了其施加的影响力。值得注意的是,最初发展信息网络的目的是将其作为日本通商产业省用于帮助日本工业赶上较为先进的西方国家的有用资源。

收集、储存、分析并提取信息的成本以前很大,现在依然很大,而日本通商产业省作为一个组织逐渐着眼于通过信息收集来制定政策取得利益,从而支付这些成本。尽管其他政府部门也有自己的信息网络,且不同部门的网络之间也有横向的重要联系,但这些所及的范围都不如日本通商产业省的网络。例如与私营金融机构的领域相关联的财务省 (Ministry of Finance)、与制药公司相关联的健康福利省、与建筑公司相关联的建筑省 (Ministry of Construction) 和与农产品和食物加工领域相关联的农林水产省。

第五章　日本创新体系的愿景及其如何运作

那么日本通商产业省的信息网络是怎样建立起来的？日本通商产业省的内部组织结构是由排列的垂直单元和水平单元组成的，垂直单元与经济中主要的工业领域相对应，水平单元处理跨领域的事务。举例来说，垂直的机械与信息产业署（Machinery and Information Industries Bureau）处理计算机硬件、软件以及电子方面的相关事宜，而水平的行业政策署（Industrial Policy Bureau）负责整体的产业政策的相关问题。日本通商产业省资深员工在各个单元间的轮换尽管牺牲了一些专业化的利益，但有助于改善该省内部的知识和信息流动。日本通商产业省还有许多正式任命的顾问委员会，其成员包括建构了重要信息流动渠道的公司代表和学者。

存在于日本通商产业省官员和公司、学术领域之间的非正式网络也能提供类似的信息，故而同样重要。此外，行业协会往往最初是在日本通商产业省的帮助下建立起来的，成员也来自日本通商产业省，如作为下属节点在行业层面上收集并处理信息的日本电子行业协会（Electronics Industry Association of Japan），其构成了行业和日本通商产业省中的对应单元之间的重要关联。在国外，人员组成良好的 JETRO（Japan External Trade Research Organization，日本外部贸易研究组织）提供了其他国家的市场和技术的信息。为了积累国际经验，将日本通商产业省官员暂时派往 JETRO 海外办事处是很普遍的做法。（具有讽刺意味的是，JETRO 原本是为推动日本的出口活动而建立的，而今由于日本贸易顺差巨大，转而协助外国组织向日本出口。）

但是在巨大的信息网络中，日本通商产业省的作用带来了进一步的问题。为什么日本公司会如此紧密地持续与日本通商产业省合作？他们需要得以支配日本通商产业省拥有的信息吗？还是说通过自己的方式取得会比较好？

上述问题很难解答，而且与日本通商产业省有密切联系的大型公司内部给出的回答是矛盾的。不过关于这些问题，有许多可能会被广泛接受的有意义的看法。首先，公司本身就认同政府（在这里提到的日本通商产业省的情况中）必须为私营产业进行一些需要完成的事情以及其无法自己完成的事情。

这里有一个重要的例子——国际贸易争端的解决。对卡特尔（cartel）的研究显示，要求独立的参与者协调其行为，为集体利益而活动是非常困难的。出现这种情况的原因很简单：由于希望增加个体的利益，个体参与者常常存在擅自行动的动机，从而损害集体的利益。将这一问题与日本的国际贸易争端联系起来看，一家个体的半导体公司或一家机动车公司在同等规模的同行业公司为减少贸易冲突而主动自我约束时，会具有增加其出口活动的动机。

另一个例子是日本通商产业省在其中起到了扩展性作用的环境保护问题。在该问题上私营公司同样面对着与社会需要的结果不符的动机，因而需要日本通商产业省来约束。在上述类型的情况下，为了所有公司的利益以及日本的国家利益，日本通商产业省的干涉是必需的，这一点在日本已经得到了公认。

第二点与创新的关联较密切，日本通商产业省有能力在推动（如果没有日本通商产业省的介入就不太可能合作的）竞争公司的合作研究方面起到极具建设性的作用。在这里，对于帮助选择日后增强日本公司竞争实力的战略性技术领域、对于选择适合的公司来加入合作研究、对于保障这些公司以正确的方式参与合作等问题，日本通商产业省所支配的信息的价值是难以衡量的。有关的例子包括第五代计算机项目，及后续的仍在成形阶段的真实世界计算机项目，还有日本通商产业省通过其掌控的日本关键技术中心与邮电省共同成立的蛋白质工程学研究学会。弗兰斯曼详细分析了日本通商产业省在合作研究中所起到的作用（参见Fransman，1990；Fransman和Tanaka，1995）。

第三，日本通商产业省的决策者能够取得的丰富信息使该省有能力将私营公司的"有限的愿景"加以完善，这些公司趋向于拥有其所在领域的充分信息，但往往无法察觉尚无关联的领域中正在形成的新技术和新市场。在其广泛而详细的信息的基础上，日本通商产业省能够辨别出在日本还没有得到足够重视而具有重要商业潜力的新的技术领域，从而主动开发这些技术和相关市场。最近的例子包括生物技术和新材料，日本通商产业省在推动大量日本公司进入这些领域方面起到了举足轻重的作用(尽管投入的开支不大)。

为何日本通商产业省的投资在日本政府科技开支中只占相对较小的比例，却能对创新进程施加较大的影响？我们关于日本通商产业省和信息的讨论为这个问题提供了答案。结合日本通商产业省最主要的较年轻的理论家Chihiro Watanabe的研究成果，可以得出结论，正是出于本节中所分析的原因，日本通商产业省得以在相对有限的资金数额的基础上"诱导"日本公司的创新活动。为日本通商产业省有效掌控的信息网络是帮助其发挥诱导作用的关键资源（参见Watanabe，1992）。

但是日本的大学在日本创新体系中有多么重要呢？我们现在就要转而探讨这一问题。

5.6 日本大学的重要性

日本的分析家们普遍判断日本大学在研究方面倾向于达不到西方同等大学的水平，而且大多数尖端研究是在居于领先地位的公司的实验室里完成的，而不是在大学里。从事实来看,尽管有一些支持性的证据,但是这一判断模糊了日本大学在创新体系中的作用。本节的目的就是要简要地阐明其作用。

首先要提到的一点在于,大学在创新体系中最重要的功能之一是为私营公司提供具有较好的综合教育水平的毕业生。如本章第一节中简要提到的,这些毕业生随即接受公司的专门化培训。大学教授由于与一些公司有密切的非正式联系,因此常常在帮助将他们的学生分配到公司各个岗位时起到重要作用。这种分配机制以其在人际联系和信息方面的紧密网络与西方国家常用的较非人性化的劳动力市场机制形成了鲜明的对照。

其次,尽管一些迹象显示日本大学在许多领域的前沿研究上趋向于实力不如西方的同类大学,但在此基础上对日本大学的作用做出的判断夸大了此类研究对于创新和竞争力的重要性。原因很简单:能立即令多数公司受益的不是前沿性研究,而是在前沿以内的研究。而且对于日本公司而言,日本的大学常常是这类研究的重要来源。举例来说,笔者本人对日本的生物技术的研究认为,对于日本最主要的生物技术公司中的几家来说,与其他公司和非大学的机构相比,日本的大学是更加重要的来源。一项基于发表引用的研究也支持以上论点,其得出的结论是日本公司的科学研究"最主要结合的是日本的而非国外的研究资源,大学则是日本的资源中最重要的。"(参见Hicks等,1992)

5.7 结论

在简要阐述日本创新体系时,是可以做到仅对该体系

第五章 日本创新体系的愿景及其如何运作

的部分主要特征做出分析的。在着重指出了该体系的"驱动装置"位于日本公司中且其竞争过程也起到一定作用的同时,也强调了政府和大学在激励创新和竞争方面起到的重要作用。最后回到谚语故事中的大象上面,尽管这只动物的"真实本质"仍有待讨论,但是如果要对日本的创新和竞争做出令人满意的分析,就不得不整体性地探讨日本的创新体系;本章中即使没有列举出全部,也已经举出了很多关键点。

第六章

在全球化环境中国家的技术政策会过时吗？
日本的愿景*

6.1 引言

在美国和欧洲，越来越多的人认为，在全球化环境下，出于在高端技术的基础上给予国有公司一定竞争优势的目的而规划的国家技术政策已经逐渐过时。这种观点出现的原因是，在贸易、商务、金融以及科学技术跨越了国界的世界里，政府及其公司共同独占国家技术项目成果的尝试是注定要失败的。

然而围绕着上述观点存在着相当程度的解读性模糊现象。本章的目的是就政府的技术政策在日趋全球化的日本所应起到的作用来探讨日本政府的政策制定者的愿景。尽管日本开始全球化的时间晚于西方国家，且其全球化的速度较慢，但是在过去 20 年中日本经济的全球化程度大大增加了。这一点反映在以下现象中：向外和向内的国外直接投资的增加，其他国家在日本的研发实验室的增加，日本公司和西方公司参与其中的国际战略技术联盟的数量的增加，研究者和工程师的暂时性流出和流入的增加，以及国际合著的科技研究论文的增多，等等。

---

* 本章曾以"国家政策在全球化的世界里过时了吗？——日本的回答"（Is National Technology Policy Obsolete in a Globalised World?:The Japanese Response）为题发表于《剑桥经济期刊》，1995，19：95~199。

然而，如同本章中所详细阐述的，尽管日本经济的国际化程度增加了，日本的政策制定者的反应并不是放弃国家技术政策，而是在坚持原本目的的同时使政策国际化。这种做法是否意味着日本人就如上面观点所暗示的那样，正在遵循着注定会失败的过时政策，还是说当前日本的技术政策具有可接受的合理性？如果后者代表了实际情况，那么究竟是日本的情形特殊，还是（这种做法）至少在某种程度上可以适用于其他较大的西方国家？这两个问题是本章的核心。

6.2 本章概述

本章首先简要探讨了趋同化假说(convergence hypothesis)，该假说认为在"二战"后主要工业化国家的经济系统中存在着趋同化现象。进而分析了一个源于该假说的结论，即国家技术政策已逐渐过时。

本章随即在所选择的若干指标的基础上证明了日本的经济和科技系统的全球化现象，这些指标包括效仿其他国家(international imitation)、国际战略技术联盟、研究者和工程师的国际流动、外国直接投资、建立在日本的外国实验室以及国际合著的科技论文。

接下来思考的是日本政府在科学技术领域起到的作用。首先阐述了日本通商产业省对科技领域施加影响的基本原则；接下来详细分析了日本通商产业省对全球化作出的反应，该反应体现了引导着日本通商产业省的政策制定者在全球化的日本经济和世界经济的背景下介入科技领域的愿景；之后研究了对于其他较大的西方国家而言，日本人对全球化做出的反应的意义；最后分析了日本通商产业省对日本经济的影响力的来源。

6.3 趋同化假说

在近期一些重要的文章中,几位作者提出了"二战"后主要工业化国家的经济系统中存在着趋同化现象的观点(例如参见 Abramovitz,1986;Baumol,1986;Baumol 等,1989;Nelson,1990;以及 Nelson 和 Wright,1992)。根据该观点的组成部分之一,趋同化现象源于贸易、商务和技术日益增加的国际化程度。用纳尔逊(Nelson)和赖特(Wright)的话来说,"趋同化模式看起来越来越合理。在我们看来,这是贸易、商务的国际化,通用的技术以及不同国家中公司所处经济环境的不断增加的共性造成的。"(参见 Nelson 和 Wright,1992,1961)

不过本章要讨论的不是趋同化假设,而是关注由该假设得出的结论,即趋同化(现象)也意味着国家技术政策正逐渐过时的问题。

6.4 推论:国家技术政策正逐渐过时

为什么有人认为国家技术政策正逐渐过时呢?根据纳尔逊和赖特的看法,"至少在就教育和研究设施重新进行了所需要的社会投资的国家之间,国界对技术流动的影响已远远不及过去。"(参见同上:1961)但是政府对于这些重要改变的了解却很迟缓:"国家政府在了解这些生活中的新事实方面表现得很迟缓。实际上,可以看到在过去10年中所谓的'技术民族主义'倾向急剧增强,表现为政府以令国有公司在技术领域拥有特定优势为目的而设置的政策"。

但是"技术民族主义"政策不太可能在全球化的世界中取得成功:"我们的观点是这些政策已不再能较好地发挥作用。在当今世界,技术的混合性极为广泛,且许多国家的公司已做好了为开发新的通用技术而投资的准备;在这种情况下创建在相当长时期内仅适用于国界之内的新技术变得越来越困难了。"(参见同上)换句话说,尽管国家政府能帮助国有公司创建新技术,但这些公司却不太可能由于竞争力增强而得到新技术带来的利益。原因在于在全球经济体系中,其他与它们规模性质相同的公司已投资了培训、研究和开发所需的费用并因而积累了所需的"社会能力",可能将(比国有公司)更早而非更迟地得以使用这些技术。

6.5 日本的体系的漏洞

日本是全球化较晚的国家,但无论如何它已经全球化。作为全球化国家,在国家科技体系方面日本面临着与其他工业化国家同样的"漏洞"。尽管较大比例的先进研究是在日本的公司领域而非公共领域(大学、公共研究机构等)完成的,但当研究成果受到一般公司的控制时,很少有迹象显示这种控制能为日本公司带来"知识领先"的地位。

即使在那些日本公司享有压倒性国际支配地位的领域(如消费电子产品、记忆性半导体和照相机等),它们的竞争力也更多地建立在质量的基础上,在有些情况下则是依靠特征上的优势,而不是基于更强的潜在知识。三星和金星等韩国公司在国际记忆性半导体市场上的引人瞩目的崛起,乃至摩托罗拉和德州仪器等美国公司的苏醒,无不证明了日本公司方面不具备较强的技术领先地位。

第六章 在全球化环境中国家的技术政策会过时吗？日本的愿景

因此，上述的日本的相对胜利并不能构成对趋同化假说的反驳，趋同化假说承认公司和国家的差异，甚至也承认"落后"的过程的存在。再次引用纳尔逊和赖特的话："当我们认为在过去1/4的世纪中推动趋同化现象的基本因素是国际化的同时，我们并不排除美国将经历在生产力、个人平均所得（per capita income）以及对几种重要技术的应用的控制等方面滑落至第二、第三或第五的过程的可能性。虽然目前以充足的'社会容量'（social capacity）将一些国家约束在一起的力量远大于过去，但无疑在团队内部存在着变异的余地。"（1961）

6.5.1 效仿其他国家

其他公司基于自身积累的能力对日本公司的成功（模式）的效仿，是造成日本的体系出现渗漏并产生趋同化现象的一个主要原因。刚刚提到的半导体的例子和与之有密切关联的记忆性半导体处理设备的状况，以及美国实施的半导体制造技术产业联盟计划（Sematech Programme）所倡导的生产活动，都是效仿过程的明显案例。

但是与此同时，汽车方面的例子却具有警戒的意味，它说明在尝试效仿的过程中可能遇到较大的困难并需要较高的成本。我们对后一个例子有特殊兴趣，因为尽管已通过若干优秀的研究对汽车工业的生产力和质量有了很好的了解，且具有类似的潜在知识，西方的竞争者们却发现难以逾越与日本的差距（例如参见 Womack 等, 1990, 以及 Clark 和 Fujimoto, 1991。在汽车方面之所以遇到困难的原因是：问题并非出于西方公司对知识的缺乏，而是因为**贯彻**及时供应、转包体制等公司内和公司间的组织创新活动时遇到的困难。因此在 Abramovitz 看来，上述案例说明竞争性分歧将持续存在于具有类似的"社会容量"的逐渐趋同的公司中）。

6.5.2 国际战略技术联盟

造成日本体系的渗漏的一个更直接的渠道是日本公司及其西方竞争者之间缔结的国际战略技术联盟的泛滥。如表6.1所示,半导体的例子再次为该现象提供了有效的说明。

表6.1 日本公司参与的半导体领域的国际战略技术联盟

公 司	领 域
东芝 – 西门子 – IBM	265M 动态随机存储器(DRAM)
NEC 公司 – AT&T	半导体生产
富士通 – AMD	闪速存储器(Flash memories)
英特尔 – 夏普	闪速存储器
日立 – 德州仪器	动态随机存储器
三菱电气 – SGS – Thomson	闪速存储器

表6.1显示了日本公司及其西方竞争者之间建立的一些技术联盟。这些联盟背后的主要动机是开发下一代半导体产品和流程所需的、不断增加的研发成本,因为成本太过高昂以至于很少有公司能独立承担。表6.1还显示了日本公司采用的一般模式——它们受到的威胁更多地来自于日本方面的竞争对手而不是西方公司,故而选择与后者结成联盟。但是当日本公司将其通过内部研发以及参与日本政府项目获得的知识传递给西方的合作伙伴时,这种联盟意味着日本体系进一步的渗漏。

更全面来讲,日本通商产业省提供的数据表明自1982年到1987年日本公司累积共参与135次共同研究活动(参见Mowery 和 Teece, 1992: 125)。其中32次属于电器(包括计算和电信)领域,24次属于化工领域,10次属于传送设备领域。

6.5.3 研究者和工程师的国际流动

在日本公司向西方的同类公司学习的过程中,知识由

第六章 在全球化环境中国家的技术政策会过时吗？日本的愿景

西方国家渗透至日本的状况已经得到了充分证实；与此同时，具有重要意义的反方向的知识流动开始增加。该反向流动的渠道之一是外国工程师和研究者移居日本（通常是暂时的），停留在得到雇佣的政府和公司的研究室及工厂。图6.1显示了这种移居情况。

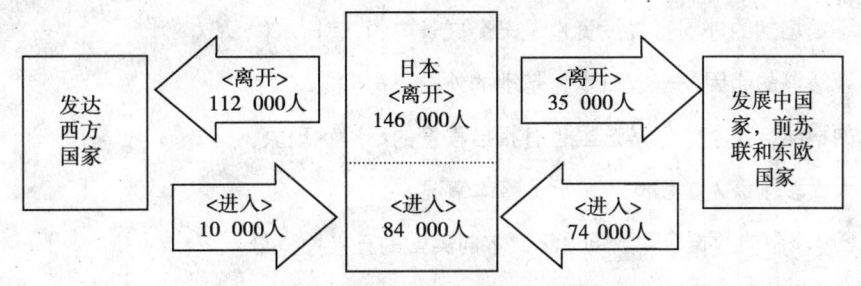

```
发达西方国家  <离开>112 000人←  日本<离开>146 000人  →<离开>35 000人  发展中国家，前苏联和东欧国家
              <进入>10 000人→   <进入>84 000人      ←<进入>74 000人
```

图6.1 日本和其他国家之间研究者和工程师的交流（1989）
资料来源：法务省，《1989年度合法移民年度报告》

尽管工程师和研究者向日本流动的趋势在增长，且尽管该情况成为了日本体系出现渗漏的越来越重要的原因，但是图6.1也表明日本在该领域的"贸易"仍然有严重的"赤字"。1989年112000位工程师和研究者由日本前往西方国家，10000位由西方国家来到日本，出入的比值是11。日本与发展中国家的关系某种程度上是上述情况的镜像，74000位工程师和研究者进入日本，35000位离开，出入的比值是0.5。

图6.2就来到日本和来自日本的工程师和研究者的来源和目的地提供了进一步的细节。在所有进入日本的工程师和研究者中，12%来自西方工业化国家。进入者总数的6.2%来自美国，2.1%来自英国，0.9%来自法国。韩国输往日本的工程师和研究者的比例最大，占总数的24%，之后是中国台湾地区和中国大陆，分别是18%和14%。

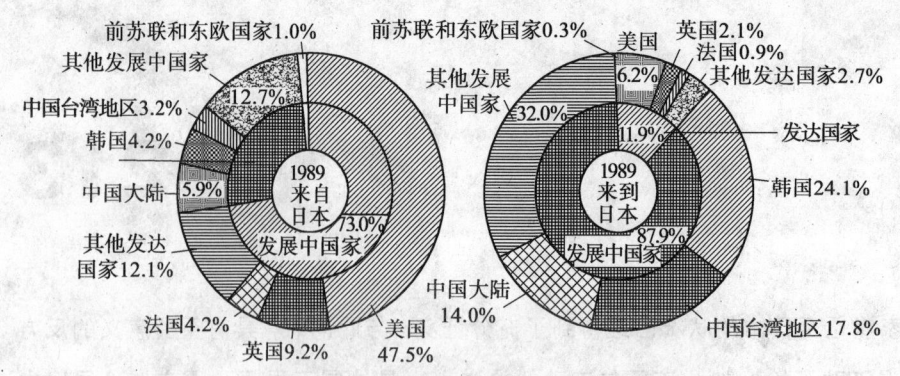

图6.2 来到和来自日本的研究者和工程师的细目分类

资料来源：法务省，《1989年度合法移民年度报告》

6.5.4 外国直接投资

不断增加的外国直接投资也是一个成长中的、使日本体系出现渗漏的起因——以日本为基地的外国公司"接入"了日本的科学与技术。但是这里也有相当程度的不对称现象，流出大大多于流入。图6.3显示了整体情况。

图6.3中的数据表明，1989年日本向美国的直接投资总额为173亿美元，反向的直接投资总额则是12亿美元，出入比值为14。同年，日本向欧共体的直接投资总额为98亿美元，而欧共体向日本的直接投资总额为3.27亿美元。在1985年到1989年之间，日本向美国的直接投资增加了5.1倍，而美国向日本的投资增加了2.5倍。(如果目的是进行比较，那么值得注意的是，1989年欧洲向美国的直接投资的出入比值是3。)

6.5.5 建立在日本的外国实验室

外国公司设立在日本的研发实验室的活动是日本的体系出现渗漏的进一步原因。这些实验室的范围有多广阔呢？来自日本通商产业省的数据表明，1990年日本共有137个外国

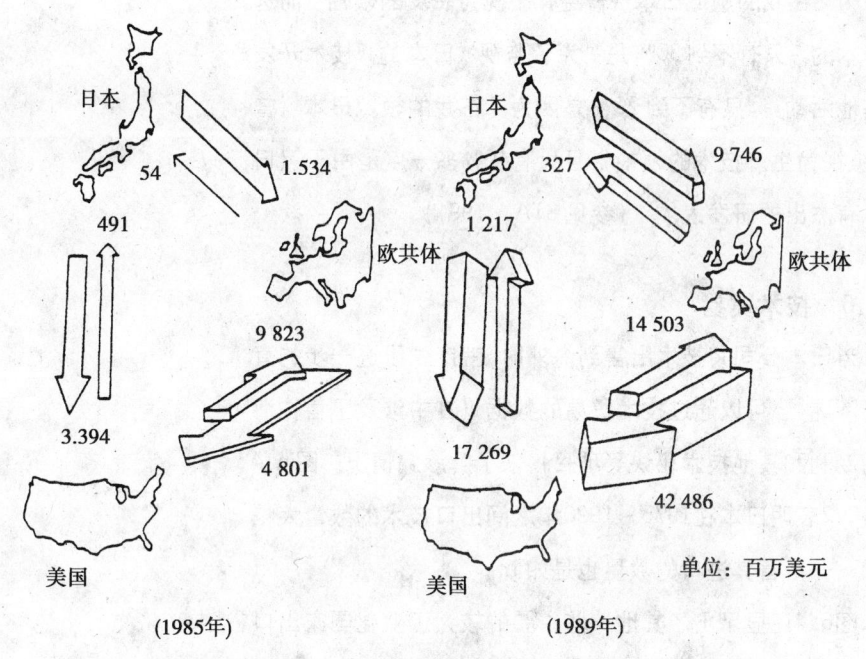

第六章 在全球化环境中国家的技术政策会过时吗？日本的愿景

图6.3 日本、美国和欧共体间的直接投资的流动

注：1985年欧共体的数据是10个国家的，1989年是12个国家的。
编辑：科技委员会。
资料来源：美国和日本之间、美国和欧共体之间的流动情况来自美国商务部《当前商务概观》（Survey of Current Business）；日本和欧共体之间的流动情况来自日本财务省《金融月度统计》（Monthly Statistics of Finance）

研发实验室（参见Mowery和Teece，1992：115）。有趣的是，这批实验室从事的主要是日本在国际上相对最弱的领域的研究而非其最强领域的研究，也就是说主要是化工和制药领域而非电器领域。在化工领域有59个实验室，制药领域有25个，电器领域有11个。但是从上述数据中无法清楚得知这些实验室所承担的研究活动的范围以及正在从事哪些类型的开发工作。

不过从科技委员会提供的数据可以看到，大多数位于日本的外国实验室主要都致力于使产品适应当地条件，而不是"接"入日本的科学和技术体系。科技委员会一项调查的结论是：超过90%的外国实验室将其活动放在日本进行以便"策划并将产品本土化从而适应东道国的需求"。仅有约30%是因为"在我的领域日本（曾经）被视为研发的领袖"而选中日本的；只有不到30%是"为了监视（日本的）技术开发和其他活动"；只有不到20%是因为"在我的领域日本（曾经）被视为生产技术的领袖"；且只有10%多一点是由于"（日本）有杰出的研发人才"（参见STA，1991）。

6.5.6 技术贸易

当日本公司将技术出售到海外时，就产生了进一步的直接"渗漏"。可以通过技术贸易的数据（其中涉及了售往海外的专利和其他技术秘诀等项目）来了解渗漏情况。图6.4和表6.2表明日本在1975～1990年之间出口技术的数量大幅增加——尽管其进口的数量也是如此。

图6.4还显示出了其他一些主要的较大工业化国家出口对进口的比率。可以看到美国是惟一在技术贸易的收支方面取得赢利的国家，而且是数额相当大的赢利。尽管日本在此期间保持着赤字，但赤字额在缩小。根据日本银行（Bank of Japan）提供的数据，日本出口额对进口额的比值由1970年的0.13上升到了1990年的0.41（参见表6.2）。

图6.5提供了日本地区技术出口对进口的比值的进一步信息，其中可以看到其只在建筑和钢铁领域明显享有盈利。3个最重要的领域——电器、传送设备和化工领域在1975年到1989年都是赤字；尽管在这段时期的末期3个领域的赤

第六章 在全球化环境中国家的技术政策会过时吗？日本的愿景

表6.2 日本的技术贸易额的变化 （单位：亿日元）

	出口（A）	进口（B）	比值（A/B）
1970	197	1 479	0.13
1971	213	1 638	0.13
1972	212	1 655	0.13
1973	231	1 850	0.12
1974	324	2 153	0.15
1975	421	2 069	0.20
1976	519	2 373	0.22
1977	548	2 647	0.21
1978	594	2 460	0.24
1979	703	2 791	0.25
1980	803	3 011	0.27
1981	1 063	3 775	0.28
1982	1 392	4 369	0.32
1983	1 351	4 707	0.29
1984	1 651	5 401	0.31
1985	1 724	5 631	0.31
1986	1 527	5 454	0.22
1987	1 870	5 515	0.34
1988	2 098	6 429	0.33
1989	2 782	7 347	0.38
1990	3 589	8 744	0.41

注：数字是根据各个日历年进行评估的。
资料来源：日本银行，《月度贸易支付差额》

字都急剧缩减，至1989年传送设备和化工领域的赤字几乎消失。

6.5.7 国际合著的论文

当日本的研究者与海外的同行交换信息和知识时，也会使日本体系出现"渗漏"现象。这种交换行为的指标之一就是国际合著的论文。图6.6提供了国际合著论文在日本

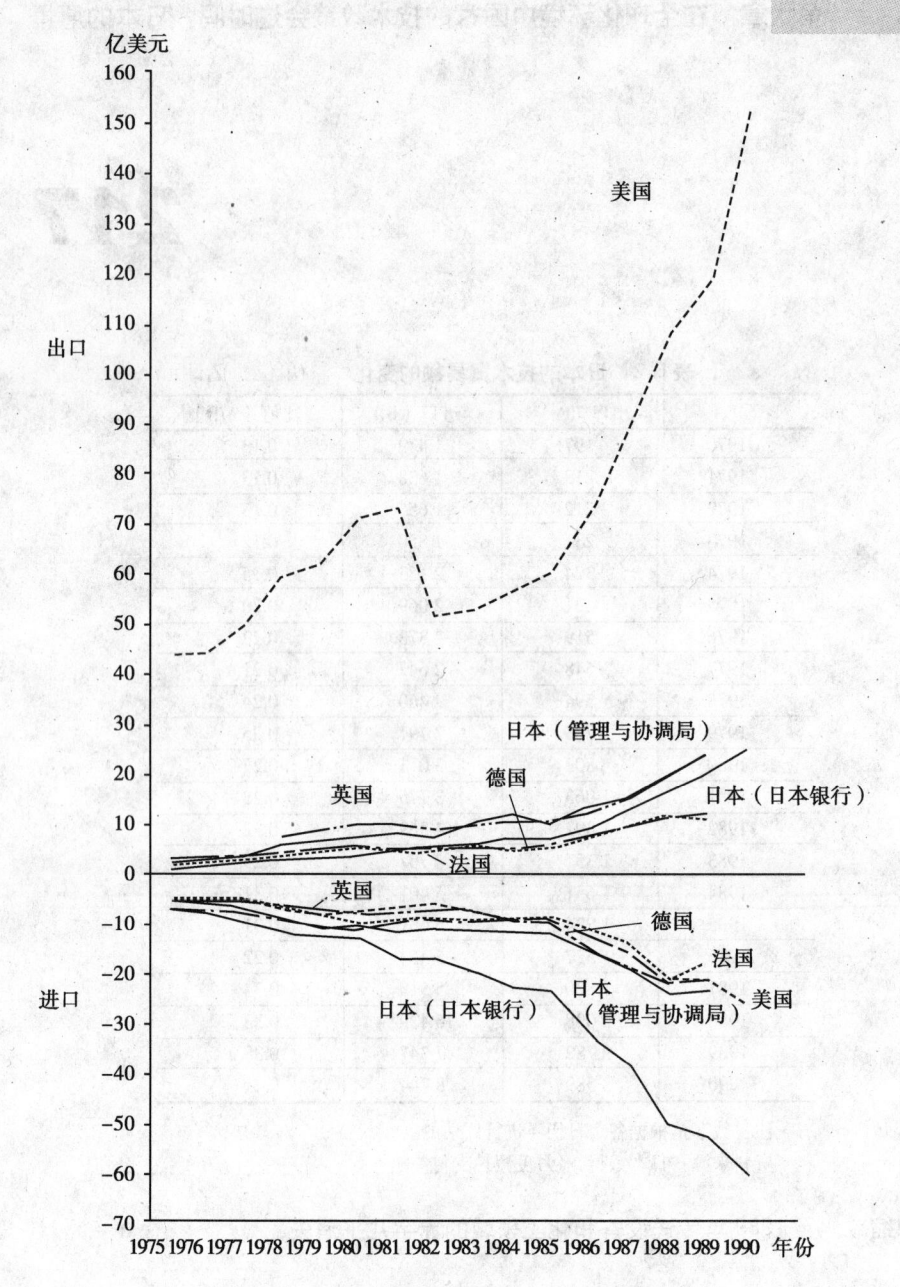

图6.4 所选择的国家的技术贸易趋势

论文中[包含在科学与工程文献数据库（Science and Engineering Literature Database）中]所占比例上升的相关数据。

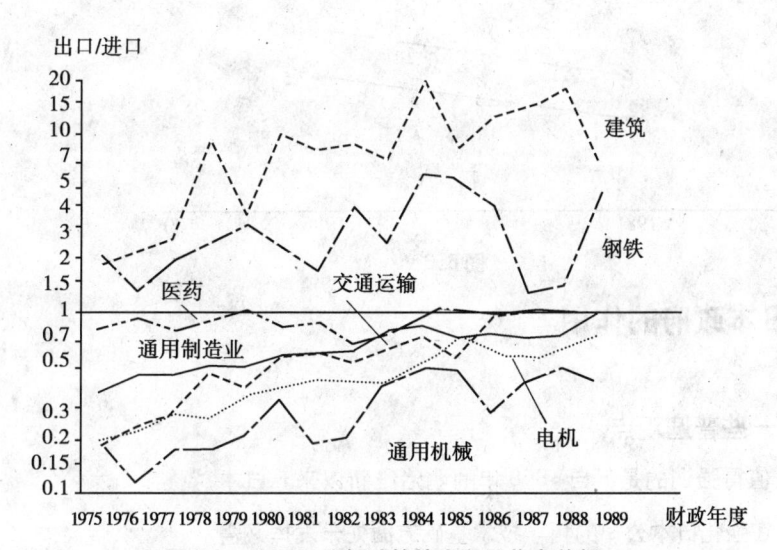

第六章 在全球化环境中国家的技术政策会过时吗？日本的愿景

图6.5 主要工业领域的技术贸易收支差额
资料来源：统计署，管理协调委员会，《研发概况报告》

数据显示，该数据库中包括的国际合作的日本论文比例由1981年的约5%上升到了1986年的约7.5%。相比之下在美国的比例是10%左右。在较小的以及地理上相邻的一些欧洲国家的比例则更高一些，在英国的比例是17%，而在科技体系国际化程度较高的德国和法国的比例是21%。

结论

从上述数据中可以看到，从科技体系的全球化的意义上讲，尽管日本在许多方面还落在后面，但是在过去10年中其国际化的程度已经大大增加了。上述情况意味着该体系的"自我包容性"减弱了，这与前文提到的趋同化假说相符合。

但是这是否代表趋同化假说的结论——也就是国家的技术政策正日益过时——也能适用于日本的情况呢？我们现在来对此进行分析。

图 6.6

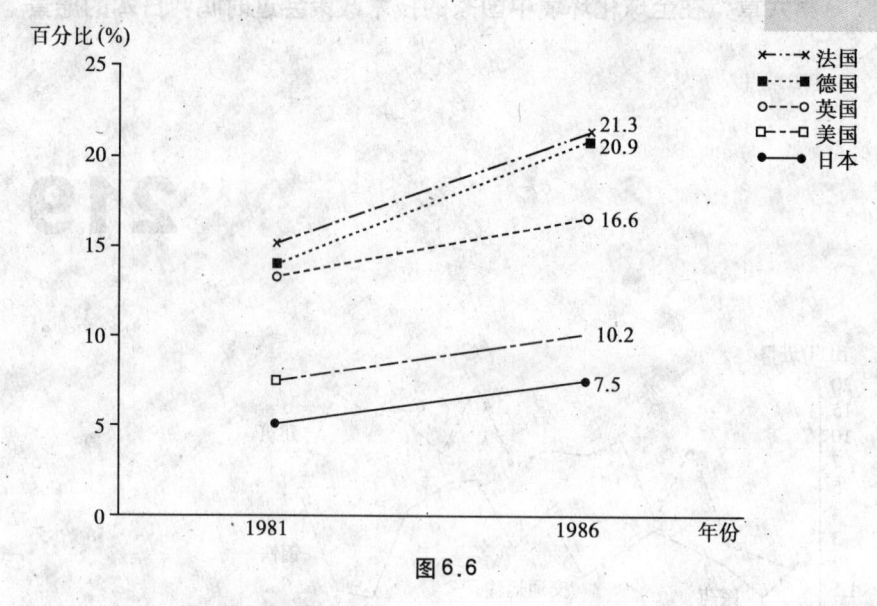

6.6 日本政府的作用

6.6.1 一些普遍观点

首先值得强调的是，自1868年的明治维新以来，日本政府始终在强化日本公司的科学技术基础方面处于发挥必需的重要作用的地位。但是当日本经历 "早期追赶"（early catch-up）、"后期追赶"（late catch-up）以及 "新领域共享"（frontier-sharing）等经济发展阶段时，政府的作用出现了变化。

在当前的新领域共享阶段，日本政府特别是国际贸易与工业省（日本通商产业省）相信其必须继续起到先期主动的作用，鼓励各个对日本公司的未来竞争力而言至关重要的科学技术领域的发展。这一点及以下有关日本通商产业省对科学技术体系的影响的观点的基础，是对参与了1992年7月到12月间的科学和技术领域政策制定过程的日本通商产业省高级官员的访问。

第六章 在全球化环境中国家的技术政策会过时吗？日本的愿景

6.6.2 市场匮乏

然而日本通商产业省官员强调，在决定何时何地对科学和技术领域采取行动方面，该省长期使用的"市场匮乏"标准有着压倒一切的重要性。换言之，当私营公司进行或关注所需的科技开发活动时，日本通商产业省将避开这些领域。

日本通商产业省确认了两个可能出现市场匮乏的领域。首先是当存在重大"风险"且公司因而不能充分承担起研发负担时。这里必须提到几点更深层的问题。日本通商产业省并不认为只要出现重大风险，就不会有充分的乃至额外的公司研发活动。该省同意在某些情况下，在有相当风险时也会有充分乃至额外的公司研发活动，原因可能在于研发活动的预期回报足以补偿公司承担的风险。因此仅仅在其断定了（a）风险程度会导致研发活动不充分时以及（b）为了增强日本公司的竞争力需要更多研发活动时，日本通商产业省将考虑采取行动。（值得注意的是，用经济学家们的行话来讲，日本通商产业省所说的实际上是不确定性。对经济学家而言，风险在或然说的意义上是可以预见的，因此较为保险；而不确定性是不可预见的。）

第二个原因是私营公司可能无法以所需的投资规模开发其需要的领域。但日本通商产业省同样认为，只要有丰厚的预期回报，即使投资额极其巨大且没有政府的帮助，私营公司也会判断其合理并实施，或与其他公司合作投资；因此在此类情况下政府无须行动。与此相吻合的例子是前文提到的半导体领域的国际战略技术联盟，政府没有参与其中。很明显，尽管上述两个造成市场匮乏的原因完全不同，但它们可能会相互作用。因此，从回报的意义上讲，开支浩大的研发领域可能不确定性也高。另一方面，不确定性可能比较低，但从预期回报来看所需的投资额或许对私营公司而言太过巨大。

6.6.3 基础研究

从20世纪80年代中期到末期，对日本通商产业省和其他关注科技的政府机构如科技委员会、文部科学省等而言，一项需要优先考虑的深层问题变得十分重要，那就是基础研究领域，日本政府相信该领域将对发展起到越来越重要的作用。尽管政府承认在没有特定较强的基础研究实力的情况下，日本已设法在许多产业中取得了全球性的好成绩；而且尽管在这个意义上技术发展的线形模式被否定了（该模式强调由基础研究通过应用研究进入开发和商业化的连续性推进）；政府仍然感到日本日益需要强化其在基础研究领域的能力。

为什么基础研究在日本得到了极大的优先重视？这个问题带来了某种疑惑，因为正如刚刚提到的，日本的权威人士承认他们迄今为止几乎不曾在基础研究方面取得较大的成功。此外，尽管基础研究算不上免费的全球商品，且开展基础研究需要相当的开支，但其仍然是较为"开放"的，因此在专用性方面不如应用性研究。那么何以日本人给予了基础研究越来越多的优先权呢？

这一问题有几个答案。第一个答案在于：由有效生产和商业化逐渐"逆流而上"，通过开发活动后到达应用性研究，基础研究位于最末一环。虽然如众多个案研究中所证明的，许多西方公司未能充分地将其重要的基础研究成果商业化，但日本人而今希望在价值链"下游"部分的有效运作下，能够通过基础研究形成一个生产界面。日立公司的高级研究实验室和NEC公司的普林斯顿、新泽西和Tsukuba实验室等就是出于上述希望建立起来的。不过像NEC公司这样的公司也强调他们的"基础"研究在效果上是"导向性基础研究"。研

第六章 在全球化环境中国家的技术政策会过时吗？日本的愿景

究的定位一部分由该研究的最终商业目标决定，另一部分由着重于价值链的"下游"部分的、该研究的公司背景决定。

虽然许多大型的日本公司感到导向性基础研究的预期回报足以吸引它们在没有政府参与的情况下投入部分研发资金，不过日本的公司和政府都同意后者在鼓励此类研究方面起到了重要作用。首先，尽管一般而言日本的大学在前沿研究领域不及许多同类的西方大学，但作为日本公司的外部知识来源，这些日本大学的作用远比学术分析和政策导向研究中所通常确认的要重要得多。原因很简单：多数情况下公司对前沿研究不感兴趣，宁愿从事更有实用导向性的、较为容易且能更快商业化的研究。这类（前沿）研究趋向于**内部前沿**性研究，而且许多日本大学对此十分擅长。最近一项基于出版物引用情况的研究为此提供了支持，该研究得出的结论是日本公司的科学研究"最主要利用的是日本的资源而非外国资源"，大学就是最重要的日本资源（Hicks 等，1992，1）。

因此，政府的作用之一是帮助日本的大学以及政府和半政府的研究机构提升其承担的基础研究的数量和质量。日本公司不仅直接插手大学研究，而且从这些大学招募研究者和开发人员，从而大学基础研究的加强将至少以两种方式对公司有所帮助。[日本管理协调委员会估算基础研究在日本公司的研发活动中占6.4%，而在国家研究机构占27.1%，在大学和学院则占53.2%（参见STA，1991：126）。（"基础研究"的定义是从根本上为了科学知识的进步而承担的研究活动，可以间接地寻求将该进步运用在特定实践中。）

而今给予基础研究高度优先权利的第二个原因是，许多日本公司在大量研究领域已经到达了国际的前沿，它们不能像过去那样选择沿着西方的同类公司走过的道路前行。因此它们别无选择，只能更多地通过基础研究或导向性基础研究来指引其将追随的未来的科技发展方向。

第三，日本政府以及在较小程度上的公司现在承认它们正在面临为全球的知识储存——它们过去曾从中受益无穷——做出远比过去大得多的贡献的义务。这一考量是进一步推动基础研究的优先性的重要力量。但是如果不存在对基础研究进行了更大强调的第一个和第二个原因，仅凭第三个原因不会使得日本对基础研究如此重视。

6.6.4 日本政府对科技开支的贡献

如图6.7所示，在研发开支总额中，日本政府支付的份额远远低于其他较大的西方国家为此支付的份额。与日本政府贡献的18.6%相比，德国政府贡献了33.2%，美国是46.1%，法国是49.3%。如果排除国防相关的研发开支，那么相对于美国的25.8%，德国的29.9%和法国的33.9%，日本的百分比是18.0%。

但是应当注意，尽管这些数据常常被引用，但日本政府秉持着将其在国家研发开支中所占的比例增加到与其他西方国家政府所占比例相当的明确意图。由于在当前实施的试图刺激衰退后反弹的日本经济的财政措施中还有一些其他具有优先地位的权利，目前仍不清楚在这些优先权的作用下这个目的何时能够达成。

正如我们将很快看到的，尽管日本公司承担的研发开支占总额的比例略小于美国公司和德国公司所承担的，但它们从其政府处获得研发开支的比例要远远小于美国、德国、法国和英国的公司。可以从表6.3中看到上述情况，该表显示了研发资金在政府、产业和大学间的流动状况，其中有许多值得注意的要点。首先，日本行业的研发开支仅有1.2%来

第六章 在全球化环境中国家的技术政策会过时吗？日本的愿景

图6.7 所选择的国家的政府为研发活动提供资金的趋势

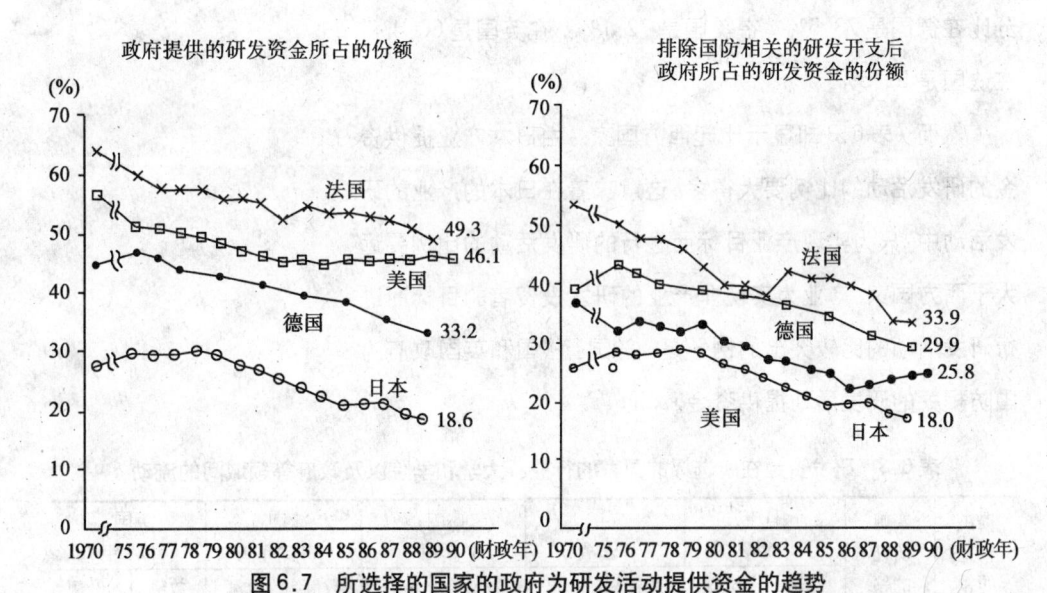

注：1. 为了对比，图中所有国家的统计数字中包括了社会科学和人类学领域的研究。
2. 排除了国防相关的研究开支后政府所占的百分比是通过以下算式计算的：

$$\frac{（政府提供的研发资金）-（国防相关的研发开支）}{（研发开支）-（国防相关的研发开支）}$$

3. 美国1989年的数据是暂时性的，1990年的数据是估计数据。
4. 德国1989年的国防相关开支数据是暂时性的。
5. 无法找到德国的数据的年份以直线标出。
6. 法国1989年和1990年的数据是暂时性的。

资料来源：科技委员会，1991：115

自政府。相比之下，该百分比在美国是33.0%，法国是22.4%，英国是16.5%，德国是11.5%。美国的数值之所以高，原因在于产业承担了大量由政府提供资金的国防研发活动。日本最大的工业电子公司的全部研发资金的约5%是由政府提供的（参见Fransman，1993）。

其次，日本大学承担的研究活动中的2.2%是由行业提供资金，相比之下该百分比在德国是7.5%，在英国是5.9%，在美国是5.5%。

由日本政府投资的研发活动在全部研发活动中所占的比例小于西方国家，但是这一事实并不代表与西方国家相比，日本的产业所承担的研发活动的比例就比较大。图6.8显示，尽管日本的产业实施了全部研发活动的69.7%，但相应的百分比在德国是73.5%，在美国是72.1%，在英国是66.4%，在法国是59.5%。

然而，表6.3却显示比起西方国家，由日本产业提供资金的研发活动的比例要大得多。这意味着在日本的产业的研发活动中，只为实现产业目标而进行的研发活动的比例要远大于西方国家。产业为实现非产业的研发投资者的目标而进行研发活动的比较突出的例子是：美国、法国和英国政府为国防相关的研发活动提供资金。

表6.3 研发资金在所选择的国家的行业、大学和学院以及政府等领域间的流动

提供资金的领域	实施研究的领域	日本（1989年）数额	日本 份额%	美国（1990年）数额	美国 份额%	德国（1989年）数额	德国 份额%	法国（1983年）数额	法国 份额%	英国（1988年）数额	英国 份额%
政府	政府	8 827	92.6	33 400	100.0	6 590	92.7	7 227	95.6	4 278	84.2
	政府	707	7.4	0	0	393	5.5	52	0.7	472	9.3
	行业	1 028	1.2	71 300	33.0	4 526	11.5	3 646	22.4	3 888	16.5
行业	行业	81 161	98.6	145 000	67.0	34 771	86.8	11 867	73.0	16 799	71.4
	大学和学院	10 921	51.3	28 860	68.6	7 115	92.5	4 424	97.6	4 222	77.9
	大学和学院	458	2.2	2 300	5.5	575	7.5	58	1.3	322	5.9

注：1. 为了对比，表中所有国家的统计数字中包括了社会科学和人类学领域的研究。
2. 百分比显示了领域提供的研发资金在领域的总体研开支中所占的份额。
3. 数额是根据经济合作与发展组织的购买力评价的转换。
4. 美国的数据是估计数据。

资料来源：科技委员会，1991

第六章　在全球化环境中国家的技术政策会过时吗？日本的愿景

在日本，研发资金的98.6%来自行业，该百分比在美国是67.0%，英国是71.4%，法国是73.0%，德国是86.8%。

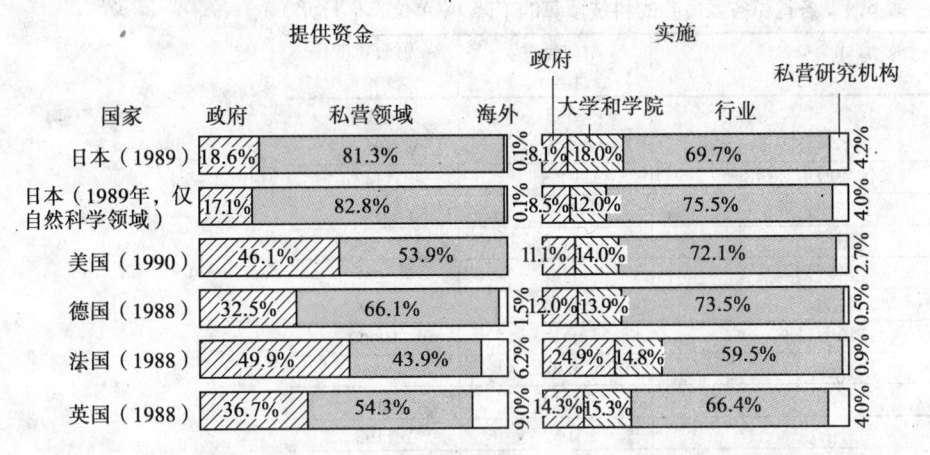

图 6.8 在所选择的国家，为研发活动提供资金和实施研发活动的领域所占的份额

国家	政府	私营领域	海外	政府大学和学院	行业	私营研究机构
日本（1989）	18.6%	81.3%	0.1%	8.1% / 18.0%	69.7%	4.2%
日本（1989年，仅自然科学领域）	17.1%	82.8%	0.1%	8.5% / 12.0%	75.5%	4.0%
美国（1990）	46.1%	53.9%	—	11.1% / 14.0%	72.1%	2.7%
德国（1988）	32.5%	66.1%	1.5%	12.0% / 13.9%	73.5%	0.5%
法国（1988）	49.9%	43.9%	6.2%	24.9% / 14.8%	59.5%	0.9%
英国（1988）	36.7%	54.3%	9.0%	14.3% / 15.3%	66.4%	4.0%

注：1. 为了对比，图中所有国家的统计数字中包括了社会科学和人类学领域的研究。关于日本的数据中还显示了自然科学领域的数额。
2. 在提供资金一栏中，私营领域包括了除政府和海外之外的所有领域。
3. 在实施一栏中，政府指的是经济合作与发展组织所界定的政府研究机构。

资料来源：科技委员会1991，114

6.7 日本通商产业省的作用

6.7.1 日本通商产业省在日本政府的全部研发开支中所承担的份额

日本通商产业省常常被推举为影响日本的科学和技术发展的主要政府力量，但该省在日本政府的科技开支中仅承担相对较小的比例。表6.4显示1991年文部科学省在科学技术上的投资最高，占到该领域的政府开支的将近一半；位居其次的科技委员会的投资大约是文部科学省的一半；日本通商产业省列在第三位，投资约为科技委员会的一半，第四位的防卫厅的投资则约为日本通商产业省的一半。

上述数据令人心存疑虑：如果日本通商产业省仅占政府科技领域开支的相对较小的比例，那么何以分析家们常常宣称其在科学技术领域具有较大影响力？后文将较详细地探讨这个问题。

表6.4 各省和各委员会的科技预算的下降 （单位：亿日元）

省或委员会	财政年度 1990	财政年度 1991
议会	533	533
日本科技理事会	951	1051
国家政策委员会	1055	1143
北海道发展委员会	149	148
防卫厅	104268	115045
经济规划委员会	809	850
科技委员会	494775	522561
环境委员会	9217	10900
法务省	939	1006
外务省	7095	8160
财务省	1087	1193
文部科学省	894301	936324
健康福利省	51242	56144
农林水产省	70108	73557
国际贸易与工业省	251548	255913
国土通信省	17402	20514
邮电省	30657	33904
厚生劳动省	4190	5046
建筑省	5979	6624
总务省	565	616
总计	1920871	2022631

注：1. 表中所有数额都是该财政年度的初始预算或大约值。
2. 由于数额都是已经完成的，所以以上每一栏的数额总数与该栏的总计不一定吻合。
3. 一些数额包括了人类学研究的大致金额。
4. 以星号标出的各个省和委员会的数额中包括了专业账户（Special Accounts）的科技预算（Science and Technology Budget）的大致金额。

第六章 在全球化环境中国家的技术政策会过时吗？日本的愿景

6.7.2 日本通商产业省在科技领域的支出

从表6.5中可以看到日本通商产业省在科技领域的支出的下降。该表中有许多要点。第一是能源研发占日本通商产业省的科技开支的52%，这意味着非能源行业的研发——包括计算机、半导体、生物技术以及新材料等日本通商产业省威信素著且一手栽培的所谓的高科技产业在内——仅占日本通商产业省科技预算的42%。

第二，日本通商产业省发起的、涉及竞争公司合作的合作研发项目在其科技预算总额中仅占相对较小的比例；而这些项目很大程度上却被西方国家视为日本通商产业省促使新的先进技术产生并扩散的最重要方式。

日本通商产业省对非能源"高科技"合作研发计划的投资主要是由于4个项目。首先是始于1966年的大规模研发项目，目前由日本通商产业省的行业科技委员会（AIST）和新能源和行业技术开发组织（NEDO）掌控。第二个项目是未来工业基础技术研发项目，该项目1981年启动，目前也受AIST和NEDO的控制。

第三个项目由日本关键技术中心（Kiban Gijutsu Kenkyu Sokushin Senta）承担。该中心成立于1985年10月，日本最大的本土电信运营商NTT私有化的时候。邮电省（MPT）和日本通商产业省在20世纪80年代初期为争取对计算机和通信的结合领域的常规控制权发生了激烈冲突，实际上关键技术中心代表了解决该冲突的部分政治协商妥协。该中心大部分资金来自政府所持有的NTT和日本烟草公司（Japan Tobacco Inc.）股份的股息。这就令研究经费方面具有了重要优势，研究从而相对独立于财务省的资金约束。虽然在形式上受到日本通商产业省和MPT的共同掌控，但由于两省对其权限所及的领域实行完全的管理，因而该中心事实上是从中间分化的。典型的做法是在公司、大学及政府参与研究的情况下，在固定时期内设立研究计划。通常70%的资金来自中心，其余30%

由公司提供。知识产权一般属于计划的参与方。在日本通商产业省方面，关键技术中心由 AIST 和 NEDO 负责管理。（如需了解对蛋白质工程学研究学会的分析，请参见Fransman和Tanaka，1995，该工程由关键技术中心中日本通商产业省管辖的部门提供资金。）

日本通商产业省的第四个为合作研发提供资金的项目是由该省的机械和信息产业署（Machinery and Information Bureau）运作的。该署为信息技术领域计划提供资金，这些包括第五代计算机项目和当前的真实世界计算机项目。

从表6.5中可以看到上述4个项目共同代表了日本通商产业省为非能源合作研发提供经费的主要状况，它们仅占该省总体研发支出的23%。如果这一比例保持到1991年仍不改变，那么就意味着这4个被许多人认为对日本公司的国际竞争力起重要影响的项目仅占日本政府科技支出总额的2.9%。

表6.5　1987年度日本通商产业省的行业技术研发开支

（单位：亿日元）

	开支	总体研发（%）
1. 能源研发	1 145.7	52
	1 068.4	48
2. 以下非能源研发		
大规模（A）	（139.3）	
未来技术（A）	（60.4）	23
关键技术中心（A）	（250.0）	
信息技术（M）	（57.9）	
3. 日本通商产业省的总体研发（金额）	2 214.1	100

注：（A）= AIST/NEDO；（M）即机械和信息（Machinery and Information）。
资料来源：Watanabe，1992

6.8　日本通商产业省对全球化的反应

可以用3种方式来形容日本通商产业省对日本的科技体

第六章 在全球化环境中国家的技术政策会过时吗？日本的愿景

系全球化的反应。

第一，日本通商产业省保持了对合作研发项目的应用，将其作为加强日本公司的国际竞争力的重要政策手段。日本通商产业省使用的"国家研发项目"一词反映出了这是国家的目标。（但是应当注意，日本通商产业省的国际竞争力目标在某种程度上被该省的其他重要目标——创造和谐的国际贸易关系——抵消了。）

第二，日本通商产业省承认了全球化的重要性，采取的做法不是尝试将其国家研发项目隔离在全球的影响之外，而是将这些项目国际化——该省不仅许可外国公司加入国家研究计划，还主动鼓励它们这样做。日本通商产业省起草并于1988年通过的法律《工业技术相关研究开发体系整合法》起到了推动作用。该法律有两个主要目的：将日本工业技术国际化，以及增强日本在基础研发和科技研发领域的能力。与此同时，1980年成立的NEDO被重组，在其内部设立了工业技术科（Industrial Technology Department）来帮助实现这两个目的。从1989年开始，外国公司被允许加入国家研发项目。

但是需要强调的是，在外国公司自1989年开始不仅得到许可而且受到鼓励参加日本通商产业省的国家研发项目的同时，这些项目始终是为了实现国家的目标而设立的，这些目标包括加强日本公司的竞争力以及加强日本的基础研究和科学研究能力。换言之，尽管政府鼓励外国公司加入这些项目，但不允许它们对项目的选择有第一位的影响力或影响项目的目标。通过上述方式，可以确切地说日本通商产业省已经将其国家研发项目国际化。

日本通商产业省对全球化的反应中的第三个"支架"是建立纯粹国际化的国际研发项目。在日本通商产业省通过其咨询程序选择了最初的广泛研究领域的同时，为了锁定确切的目标并形成套路，这些项目被开放供国际商讨。此类国际化项目的例子有**人类前**

沿科学项目、太空站项目和智能生产系统项目。

一般来说日本通商产业省就其国际化合作研发项目所采取的开展方式的确还在进化中。西方的政策制定者方面对于日本通商产业省发起人类前沿项目和智能生产系统项目的方式表示了相当的怀疑。最初许多人认为这些项目代表了日本通商产业省为了进一步加强日本公司的竞争力,通过更有效地引入先进西方研究所作的尝试。结果是日本通商产业省面临着让西方的政策制定者在确定这些项目的研究目的和套路方面发挥更大影响力的强大压力(大体上起到了作用,但不很成功)。

当日本通商产业省在这些压力下做出妥协,将项目开放供国际商讨后,许多疑问就此转化为了对项目较高的热情和对于所有参与国家将得到的利益的乐观主义。日本通商产业省从发起这些项目的经历中得到的最大教训或许就是其必须在更早的阶段,即项目界定的阶段开始与西方的政策制订者磋商,但适当的国际磋商过程可以令国际合作研究取得重要的进展。

概括一下,日本通商产业省对国际化做出的反应是坚持其两个目的:加强日本公司的竞争力和日本在基础研究和科学方面的能力;采取的方式则是将其国家研发项目国际化(通过允许并鼓励外国公司的参与来实现),以及发起成立充分国际化的合作研究项目(项目的目标和套路与其他参与国家磋商决定)。

6.9 国家目标 Vs.全球化

从上文中可以清楚地看到日本通商产业省正试图在将其国家研发项目国际化的同时保留这些项目的国家目标,以及

第六章 在全球化环境中国家的技术政策会过时吗？日本的愿景

试图建立纯粹的国际化项目并部分实现进一步的国家目标。但这种做法与上文讨论过的由趋同化假说得出的结论是矛盾的。让我们再次引用纳尔逊和赖特的论述：

政府为了使国有公司在技术领域拥有特殊优势而实施的政策……已不再那么有效。在当今世界，技术的混合性极为广泛，且许多国家的公司已做好了为开发新的通用技术而投资的准备；在这种情况下创建在相当长时期内仅适用于国界之内的新技术变得越来越困难了。（参见 Nelson 和 Wright 1992，1961）

所以是否日本通商产业省的尝试不可能成功呢？我相信在全球化的世界中，日本通商产业省的国家导向性政策不仅顺应环境而且很明智。这是由于以下原因。趋同化假说的结论**假设**"新技术不可能在相当长时期内仅适用于国界之内"，并随即由此**推断**"政府为了使国有公司在技术领域拥有特殊优势而实施的政策……已不再那么有效"。正如日本通商产业省的当前政策所暗示的，上述论点的问题在于即使结论所做的假设可能成真，其推断也未必会随之成立。

更特殊的是，日本通商产业省的政策暗示，规划并贯彻令日本公司在特定技术方面拥有竞争优势的项目是有可能做到的，即使这些项目创建的一些一般性新技术会被"泄露"给有竞争关系的非日本公司。为何会出现这样的情况？有什么理由能让我们确信日本通商产业省的政策是适当的，或者说完全是误导性的吗？

以下理由可以令我们确信日本通商产业省的政策是适当的。首先，并非国家研发项目的参与方获取的所有技术都会被"泄露"给未参与项目的竞争公司，即使那些公司具有必需的"社会容量"(social capacity)也一样，原因是在这些项目下创建的技术不是可以随意接触到的公共成果。大量此类技术将保持潜在或不被转让的状态，因此有相当多的技术由承担研究开发责任的参与者保留。[波拉尼（1967）的界定为：当某人所了解的比其能够告知的要多的时候，存在着潜在知识。在我们此处讨论的国家研发项目的情况下（如下文谈到的那些），尽管常常将项目的**成果**在国际性公开会议上公诸于众，但通常不会详细透露**取得这些成果的方式**。在波拉尼看来，典型的做法是在相当程度上对这些方式保持缄默。]

日本通商产业省的国家研发计划全部是面向可执行的应用技术体系的研发活动，因此它们具有很大的潜在程度。若要证实这一重要问题可以参考弗兰斯曼1993年出版的《市场及市场之外》(Market and Beyond) 一书，该书探讨了日本通商产业省的若干国家研发项目，其中详细阐述了它们的极大潜在性。被分析的项目包括：科技专用高速计算系统、光学测量和控制系统，以及模式信息处理系统，这些都是日本通商产业省的国家大规模研发项目的组成部分；还有作为日本通商产业省的未来工业基础技术研发项目的一部分的超晶格仪器和三维通信工程。后一个项目中的其他三个工程是关于生物技术领域的：生物反应器、大规模细胞培养和DNA重组应用工程，Fransman和Tanaka (1995) 对其进行了细致的分析。

《市场及市场之外》中还通过阐述潜在性的意义，解释了为何在特定领域处于支配地位的日本公司自愿送一些它们的研究者参加日本通商产业省发起的合作研究项目，即使这意味着它们的一些知识会被泄露给实力较弱的日本公司。可以看到，处于支配地位的公司的自愿性部分来源于相当程度的潜在性的存在。处于支配地位的公司会分配较大数量的研究者参加的工程，通常是关于该公司享有支配性保证的领域并具有既定潜在性的工程，从而这些公司能够从中比实力较弱的公司得到更大程度的利益。

第六章 在全球化环境中国家的技术政策会过时吗？日本的愿景

在非日本公司参与的日本通商产业省国家项目中，潜在性也具有同样的含义。外国公司的加盟并不代表它们能从中获得与日本公司一样多的知识（集体获得或在某些情况下个别获得），因此尽管国家研发项目的知识会有一些"泄露"给外国，但实际泄露的数量却受到了项目中的潜在性的极大限制。

证明日本通商产业省的政策适当的第二个理由是：尽管国家研发项目和国际项目中创造的所有知识都有泄露的倾向，但即使不存在潜在性，知识的泄露也需要相当时间。这意味着在知识扩散到具有获取该知识所需要的社会容量的竞争对手那里之前，知识的创造方将享有领先地位。

此外，在"基础的"核心知识广为传播且竞争者的社会容量分布均匀的世界里，竞争力基本上是由公司的领先状况决定的——即使只在很短时间内领先。举例来说，即使康柏或戴尔等个人计算机生产商在处理能力和价格方面只领先几个月的短暂时间，也意味着会在竞争力上获益良多。这表明从日本通商产业省的国家研发项目能够令日本公司拥有即使较短时间领先地位的能力程度来看，该省是可能达成增强日本公司竞争力的国家目标的。

正如为人所公认的，日本公司竞争力常常由较强的价值链下游部分的能力决定。在一些情况下，日本公司有可能通过将参与国家研发项目所获得的上游技术（例如导向性基础研究和应用研究的技术成果）与既有的下游能力联合起来，从而增强竞争力。因此，在日本公司能通过国家研发项目获取新技术的情况下，即使不存在潜在性以及即使上游知识向竞争对手的扩散并不迟缓（极其不现实的假设），相对于下游能力较弱的竞争者，这些日本公司仍然能从项目中得到竞争优势。

尽管国家研发项目可能使技术出现泄露现象，但项目活动中发生的技术流入（从其他国家的科技体系泄露到日本)使这些泄露得到了充分的弥补。例如，外国公司对日本国家研发项目的参与可能造成泄露现象，但是虽然如此，该泄露会因为外国公司引入项目中的知识而得到弥补。此外，将项目对国外开放的行为会为项目以及日本体系（更宽泛来讲）赢得国外的善意，这种善意可能在其他情况下为体系带来补偿性的流入。

纳尔逊和赖特提到了"政府以令国有公司在技术领域拥有特定优势为目的而设置的政策"(1992，1961)。但是用于判断具有国家目的的政策是否可行的标准不必过于苛刻。适当的标准不在于参与项目的国家公司能否取得竞争优势，而是在于它们参与项目是否比不参与项目要好以及从项目中得到的利益是否多于支出。按照上述标准，一些国家研发项目在国际化的条件下是可行的，即使参与其中的国家公司并未得到竞争优势。

生物技术的核心常用技术之一——蛋白质工程学领域就是一个例子。美国出资的日本技术评估项目(US-sponsored Japanese Technology Evaluation Program) 于1985年发表的报告认为"日本当前在蛋白质工程学领域排名第四，列于美国、英国和西欧之后。目前日本的大学和行业都没有大量从事这方面活动"。

为了弥补上述状况，日本通商产业省于1986年4月在日本关键技术中心的支持下成立了蛋白质工程学研究学会(PERI)。公司和大学将研究者送到PERI，该研究学会开发蛋白质结构分析和电脑图像等领域的常用蛋白质工程学技术；将这些技术商业化的任务则由参与开发的个体公司在项目之外承担，且将其视为正常的商业秘密。生物技术以及相关领域的许多主要的日本公司都参与了上述活动。此外还有两家外国公司加盟——大型瑞士制药公司在日本的子公司日本罗氏 (Nihon Roche) 和日本数字设备公司 (Digital Equipment)。(这是外国公司参与日本的国家研发项目的最早例子之一。)

截至1989年,有相当迹象显示PERI的研究已具有国际先进水准(细节请参阅Fransman和Tanaka 1995年的成果)。从日本国家的角度来看,显然该项目是切实可行的(且在日本被认同为关键技术中心承担的最成功的项目之一)。即使如此,参与该项目的日本公司也不见得能从项目中获得"竞争优势",拥有比其西方的竞争者更好的蛋白质工程学技术。

根据上述5个原因可以推断出,在20世纪80年代和90年代的国际化大环境中,日本通商产业省的国家目标导向的合作研发项目是可行的。但是如果说这一论点适用于日本,那么它是否对其他较大的西方国家也有效呢?

6.10 对于其他较大西方国家的意义

除了上一节中的第三点(建立在假设日本公司的价值链下游的相对实力较强的基础上),提出的所有观点也都适用于其他较大的西方国家。

让我们以第五点为例,也就是项目获得的利益多于其开支且使得参与其中的国家公司情况比过去更好。实际上美国的半导体制造技术产业联盟(Sematech)的例子与上一节中用于说明该点的蛋白质工程学的实例是类似的。半导体制造技术产业联盟项目由DARPA创立,在很大程度上其根本目的是在尼康(Nikon)等日本公司开始建立半导体设备领域的国际竞争力的同时,发展自身在该领域的能力。当前的报告认为,在此之前日本的半导体设备几乎成为仅有的选择,而半导体制造技术产业联盟合作研发项目令许多美国半导体生产商得以购买有竞争力的美国制半导体设备，在这一意义上，该项目是成功的。

既然五点中有四点也可以适用于较大的西方国家，那么根据这些观点的有效程度，得出的结论是在国际化的大环境中，为了达成国家目标而建立的研发项目是可行的。但是必须注意，上述观点是建立在哪些假设的基础上的，如潜在性的假设；因为这些假设将国家导向性的项目会切实可行的情况限制在了一定范围内。当然，国家导向性研发项目的范围必然非常广泛，我们不在此探讨这个问题。

6.11 日本通商产业省的矛盾问题

1991年，文部科学省控制了日本政府科技预算的46个百分点，科技委员会为26%，而日本通商产业省所占份额仅为13%。那么正如许多人所争论的，为什么日本通商产业省是在技术领域权力最大的省呢？

笔者对于这一引人瞩目的问题的回答是：日本通商产业省确实是该领域最强有力的省，但其权力和影响力并非源于预算，而是来自两个必然相关的来源：其权限管辖下的公司，以及其掌控的高效全球信息网络。我们需要对这两个来源进行详细说明。

虽然日本通商产业省并非负责全部生产领域，但其中动态性最强的部分却处于其管辖之下。更确切地说，运输、电子（包括半导体、计算机和电信）以及化学这几个在日本的生产价值增值和出口方面占多数比重的领域受日本通商产业省管辖，另外还有其他一些不那么重要或动态性较弱的领域，如纺织等则不受其管辖。

第六章　在全球化环境中国家的技术政策会过时吗？日本的愿景

在20世纪60年代末期之前，日本通商产业省都直接控制着外汇的分配，这意味着生产公司需要进口包括技术在内的所需物资时，必须先从该省处取得许可。此外，通过其对日本发展银行（Japan Development Bank）提供的贷款的影响力（从而间接影响城市银行对信贷的提供），日本通商产业省还相当程度地控制着资金的分配。通过对需要促进的特定行业的选择，日本通商产业省对这些行业中的公司的财产具有重要影响力；而且日本通商产业省的实验室和合作研发项目也对刚刚起步追赶西方同类公司的日本公司起到了重要的推进作用。由此日本通商产业省有能力对所管辖的生产领域的公司发挥极大程度的影响力。

20年后，日本通商产业省的影响力有了重大转变。日本公司的规模远胜从前，技术能力大大增强，且往往能以极高的信用等级应用国际资本市场，而它们对日本通商产业省的需要远远不及以前。日本通商产业省失去了对外汇分配的控制等许多过去拥有的直接控制能力，为了继续执行其工业、技术和贸易方面的政策，该省开始依赖"行政引导"的手段。

但是日本公司仍继续依靠日本通商产业省来完成它们无法完全靠自身进行的事项。这些事项包括以下几种。

第一，在科技领域，在日本公司成功地消除了与外国竞争者之间的差距的同时，日本通商产业省日渐着眼于更长远的未来。尽管日本公司有可能比许多西方的同类公司更具有"长期导向性"，但它们仍然受到产生利润的自身需求以及限制公司愿景的各种因素的严重束缚，这些束缚意味着常常不愿意冒险进入未来回报有着高度不确定性的新技术领域。如本章前面所述，日本通商产业省对上述约束有所了解后，日益强调其在新技术（未得到来自日本公司的应有关注）的创造和之后的扩散方面起到的帮助作用，从而日本通商产业省得以确保其在技术领域与许多日本公司的持续的相关性。

第二，随着国际贸易争端的重要性不断增加，日本通商产业省开始在协调日本与其贸易伙伴之间的国际经济关系方面起到不可或缺的作用。从界定来看，在这一领域，受到利润和市场考量的驱使的日本公司是无法独立或集体地解决所出现的问题的，因此日本通商产业省在国际贸易领域的作用至关紧要。

第三，在过去几十年中日本通商产业省还逐渐在能源和环境领域发挥出重要作用。在能源方面，20世纪70年代的石油危机明显地揭示出了能源对于日本经济的重要性。日本通商产业省秉持着其作为总体的生产领域的守望者的信念，着手制定一套有关能源的政策。可以从现实中清晰地看到日本通商产业省在能源领域的传统作用，前文中已经提到，在日本通商产业省的研发支出中，超过半数是与能源有关的。在环境领域，应当承认追求利润的公司是无法实施环境保护和优化所需的行为的。日本通商产业省在该领域也起到了重要作用。

出于上述原因，尽管毫无疑问日本通商产业省对于日本公司的控制力减少了，但该省继续发挥着不可取代的作用。从而保证了日本通商产业省继续在科学技术领域具有政治"影响力"，在该领域中日本通商产业省的影响力远远超出了其在日本政府的财政预算中所占的份额。

然而，日本通商产业省的影响力不仅源于其在日本的工业和贸易方面持续起到的重要作用，还来自于其掌控的富有价值的全球信息网络。这一网络的"节点"由日本通商产业省延伸而出，包括了该省建立的正式的和非正式的顾问委员

第六章 在全球化环境中国家的技术政策会过时吗？日本的愿景

会和咨询委员会；常常处于日本通商产业省的引导下的行业协会（如上文指出的，是受日本通商产业省管理的、日本经济中最具有动态性的领域的行业协会）；日本通商产业省与其他省和委员会之间建立的联系（经常是通过日本通商产业省员工的借调来建立）；且JETRO的活动带来了国外工业、技术领域和市场的详细信息。

日本通商产业省的全球信息网络为该省提供了关于日本和其他全球经济的空前丰富的高质量信息。这些信息跨越了国家、技术、公司、工业领域以及市场，给予了日本通商产业省的决策者一个庞大广阔的愿景，使其在此愿景的基础上对日本生产领域的优势、弱点以及所面临的机遇进行确认。在并不需要太过昂贵的运行成本的同时，该信息网络将日本通商产业省的官僚们置于有利于明确应当作什么以及如何去做的位置上（尽管日本通商产业省的官员并非总能"正确领会"——参见Fransman，1995a）。

6.12 结论

本章主要谈到了两个密切相关的问题。第一个问题是以增强国有公司实力为目的国家技术政策在当今商务、贸易以及科学技术全球化的世界中是否过时；第二个问题则是日本政府特别是日本通商产业省在贸易和技术领域的作用。

关于第一个问题，我们在本章中可以看到日本通商产业省以两种方式对日本科技体系全球化的事实（对这一全球化有详细阐述）作出了反应。第一种方式是在将国家合作研发项目国际化的同时保持项目的国家目标；第二种方式涉及建立依然具有国家目标导向性的完全国际化的新项目。此外本章中还显示，尽管随着时间流逝日本的科学技术体系会有相当多的"泄露"现象，但是以通过这些项目来加强日本公司实力为目标的日本通商产业省的政策仍然是适当的。另外还提到，大多数用于证明日本通商产业省政策的适当性的理由也可以相应地适用于其他较大的西方国家。

　　至于日本政府在科学技术领域的作用，本章中表明尽管其在国家研发支出总额中所占的份额大大小于类似的西方国家，但日本政府持续在为日本公司（日本公司是日本经济的主要"发动机"）加强科学技术基础方面起到至关重要的作用。本章还探讨了日本通商产业省的矛盾问题，即如果说日本通商产业省只控制了日本政府在科技领域的预算的13%，它何以能够在该领域具有人们所宣称的那样巨大的影响力。参照日本通商产业省对于日本经济中动态性最强的领域的公司发挥的持续重要作用，以及其作为遍及日本以及其他主要世界经济体系的庞大信息网络的控制者所起到的作用，本章解释了该矛盾问题。

第六章　在全球化环境中国家的技术政策会过时吗？日本的愿景

附录 6.1

大规模研发项目下的研发工程

表 A1.1　已完成的 21 个工程

计 划 名 称	研发时间（年）	研发开支（单位：亿日元）
1. 超高性能电子计算机	1966~1971	10100
2. 直接脱硫方法	1966~1971	2700
3. 石蜡制造新方法	1967~1972	1200
4. 海下遥控钻油平台	1970~1975	4500
5. 海水脱盐及副产品利用	1969~1976	6700
6. 电车	1971~1976	5700
7. 汽车全面控制技术（comprehensive automobile control technology）	1973~1978	7300
8. 模式信息处理系统	1971~1980	21900
9. 使用高温还原气体进行的直接炼钢流程	1973~1980	13700
10. 由重油中制造石蜡	1975~1981	13800
11. 喷气飞行器引擎	1971~1981	19700
12. 资源利用技术	1973~1982	12600
13. 复杂利用激光灵活生产系统	1977~1984	13500
14. 海底石油生产系统	1978~1984	18200
15. 光学测量和控制系统	1979~1985	15700
16. C_1 化学技术	1980~1986	10500
17. 卫星-1 地球资源观测系统	1984~1988	10900
18. 科技专用高速计算系统	1981~1989	17500
19. 自动化缝纫系统	1982~1990	8200
20. 高级机器人技术	1983~1990	15600
21. 水处理新系统	1985~1990	9400

资料来源：Watanabe（1992）

表A1.2 进行中的9个工程

1.	锰结核开采系统	1981~1994
2.	能共同使用的数据库系统	1985~1991
3.	材料处理高级机械系统	1986~1993
4.	以海洋生物为原料精密制药	1988~1996
5.	超音速传输推进系统	1989~1996
6.	地下空间开发技术	1989~1995
7.	先进化学制品处理技术	1990~1998
8.	人类感官测量应用技术	1990~1998
9.	微机技术	1991~

资料来源：Watanabe（1992）

第六章 在全球化环境中国家的技术政策会过时吗？日本的愿景

附录6.2

未来工业基础技术研发项目下的研发工程

表A2.1 已完成的11个工程

计划名称	研发时间（年）	研发开支（单位：亿日元）
新材料		
1. 控制下的先进水晶合金（Advance alloys with controlled crystalline）	1981~1988	3903
2. 先进合成材料	1981~1988	4649
3. 新的人造膜分离技术（Synthetic membranes for new separation technology）	1981~1990	4179
4. 合成金属	1981~1990	2883
5. 高能塑料	1981~1990	2441
生物技术		
6. 生物反应器	1981~1988	2987
7. 大规模细胞培养	1981~1989	3362
8. DNA重组应用	1981~1990	3084
新电子装置		
9. 为极端状况设计的Fortifield集成电路	1981~1985	1315
10. 超点阵装置	1981~1990	3666
11. 三维集成电路	1981~1990	6488

资料来源：Watanabe（1992）

表 A2.2　进行中的 11 个工程

超导	
1. 超导材料、超导装置	1988~1998
先进材料	
2. 精制陶瓷	1981~1992
3. 供恶劣环境使用的高效材料	1989~1996
4. 感光材料	1985~1992
5. 非线形感光材料	1989~1998
6. 硅基聚合体（silicon-based polymers）	1991~
生物技术	
7. 功能性蛋白质系统使用的分子集合	1989~1998
8. 复杂碳水化合物生产及应用技术	1991~
新电子装置	
9. 生物电子装置	1988~1995
10. 量子功能装置	1991~
软件	
11. 软件结构新模式	1990~1997

资料来源：Watanabe（1992）

第七章

未来技术的愿景：政府、全球化和大学在日本生物技术领域的作用*

7.1 引言

哪些技术将主导21世纪的工业产出、生产力和全球竞争力？政府和大学将起到哪些与这些技术相关的作用？

围绕着上述问题存在相当程度的解读性模糊现象。通过分析日本政府部门和大学机构如何对某个特定技术类型，即生物技术的兴起（许多人认为生物技术将对一切经济体系产生普遍深入的影响）做出反应，本章在比前两章更深层的意义上探讨日本的创新体系。在日本，政府和大学在生物技术领域采取了什么举措呢？为什么会采取这些举措？有什么效果？本章对上述问题的答案进行探索。

7.2 本章概述

本章首先大致介绍有关日本政府和大学在新技术领域中发挥作用的若干影响较大的观点，随后详细探讨日本通商产业省在生物技术领域起到的作用；接下来将注意力集中

---

* 本章是与 Shoko Tanaka 共同撰写的，原先曾以"政府、全球化和大学对日本生物技术领域的作用"（*Government, Globalisation and Universities in Japan Biotechnology*）为题发表在《研究政策》上（*Research Policy*, 1995, 24: 13~49）。

在日本通商产业省在生物技术领域发起的几个主要的合作研发项目以及这些项目的成果，之后分析并评估几个科技委员会（STA）出资支持的生物技术工程。

但是为什么政策的制定者会制定出当前的政策？使这些政策形成的主要影响因素有哪些？本章随即通过探讨日本的企业、行政官员和政治家之间的关系回答这些问题。在此之后又分析其他一些与生物技术领域有关联的日本各省所扮演的角色，其中包括各省在该领域出现的争端。

接下来的章节中分析日本大学在生物技术领域的作用，其中包括：调查日本大学的研究对于一些最主要的日本生物技术公司的重要性所得出的结论，以及对东京大学一所顶尖的生物技术研究实验室的个案研究。

日本的生物技术的高端研究是怎样分布在公司实验室和大学中的？这种分布模式与在主要的西方国家有区别吗？本章在一项与生物技术有关的药物专利研究的基础上分析这一问题。本章结尾处对生物技术领域的日本体系的若干主要特征进行归纳。

7.3 背景

政府在鼓励工业发展方面应起到什么样的适当作用，这个问题始终令人困惑。在美国，更具未雨绸缪特色的克林顿政府的出现使得对该问题的普遍观点产生了显著的变化；但与此同时，在政府能对工业发展起到的作用这一方面，学术观点上仍存在重大分歧。纳尔逊（1992）在研究了许多国家创新体系后得出的结论体现了上述的学术矛盾性："某种程度上，将公司实力强大且具有创新性的体系与情况并非如此的体系区分开来的……比起带有进攻性的'技术政策'，更

第七章 未来技术的愿景：政府、全球化和大学在日本生物技术领域的作用

多的是当前为人们所认同的方式。"

本章主要对三个问题投以关注：在通过生物技术领域的合作研究加强日本公司的技术基础方面，日本政府的各个机构起到了哪些作用？在该领域，日本的大学对日本公司有多重要？日本创新体系的"全球化"（日渐开放）是怎样对日本政府在生物技术领域的作用产生影响的？

在日本的范畴中，上述三个问题全部且始终是有争议的，正如将类似的问题放在其他国家的创新体系中也会出现同样的情形。但它们也始终非常重要，理由很简单：工业发展和竞争力是所有国家都会摆在极其优先位置上的关键问题，且随后会关系到考虑政府为了达成这些目标能做些什么的问题。

为了解答该问题，必须首先对政府在其国家的工业发展和竞争力方面所起到的作用进行细致的研究；然后在研究的基础上可以尝试着解决以下重要问题：政府的努力带来了哪些不同？也就是说，如果政府没有以其采取的方式介入，结果会如何？本章中采取了上述的研究方式。尽管这种与现实相反的问题在本质上是很难探讨的，但如最后一节所示，我们在进行回答后会取得一些进展。

7.4 背景

7.4.1 日本政府在生物技术领域起到的作用

美国技术评估局（OTA）1984年提出的生物技术领域的潜力报告指出，"日本可能成为美国在生物技术领域的最大竞争者"（参见OTA 1984, 7）。报告中提出来两个理由支持该结论，第一个理由是：

日本公司在相当大的工业领域范围中具有广泛的生物加工技术经验。日本虽然没有领先的生物加工技术，但和美国相比，日本确实拥有相对多的使用旧生物加工技术的工业经验，建有更多的生物加工工厂以及更多的生物加工工程师。（参见OTA，1984：7）

第二个理由是基于日本政府的作用提出的：

日本政府将生物技术锁定为未来的关键技术，正在为其商业开放提供资金，且对行业、大学和政府的代表之间的互动进行协调。（参见OTA，1984：7~8）

后一点认为日本政府在培养生物技术领域的日本公司的竞争力方面起到了作用，我们将在本章中探讨是否有明显的证据支持该观点。

7.4.2 日本的大学在生物技术领域起到的作用

根据常规的判断，至少相对于西方大学，日本的大学是日本创新体系的一个薄弱环节。OTA的报告称："此次评估确认，无论日本还是有竞争关系的欧洲国家的大学与行业之间的资金关系都不如美国多或不如在美国好。"（参见同上：17）

日本经济学权威Masahiko Aoki就日本大学的作用得出了颇具防御性的结论：

外国观察者将日本的大学与先进的工业实验室相比，认为日本的大学动态性和创新性较差，故而评价不高。我认为除了若干领域之外，日本的国立大学在研究和毕业生水平教育方面都落后于一流的美国研究性大学。（参见Aoki，1988：252）

但是Aoki将其结论限定在两个方面：

首先，日本人近期在一些科学领域取得了重要进展，而

第七章　未来技术的愿景：政府、全球化和大学在日本生物技术领域的作用

大学在其中发挥的作用不是可以完全忽视的……第二，在研究者和工程师在公司间的流动性较差的情况下，大学教授的实验室作为信息交换站，其作用是不容忽视的。重要的工程学系的教授在分配新毕业生到主要公司时起到了决定性的作用。(参见Aoki, 1988：252）

为了更直接地检验常规判断的正确性，我们访问了6家日本最大的与生物技术相关的公司，以便了解日本的大学作为外部知识来源的重要性。此外，为了确认在当前的制度和法律条件下这种类型的大学与行业间的联系在日本可以实现，我们与东京大学一位生物技术研究权威进行了详细讨论。

本章中提出的结论认为，日本的大学是远比一般认可的程度更为重要的日本创新体系的组成部分。

7.4.3　全球化和日本政府的作用

近年来，有一种观点认为，以给予国有公司在特定技术领域的优势为目标的政府政策正在被技术的"全球化"破坏，且这种观点正在逐渐变得突出。举例来说，纳尔逊和赖特认为：

至少在就教育和研究设施重新进行了所需要的社会投资的国家之间，国界对技术流动的影响已远远不及过去。国家政府在了解这些生活中的新事实方面表现得很迟缓。实际上，可以看到在过去10年中所谓的"技术民族主义"倾向急剧严重，表现为政府以令国有公司在技术领域拥有特定优势为目的而设置的政策。(参见Nelson和Wright, 1992, 1961）

根据纳尔逊和赖特的看法，"技术民族主义"的政策不太可能在全球化的世界中取

得成功。

我们的观点是这些政策已不再能较好地发挥作用。在当今世界,技术的混合性极为广泛且许多国家的公司已做好了为开发新的通用技术而投资的准备;在这种情况下创建在相当长时期内仅适用于国界之内的新技术变得越来越困难了。(参见Nelson和Wright,1992,1961)

将上述观点适用到日本的生物技术中,那么日本政府增强本国公司在该领域的实力的努力注定会失败。但是实际上是否真的如此呢?还是说,存在着一些可以证明日本政府的生物技术项目在增强本国公司实力方面能带来所要求的效果的理由?本章后面会探讨到这些问题。

7.5 日本通商产业省在生物技术领域的作用

7.5.1 引言

虽然与西方国家政府相比,日本政府承担的总体研发开支的份额较小,但其在国家创新体系中仍然起到了重要作用。如图6.7所示,在本国研发开支总额中,与日本政府贡献的18.6%相比,德国(政府)贡献了33.2%,美国是46.1%,法国是49.3%。如果排除国防相关的研发开支,那么相对于美国的25.8%、德国的29.9%和法国的33.9%,日本的百分比是18.0%。但日本政府已公开宣布,只要财务条件许可,立即将研发开支增加一倍。

本节讨论日本通商产业省在生物技术领域发挥的所有作用。在接下来一节中分析并评估日本通商产业省的四项最重要的生物技术工程,其中三项属于未来工业项目,第四项则是蛋白质工程学研究学会。再后面一节分析科技委员会

第七章 未来技术的愿景：政府、全球化和大学在日本生物技术领域的作用

（STA）投资建立的EARTO项目中的生物技术部分。之后的一节中讨论其他与生物技术有利益关联的省的生物技术项目。

7.5.2 20世纪70年代日本的生命科学和生物技术的新兴趋势

日本于20世纪70年代初开始强调生命科学在产业战略上的重要性。1971年4月内阁官房科技部提议发展生命科学。1973年科技委员会建立了生命科学促进办公室（Office for Life Science Promotion）。

与此同时,全球开始关注普通生命科学的潜在意义,特别是形成中的新的生物技术。根据沃森（Watson）和克里克（Crick）1953年建立的双螺旋模式,博耶（Boyer）和科恩（Cohen）于1973年克隆出第一个基因,从而诞生了DNA重组这一新的遗传工程学技术；而1975年Milstein和Kohler创造了第一个杂种细胞（融合细胞）。

1976年第一家所谓的新生物技术公司Genentech成立,该公司是大学研究的副产品,主要探索DNA重组技术。Genentech的股票于1980年第一次在华尔街上市时创下了股价上升最快的纪录,在20分钟内由35美元上升到89美元。1981年,另一家新生物技术公司Cetus的股票的首次公开上市,为华尔街创立了首次招股募集金额的新纪录——达到了1.15亿美元。

到1981年年底美国成立了超过80家新生物技术公司。同年美国最大的化工公司——杜邦公司在生命科学领域投资12000万美元进行研发,紧随其后是规模第三的Monsanto公司,投资金额与杜邦相差无几。尽管上述情况强调了在新生物技术领域存在着的可察知的机遇,但所有权制度开始产生的转变提示了较迟进入新生物技术领域的公司将面临的潜在威胁。1980年在戴蒙德（Diamond）诉查克雷巴迪（Chakrabarty）案中, 美国最高

法院裁定在现有法律下微生物的创新可以获得专利,同年科恩和博耶的专利在与 DNA 重组相关技术领域开始生效。

7.5.3 日本通商产业省的反应和较大的日本化工公司 日本在化工领域的相对失败

为了理解日本通商产业省对于 20 世纪 80 年代初出现的新生物技术的反应,必须了解日本化工行业当时所处的地位以及日本通商产业省之前为了支持该行业所做的尝试。

某种程度上日本的化工行业是"相对失败"的。至少相对于最大的西方化工公司,日本最大的化工公司在规模和国际行为方面还望尘莫及。正如 Itami (1991) 在对日本化工行业的研究(是同类研究中最有价值的研究之一)中所指出的,最大的日本化工公司投入研发的开支远远不如西方的同类公司,且在该领域雇佣的员工也少得多。

举例来说,拜耳医药 (Bayer)、赫斯特 (Hoechst)、巴斯夫 (BASF)、杜邦和英国化学工业公司 (ICI) 大约分别在研发方面投入了 25 亿、13.2 亿、10.2 亿和 9.8 亿美元;而日本最大的两家化工公司三菱化学公司 (Mitsubishi Chemical) 和住友化学工业公司 (Sumitomo Chemical) 的相应数额是 3.1 亿和 2.2 亿美元。赫斯特、拜耳医药和杜邦雇佣的研发人员分别是 13000、12700 和 5000 人,而三菱化学和住友化工的相应人数则分别是 1850 和 1800 人。

此外,日本的化工公司远比西方的化工公司更依赖本土市场。1987 年到 1988 年度拜耳医药、ICI、BASF 和杜邦的出口额对本地产值之比分别是 58%、51%、28% 和 27%,而三菱化学的相应数据只有 2.7%。

尽管上述数值相差悬殊,但根据其他标准来看时,日本

第七章 未来技术的愿景：政府、全球化和大学在日本生物技术领域的作用

的化工行业显得较为成功一些。例如，1988年日本化工行业的总产值为1602亿美元，相比之下该数字在美国是2405亿美元，在西德是895亿美元。前西德的化工行业占当年的国民生产总值（GNP）的8.9%，而日本的相应数值是6.2%，美国的是6.0%。1987年日本化工工业占世界化工总产值的14.1%。本节中使用的数据来自Itami的研究（1991）。

解释日本在化工领域的相对失败

为日本在化工行业的失败提供了可靠的解释的同时，Itami（1991）还提出了几个重要原因。他在阐述的过程中强调了该行业在第二次世界大战之后的迅速衰败、日本通商产业省当时为了扶植化肥业所做出的努力、石油化学的出现使化工行业重新备受关注以及20世纪70年代和80年代初的两次石油危机产生的影响。根据Itami的观点，这些变化令化工公司持续依赖政府的支援并限制了公司间的竞争。相比之下，在电子、汽车和钢铁等创造了日本成功神话的领域中，那些公司极其迅速地脱离了对政府的依赖，并不得不面对国内和国际市场上的激烈竞争。

这些因素毫无疑问十分重要，但我们需要进一步了解日本化工公司未能取得规模经济（在当时很关键）的成果的原因，还需要了解在距现在更近的时期里范围经济的不断增加的重要性，以及日本的化工公司在与电子和汽车等复杂用品行业之间的互动中得到的好处。

无论日本的化工行业相对失败的理由是什么，从本章的写作目的的角度来看，最重要的是，从新生物技术的诞生中，负责化工行业的日本通商产业省官员看到了将这个他们曾努力扶植却不见成效的行业发展起来的一系列机会。

日本通商产业省和日本的大型化工公司对于新生物技术的诞生的反应

像美国和欧洲的同类公司一样，日本的化工公司是被传统业务领域下滑的利润率

"推"进生物技术领域的,也可以说它们是被预期的高回报率"拉"进这一新的技术领域的。对许多日本化工公司来说,在石化产品的国际竞争不断升级的情况下,集中生产以石油为基础的大宗化学品和塑料等产品容易陷入困境。1979年和1980年的油价上升以及随之而来的全球经济衰退更是进一步打击了利润率。

1980年,5家日本化工公司——朝日化工(Asahi Chemical)、协和发酵(Kyowa Hakko)、三菱化学、三井化学(Mitsui Toatsu)和住友化工(Sumitomo Chemical)抱着合并生物技术领域的利益的目的建立了生物技术论坛(Biotechology Forum)。在这段时间前后,上述及其他日本公司开始进行最初的新生物技术相关领域的研究。

1981年日本通商产业省进入了生物技术领域,这一举动即说明日本对生物技术的重要性的感受正在加深,同时也反映出该省在自身管辖范围内帮助各行业加强能力和竞争力的传统作用。促使日本通商产业省进入生物技术领域的深层原因则是当时国际化工工业的衰退现象、日本通商产业省对于日本化工公司实力相对薄弱的长远考虑和第二次"石油危机"后日本通商产业省对能源对策的关心。

在与大约50家公司进行了初步探讨后,日本通商产业省最终于1981年邀请了14家公司加入未来工业基础技术研发项目中的生物技术部分(该项目的其他部分是研究未来的电子装置和新材料,弗兰斯曼在1993年的研究中详细分析了该项目的未来电子装置部分的情况)。最终被选中的公司为味之素(Ajinomoto)、朝日化工、大赛路化工(Daicel Chemical)、日本电气化工(Denki Kagaku Kogyo)、花王公司(Kao Soap)、协和发酵、三菱化学、三菱生命科学化学

第七章　未来技术的愿景：政府、全球化和大学在日本生物技术领域的作用

研究学会(Mitsubishi Chemical Institute of Life Sciences)、三菱瓦斯化学公司(Mitsubishi Gas Chemical)、三井石化 (Mitsui Petrochemical)、三井化学、武田化工 (Takeda)、东洋酿造 (Toyo Jozo) 和住友化工 (Sumitomo Chemical)。上述选择反映出了日本通商产业省对于化工行业的管辖，所有公司都在化工领域有重要利益，其中12家（除了味之素和东洋酿造之外）基本上都是化工公司。（下文中详细分析了该项目。）

为了进一步巩固自身与对生物技术有兴趣的日本公司之间的联系，日本通商产业省于1982年在该省的基础工业署内成立了生物产业办公室 (Bioindustry Office)，基础工业署长期负责化工、钢铁和有色金属 (non-ferrous metals) 等领域。

1982年6月生物产业办公室成立委员会协助生物产业的发展，该委员会属于政府与行业间的顾问委员会，职能为观察行业状态并创造未来"愿景"。同年生物产业委员会创建了新的行业协会——生物行业发展中心 (BIDEC)，该中心最初由日本工业发酵协会（创立于1943年）出资。BIDEC 收集生物技术行业的信息，促进非私有信息在成员公司之间流动，协调行业对政府的意见的表达，并提供对政府项目的反馈。在 BIDEC 20 世纪80年代中期的大约150个成员当中（其中包括几家外资公司），28%属于化工领域，23%属于电气、机械和建筑领域，20%来自食品领域。

行业和政府之间的信息流动和合作研究

显然从上面对过去历史的叙述中可以看到，日本通商产业省实施的通过鼓励日本的化工公司采用新的生物技术来强化并逐渐增加其竞争力的尝试主要由两个部分构成。第一个组成部分涉及为日本通商产业省现有的、联系着其管辖下的公司和领域以及其技术和市场的庞大信息网络增添新的脉络。该新脉络将有助于改善新生物技术领域中的行业与政府之间的信息流动。在信息有所改善的基础上，日本通商产业省可以参考相关的行

业利益,在更好的立足点上评估可能受到了新技术影响的日本公司和研究机构的实力和弱点,并确定政府如何介入才能取得较大成果。

日本通商产业省在生物技术领域的行动规划的第二个组成部分是建立许多合作研发工程,这些工程的目的是加强参与公司和该领域中其他依靠自有设施无法进行充分有效研究的研究机构的技术实力。有竞争关系的公司常常(同时)参与这些工程。第二个组成部分运用了日本通商产业省在促进其他行业的发展时已经积累的经验,弗兰斯曼(1993)曾详细分析了计算机和半导体行业的情况。

7.5.4 日本通商产业省在生物技术领域的合作研发工程

表 7.1 中显示了日本通商产业省到 1992 年为止在生物技术领域的合作研发工程。日本通商产业省的生物技术工程被归入了七个项目下。首先,上文已经提到过的未来工业基础技术研发项目是于 1981 年启动的,该项目由日本通商产业省的行业科技管理处(AIST)和日本通商产业省的新能源和行业技术发展组织(NEDO)掌控。接下来是始于 1966 年的且同样由 AIST 和 NEDO 管理的大规模研发项目。

第三个项目由日本关键技术中心(Kiban Gijutsu Kenkyu Sokushin Senta)运作。该中心成立于 1985 年 10 月日本最大的本土电信运营商 NTT 私有化的时候。邮电省(MPT)和日本通商产业省在 20 世纪 80 年代初期为争取对计算机和通信的结合领域的常规控制权发生了激烈冲突,实际上关键技术中心代表了(解决该冲突的)部分政治协商妥协。

关键技术中心的大部分资金来自政府所持有的NTT和日

第七章 未来技术的愿景：政府、全球化和大学在日本生物技术领域的作用

本烟草公司（Japan Tobacco Inc.）股份的股息，这就令研究经费方面具有了较大优势，研究从而可以相对独立于财务省的资金约束。虽然在形式上受到日本通商产业省和MPT的共同掌控，但由于两省对其权限所及的领域实行完全的管理，因而该中心事实上是从中间分化的。典型的做法是在公司、大学及政府参与研究的情况下，在固定时期内设立研究计划。通常70%的资金来自中心，其余30%由公司提供。知识产权一般属于工程的参与方。

剩下的几个项目是NEDO研究基础促进项目、全球环境研发项目、人类前沿项目和生物量研发项目。

但是，关于上述工程存在很多疑问，且这些疑问未能在日本现有的生物技术文献中得到充分的讨论。举例来说，工程的目标是什么？哪些公司参与其中？更重要的是项目中存在哪些种类的"研究合作"？特别是，工程的参与者尤其是相互竞争的公司在多大程度上共享工程中产生的知识？知识的分享有多精确？知识分享的过程中有什么约束（如果有约束的话）？参与者从工程中得到了哪些利益？且更难确定的是，工程还带来了哪些"附加收获"，也就是说，产生了哪些一旦工程不存在就不会发生的利益？

为了回答上述问题，我们选择了日本通商产业省的四个最重要的生物技术工程进行更深层的分析，其中包括未来工业基础技术研发项目下的三个初始工程：生物反应器工程、大规模细胞培养工程和DNA重组应用工程。第四个工程是日本关键技术中心之下成立的蛋白质工程学研究学会。在下一节中还将分析在科技委员会的管辖下成立的ERATO项目中的生物技术工程。

表7.1　日本通商产业省的生物技术项目

项目	支持的类型*	研发主题	研究时间(年)	主要参与机构
下一代基础技术项目	C	生物反应器	1981～1988	生物技术研究协会
	C	大规模细胞培养	1981～1989	同上
	C	DNA重组应用技术	1981～1990	同上
	C	功能性蛋白质复合体的应用技术	1989～1998	同上
	C	多糖生产和应用技术	1991～2000	同上
大规模工业技术研究发展项目	C	水资源再利用系统（水再生）	1985～1990	水再生技术研究协会
	C	利用海洋生物生产化学制品的方法	1988～1996	海洋生物技术学会（公司）
日本关键技术中心	I	对使用rDNA和化学合成技术以及筛选方法生产肽进行研发	1985～1990	M.D.研究公司
	I	蛋白质工程学	1986～1995	蛋白质工程研究学会
	I	植物细胞工程学	1986～1992	PCC技术公司
	I	对生物活性材料的研发	1987～1993	生物材料研究学会
NEDO研究基础促进项目	I	为海洋生物学研究建造大规模研究设施	1988～	开采和工业用途的海洋生物学研发中心
全球环境研发项目	C	研发用细菌和藻类固定二氧化碳	1990～1999	全球环境工业技术研究学会
	C	研发植物功能（二氧化碳固定）	1991～1999	生物技术研究协会
	C	研发生物降解塑料	1990～1997	全球环境工业技术研究学会
	C	研发用于化学合成生物反应器	1990～1997	同上
	C	研发环境友好的氢气生产技术	1991～1998	同上
人类前沿科学项目		对脑功能的基础研究活体生物分子水平上的基础研究	1989～	国际人类前沿科学项目组织
大规模生物研发	S	研发燃料酒精技术	1983～1990	燃料酒精技术研究协会
	S	开发新燃料	1980～1987	新燃料技术研究协会
	C	为获得高产酵母研发有效的发酵技术	1987～1993	酒精协会
	C	合作研究对桉树的利用	1989～1993	BIDEC
	S	开发石油的新用途	1983～1991	石油新利用技术协会
	S	研发利用有机体功能生产化学制品的新技术	1983～1987	利用有机反应生产化学制品的技术研究协会

*C：契约研发；I：投资；S：援助。

资料来源：Karube, 1992：264

第七章　未来技术的愿景：政府、全球化和大学在日本生物技术领域的作用

7.6　日本通商产业省的未来工业基础技术研发项目下的初始工程

7.6.1　工程的目标

这三个工程的目标反映出了政府的规划者仍然在与1979年到1980年的石油危机造成的后果角力的背景下，日本通商产业省对于推动日本的化工公司的成长和竞争力的考量。生物反应器工程的目标是通过能促进有成本效益的（大量）化学制品的生产的生物反应器来开发新的节能生物技术，人们寄希望于这些技术取代较耗费能源的传统流程。

大规模细胞培养工程的目标是开发大规模的细胞培养技术，从而使生产有成本效益的精细化学品成为可能。更确切地说，该工程针对的是开发出在无须血清的培养基里进行高密度细胞培养的基础技术。

DNA重组工程的目标是进一步改良新开发出来的rDNA技术，以将其应用在工业中。该目标与一般性的工业用途有关，因此超出了仅与化学制品有关的另外两个工程的目标。

7.6.2　参与工程的公司

在磋商的基础上，参与未来工业基础技术研发项目（下文称之为未来工业项目或FI项目）的14家公司被划分如下：生物反应器工程包括6家公司和日本通商产业省位于筑波（Tsukuba）的发酵研究学会组成，该学会拥有大量生物反应器设施。6家公司为：大赛路化工、日本电气化工、花王公司、三菱化学、三菱瓦斯化学公司和三井石化。

大规模细胞培养工程由5家公司组成：味之素、朝日化工、武田化工、协和发酵和

东洋酿造。DNA重组工程的成员则有3家公司：三菱生命科学化学研究学会（该研究学会属于三菱化学所有，致力于基础研究）、三井化学和住友化工。

正如表7.1所示，这些公司与日本通商产业省签订合同，承担研究任务，因而产生的知识产权由日本通商产业省和研发公司共同拥有。

7.6.3 工程的成果

在1992年，也就是在三项工程中最后一项终止两年后，生物技术研究协会（日本通商产业省成立的组织，负责FI项目中的生物技术部分）出版了一份三项工程的成果概要。表7.2大致重现了这份概要的内容。

表7.2 日本通商产业省的未来工业项目的成果

	生物反应器	大规模细胞培养	rDNA
时间（年）	8	9	10
研发拨款（10亿日元）	2.43	3.23	2.46
公司数量	6	5	3
研究者数量	156	143	86
产生论文数量	15	32	64
会议发言数量			
（国内）	75	87	147
（海外）	17	12	42
申请专利			
（国内）	124	69	66
（海外）	6	7	10

资料来源：生物技术研究协会（参见生物技术研究学会，东京，1992）

表7.2中有几点值得强调。第一是参与三项工程的研究者数量极大，共有385人，尽管不能从数据中清楚地了解他们是否全职投入其中。第二，有关工程成果的数据（产生的论文、会议、发言和申请的专利）是不足以适当地评估该工程的，原因在于从这些数据中看不到任何对于成果质量的评

第七章 未来技术的愿景：政府、全球化和大学在日本生物技术领域的作用

价。此外，它们没有提供判断成果数量是否充足的标准。不过国内申请专利数量与在海外申请专利数量之比高得令人侧目，即使不参考关于专利行为的深层信息也很难从这一比率中得出任何结论。

由于从评估目的的角度来看上述数据不够充分，因此有必要提供更多关于三项工程的研究实质的信息。

生物反应器工程

生物反应器工程有很大一部分工作涉及了筛选将在生物反应器中作为生物催化剂使用的微生物。举例来说，三菱化学公司筛选微生物用来由苯甲酸（一种便宜的原料）生产乙二酸，乙二酸被用于制造尼龙等高效树脂聚酯。为了使高级的烷基化合物产生微生物氧化作用，花王公司也面临着选择微生物的问题。类似的，大赛路公司为了生产乙酸也需要选择微生物。

在三项工程中，生物反应器工程是惟一一项由几家公司的研究者在共用的研究场所（日本通商产业省的发酵研究学会）中共同承担的工程。除了各个工程每年举行一次会议宣布较为正规的研究发现之外，该工程的成员还每两个月开一次会通报研究的结果。

日本通商产业省作为生物反应器工程的发起者，毫不意外地正式断言该工程是成功的。根据官方说明，通过提出生物反应器系统的生产力和微生物的筛选方法，这项工程拓宽了对生物反应器技术的潜在能力的了解。

但是我们也碰到了参与该工程的一些研究者对其做出严肃批评的情况。有观点认为这项工程的节省能源的目标是在第二次石油危机时规划出来的，随着国际石油价格开始

回落，乃至于随着这些可供选择的、以生物学为基础且用于生产批量化学制品的技术相对于传统技术不再具有较好的成本效益，该目标偏离了时代的需求。批评者认为当上述事实变得十分明显的时候，日本通商产业省就应该终止此工程。结果是这项工程比最初考虑的日期提前了两年终止，这在日本通商产业省的合作研发工程中是极其罕见的。但是对于批评者来说这一终止到来得太晚了；他们认为缺乏某种能够独立于发起合作工程的日本通商产业省之外的对工程做出评估的机制，这代表日本通商产业省存在着一种既有的"证明"其工程非常成功的兴趣。然而，生物反应器工程的提前终止的确表明了日本通商产业省终归对变化中的环境和人们的批评是有所反应的，尽管可能反应得不够迅速。

大规模细胞培养工程

举例来说，在这项工程中，日本最大的制药公司武田化工进行了研究。在该工程的资助下，武田化工的研究者们开发了杂种细胞，该细胞能够产生对抗破伤风毒素的人源单克隆抗体和B型肝炎病毒的表面抗原。该工程的主要目的之一是通过生物发酵罐以工业规模生产这些抗体。

武田化工的研究代表了在未来工业项目下进行的研究工作的一个重要特点，即具有重实效、可应用的性质。这些工程都积极关注成果在工业中的应用，而非一味专注于基础研究。

日本通商产业省及参与大规模细胞培养工程的研究者们得出的结论是，该工程在3个领域取得了重要成果。第一，开发出了无血清的培养基，从而将培养细胞的成本降到了其他方法成本的1/10，并保障了高质量培养基的稳定供应。无

第七章 未来技术的愿景：政府、全球化和大学在日本生物技术领域的作用

血清的培养基而今已进入商业化生产阶段，并有助于研究细胞培养。下文提供了关于该培养基在这项工程中得到开发的进一步细节。第二，通过大规模培养血管细胞（vein cell），发现了血管收缩肽（内分泌）。这项研究在国际上备受瞩目，是与Tsukuba大学合作完成的。第三，完成了方法上的创新。其中包括细胞培养设备的开发即使用细胞沉积试管；还有各种培养方法的改良，并声称这些方法上的创新改善了肽以及其他动物蛋白的工业生产。

DNA重组工程

在此工程下的大多数研究都涉及在E. coli、B. subtilis和酵母菌等宿主系统中进行的各种类型DNA的克隆来生产肽和蛋白质。举例来说，住友化工就需要运用提高单氧酶的活性来探索E. coli的遗传工程，并考虑该研究的大规模工业应用前景，如用于各种工业化学制品的氧化过程中，以及从工业废料中除去碳氢化合物等领域。

根据日本通商产业省以及参与DNA重组工程的研究者们的看法，这项工程在人类成长荷尔蒙、人类神经生长因子和β-内啡肽等肽的制造方面取得了成功。他们声称这些技术将在上述物质的工业化生产中起到重要的作用。(Karube 1992年的研究中更为详尽地探讨了这三个工程的技术特色。)

7.6.4 参与工程的竞争公司之间的知识共享

通过合作研究进行知识共享的益处

前文曾提到，对于生物技术等新技术或新材料的出现，日本通商产业省的主要反应之一就是成立合作研发项目。但是这些项目是在何种意义上具有"合作性"的？其理论基础是什么？为了回答这些问题，我们需要更深入地钻研合作研发的经济学理论。

政府介入私有公司的研发决策,主要是为了影响研发资源在这些公司中的分配,并从而影响研发活动的数量和/或类型。所以说由此可见,政府只有在有理由相信公司的既定资源分配不够充分的情况下才有理由干涉它们的决策。

日本通商产业省官员宣称他们只有在日本公司未能适当地分配研发资源时才采取干预,这一说法与上述原因十分符合。判断分配不当的理由包括:研发成果的不确定性、就研发投资获取适当充分回报的预期困难,以及某些领域的研发活动所需要的投资规模和时间规划。上述所有因素都可能导致政府官员(根据其支配的信息和在信息基础上做出的判断)认为必要的某个领域不被研发活动所关注。

为了鼓励公司对政府选定的领域投以更多的研发关注,政府会为特定公司提供各种刺激和引导。根据其政策成功的程度,这些公司将在目标领域中承担更多的研发活动。

在公司间共享信息的情况下,政府政策的有效性可能会增强。出于各种各样的原因,共享知识会带来额外的益处。举例来说,取决于知识在竞争公司之间共享的程度,任何单个公司都不可能在知识的基础上取得哪怕是短期的垄断地位。这将加强竞争的激烈程度,从而使购买包含了知识的产品和服务的消费者受益,且可能使创新的速度加快。而且知识的共享使公司避免了因未能共享而为创建知识重复劳动的情况,从而可能带来资源的节约。此外,公司得以将自身较为擅长的知识和能力与共享知识相结合,从而可能使得产品和服务的种类比起在未共享的情况下更加多样。我们将上述情况称为**合作研发的益处**。

FI项目的生物技术工程中的知识共享

出于上述原因,我们面临着一个重要的问题:刚刚讨论

第七章 未来技术的愿景：政府、全球化和大学在日本生物技术领域的作用

的几项生物技术工程中的知识共享程度如何？为了解决这一问题，我们取得并分析了三项工程的专利数据。

美国国家科学基金会（US National Science Foundation）的赫尔曼·刘易斯（Herman Lewis）在其一项被人广为引用的研究中对三项工程的研究合作程度做出了判断：

……使合作研究得以进行，甚或使各个团队中的公司就共同的工程取得一致，曾是生物技术研究协会面临的最大问题。在协会成立的最初两年中这一目标并未达成。三个研究团队中都出现了被人们宽大地称为"合作竞争"的情形，这是一种委婉的说法，用于描述（这些公司）在最泛泛的问题上的一致和在所有细节问题上的不一致。在这一框架中，可以用团队内的交流程度来表明三个研究团队的特点。DNA重组团队中的公司表现出来的相互交流信息或想法的愿望最小；而大规模细胞培养研究团队似乎比较愿意交换一定程度的信息。生物反应器研究团队处于中间位置。（参见Lewis，1984：50~51）

由此，刘易斯推断"生物技术研究协会仍未能成功地将参与公司的资源汇聚在一起并从而推动长期合作研究"。（同上：53）

将共同专利作为知识共享的手段

还有什么实质的证据能支持刘易斯的颇具印象主义特色的结论吗？为了更严肃地探索这一问题，我们找到了到1987年1月为止三项工程所有被授予的和申报的专利。为了确认它们中有多少是共同专利，我们随后在日本专利局对每一项专利都进行了查询。这里对共同专利的定义是发明者来自一家以上的参与工程的公司。由此，共同专利的作用是充当判断不同公司参与研发的科学家和工程师之间知识共享程度的定量指标。

表7.3、表7.4和表7.5提供了三项工程的数据。

表7.3 日本通商产业省的下一代生物技术项目中的生物反应器团队被授予的以及等待批准的专利

公司	独有专利的数量	共同专利的数量①	共同专利持有者①
大赛路化工	23	0	—
日本电气化工（DKK）	0	12	MPI、FRI
日本电气化工（DKK）	—	1	FRI
发酵研究学会（FRI）	0	12	MPI、DKK
发酵研究学会（FRI）	—	1	DKK
花王公司（KS）	13	0	—
花王公司（KS）	—	1	MGC
三菱化学（MCI）	8	—	
三菱化学（MCI）	—	11	MGC
三菱瓦斯化学公司（MGC）	4	—	
三菱瓦斯化学公司（MGC）	—	1	KS
三菱瓦斯化学公司（MGC）	—	11	MCI
三井石化（MPI）	0	12	DKK、FRI
总计	48	25*	

*这一列有"双重计数"情况，此结果来源于表中所示各个公司作为共同专利持有者的状况。

①该项目中所有专利均为日本通商产业省所有，"共同专利"在此指的是发明者来自一家以上的公司的专利。

资料来源：作者取得的信息

表7.4 日本通商产业省的下一代生物技术项目中的DNA重组研究团队被授予的以及等待批准的专利（1987年1月）

公司	独有专利的数量	共同专利的数量
三井化学	9	0
三菱生命科学化学研究学会	5	0
住友化工	8	0
总计	22	0

资料来源和注意事项：见表7.3。

表7.5 日本通商产业省的下一代生物技术项目中的大规模细胞培养研究团队被授予的以及等待批准的专利（1987年1月）

公司	独有专利的数量	共同专利的数量
味之素公司	8	0
朝日化工	8	0
协和发酵	6	0
武田化工	3	0
东洋酿造公司	5	0
总计	30	0

资料来源和注意事项：见表7.3。

第七章 未来技术的愿景：政府、全球化和大学在日本生物技术领域的作用

这些表格中有许多值得注意的要点。第一，只有生物反应器工程中出现了共同专利（形式上为日本通商产业省所有），DNA重组工程和大规模细胞培养工程中都没有共同专利。第二，在生物反应器工程中被授予共同专利的是两个公司组合，其一由三井石化、日本电气化工和发酵研究学会组成，获得了总共25项共同专利中的12项；其二由三菱化学和三菱瓦斯化学公司组成，获得了25项共同专利中的11项。在其余的两项共同专利中，一项由日本电气化工和协和发酵学会持有，另一项由花王公司和三菱瓦斯化学公司持有。第三，独有专利与共同专利数量之比大约是2:1。第四，拥有专利数量最多的大赛路化工公司只参与了很有限的共同研究活动（就专利作为确切的共同研究指标而言）。第五，大多数专利来自于生物反应器工程，该工程专利数量达到73项，在总共125项专利中占58%。

从以上对专利数据的分析中可以得到许多结论，其中最重要的结论是：就共同专利作为共同研究的指标的角度来说，共同研究的情况仅存在于生物反应器团队中。此外还可以推断出致力于共同研究的公司之间的互补关系而非竞争关系对共同研究有所促进。在进一步访谈的基础上，我们确定三井石化和日本电气化工相互间不存在直接的竞争关系，另外它们都与三井集团有密切的联系。（三井石化在生物技术领域与三井集团的其他公司有一个进行中的项目，其他公司包括三井化学、Oji Seishi 和第一计器公司。）三菱化学和三菱瓦斯化学公司与此类似，它们同属于三菱集团，有着互补的关系。

相对的，在其他两项研究工程中竞争关系就比较普遍了。这里举一个例子，参与这两项工程的全部8家公司都与制药方面的开发活动有密切关联，因此可以合理地推测这一竞争性的关系构成了这两个团队中缺乏共同专利（乃至共同研究）的部分理由。

非正式的信息共享

然而，共同专利仅仅是衡量公司间知识共享的指标之一。特别要注意的是专利数据可能确实会模糊掉参与公司之间的一些非正式的知识流动。一些参与公司透露确实存在较为非正式的共享知识的情况，且被获得知识的公司一方认为十分重要。因此我们采访了几家这样的公司，以此作为对专利分析的补充。

举例来说，作为研究中无意得到的副产品，在FI项目中武田化工开发了一种具有创新意义的动物细胞培养基（商标名称为GIT培养基）。这种培养基含有部分从成年牛的血清中纯化出来的生长因子，对于含有昂贵的牛犊胚胎血清的传统培养基有很强的经济替代性。与一些已经被市场化且仅能有效培养特定细胞株的无血清的培养基不同，GIT培养基几乎等同于为这些培养基补充了对于很大范围的细胞都有适用性的牛犊胚胎血清或牛血清。

在FI项目下，味之素也开发了一种有创新性的培养基，即用于动物细胞培养的无血清培养基。尽管美国和欧洲都开发了类似的培养基，但味之素开发的培养基却是第一个被宣称可以实现加热并杀菌的。

其他参与大规模细胞培养工程的公司在武田化工和味之素的培养基的知识被商业化之前共享了有关数据，从关注知识共享的角度来看，这一事实有重要意义。与此类似，东洋酿造、朝日化工和协和发酵也在各种情况下将其在细胞的生长因子方面的发现提供共享。协和发酵在研究中开发了一种新的细胞培养仪，其他公司也得以接触并运用。

结论

可以推断出，尽管大多数FI项目下的研究活动是在单个

第七章 未来技术的愿景：政府、全球化和大学在日本生物技术领域的作用

的参与公司内部而不是在共用的研究实验室中进行的，且尽管共同的创造和共享能带来有专利价值成果的知识的情况很有限，但仍然存在能使参与者受益的一定数量的公司间的知识流动。

在工程的赞助下，正式和非正式类型的常规会议促进了这种知识流动。总体而言，因FI项目而发生的公司间的知识流动似乎会远远多于在没有这个项目的情况下发生的知识流动。然而一些公司（特别是大规模细胞培养和DNA重组工程团队中的公司）之间的潜在竞争关系，以及对这些工程中的一些研究的商业应用，限制了竞争公司之间的知识流动程度。

因此或许可以得出这样的结论：这些工程带来的重要收益之一就是参与公司之间信息流动的增加。如这里探讨的关于工程的例子所显示的，更深层的结论是，与其说这些工程在研究领域取得了基础性的进步，不如说它们为生物技术的工业应用做出了贡献。正是这些实践性的改良通过所发生的知识共享扩散到其他参与公司中，从而构成了工程的主要收益。这一实践性的应用领域体现出了日本通商产业省和公司相结合的实力。

7.7 日本通商产业省的蛋白质工程学研究学会（PERI）

7.7.1 简介

1986年PERI在日本关键技术中心（JKTC）的支持下成立，前文中已经提到过JKTC的背景。根据《自然》杂志（Nature）（1992：577）的说法，在关键技术中心成立的许多学会中（到1992年为止共83所），PERI是"日本通商产业省的展示样品"。1996年PERI为期10年的存在期将会终止，预计到时在该学会投入的资金将达到171亿日元（约

1.37亿美元）。当前PERI约有60位研究者。自1987年以来JKTC的年度预算在250亿日元到280亿日元之间（约2亿~2.25亿美元之间），其目标是鼓励公司、政府和大学之间的研究合作。

7.7.2 PERI的起源

在蛋白质工程学领域成立国家研究项目的想法最初是日本通商产业省中的一些人提出来的，他们与各种正式的和非正式的顾问团体保持联系并负责制定生物技术领域的政策，其中包括Hosokawa先生和Masami Tanaka先生。

至1985年，人们不仅承认蛋白质工程学是重要的生物学类技术，也承认日本公司和大学在这一领域严重落后于西方公司和大学。美国出资的日本技术评估项目（JTECH）的报告中对此作出了强调（参见美国商务部，1985）。该报告确认了三种对蛋白质工程学来说较为根本的技术：DNA重组技术、蛋白质结构分析和电脑图像。

报告中认为第一种技术"最容易获取且日本在该领域的能力和美国一样出色"（p.6）。但是报告中还指出，在包括结晶学在内的蛋白质结构分析领域中，日本拥有的训练有素的专家相对较少……而且这一基础要件不容易迅速满足"（p.6）。日本仅有两家从事蛋白质结构分析的重要中心：位于大阪的蛋白质研究学会和东京大学的药物学系。

报告中提出，"（两家研究机构的）领导者都不认为在1984年前日本有任何蛋白质工程学领域中的重要成就"（参见同上）。报告认为在硬件和软件两方面"电脑图像的仪器和程序都是从国外进口到日本的，而且往往比美国正在使用的仪器和程序落后一代"（参见同上）。报告的整体结论是："日

第七章 未来技术的愿景：政府、全球化和大学在日本生物技术领域的作用

本当前在蛋白质工程学领域排名第四，列于美国、英国和西欧之后。目前大学和行业都没有大量从事这方面活动。"(p.6)

1985年，日本通商产业省官员开始与许多公司进行探讨，并于1985年4月最终由5家公司联合成立了PERI：协和发酵、三菱化学、武田化工、东亚燃料(Toa Nenryo)和东丽公司，其中只有后两家没有参与早期的未来工业项目。后来相当多的公司加入其中，包括味之素、富士通、中渊(Kanegafuchi)、麒麟啤酒(Kirin Brewery)、昭和电工(Showa Denko)、三得利(Suntory)、东洋坊(Toyobo)和两家外资公司——日本数字设备公司(Nihon Digital Equipment)和瑞士制药公司在日本的子公司日本罗氏(Nihon Roche)。该项目的期限是10年，预算为171亿日元，其中30%由主要参与公司提供。最初的5家公司拥有权利的比例稍高，且送往学会的研究者数量也多一些。

PERI的第一任总裁是东丽公司的主席Masakazu Ito博士，总经理则是大阪大学的名誉教授Morio Ikehara博士。PERI被划分为五个为共同感兴趣的主题而合作的部门：①结构分析(13位研究人员)；②构效关系和新蛋白质设计(13位研究人员)；③合成(12位研究人员)；④提纯和特性描述(9位研究人员)；⑤数据库分析和计算机系统(11位研究人员)。在58位研究人员中，5名是博士后，43名是研究人员，还有10位助理；43位研究人员中1/3有博士学位，30位来自参与公司、13位来自大学；博士后中有几位来自国外。

7.7.3 PERI的组织特征

PERI与主要在各个参与组织内部完成研究的未来工业项目不同，它的研究是在共用的研究场所共同完成的。虽然并未有意识地模仿日本通商产业省新一代计算机技术学会(ICOT)，但PERI与ICOT的组织结构惊人地相似。(对ICOT的详细分析可参见弗朗斯曼

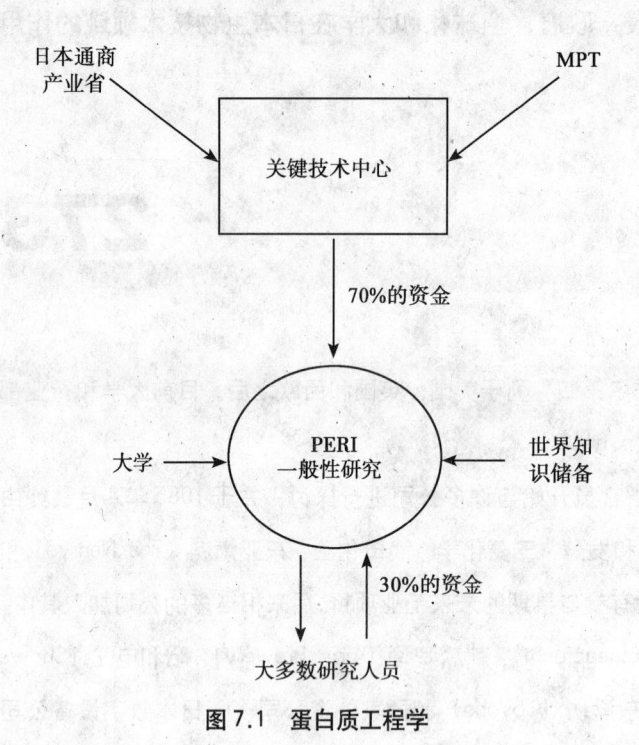

```
日本通商                    MPT
产业省     ↘          ↙
           ┌─────────────┐
           │  关键技术中心  │
           └─────────────┘
                 │
                 ↓ 70%的资金
                 
  大学  →   ( PERI     )  ←  世界知
            ( 一般性研究 )      识储备
                 ↑
                 │ 30%的资金
                 
           大多数研究人员
```

图 7.1　蛋白质工程学

1993 年的研究。)

以下是 PERI 的主要特点，如图 7.1 中描述的，我们从知识的创造、传播和使用等方面对此作出了分析。

一般性研究和应用性研究结构上的分离　PERI 本身的任务是承担蛋白质工程学的一般性研究。虽然一般性研究和应用性研究之间的分界有时很难确定，但后一种研究被规划为应当在个体成员公司的实验室而不是在 PERI 完成。典型的做法是，来自成员公司的研究人员在 PERI 度过 3 年后回到原公司，其他公司的研究人员接替其来到 PERI。公司内部有时会成立相应的研究团队，紧随着研究人员在 PERI 时的研究继续进行，但把关注点放在应用上面。通过这种方式，一般性的知识就从承担共同合作研究的 PERI 相对顺利地转移到了实施私有的应用导向性研究的成员公司。

第七章 未来技术的愿景：政府、全球化和大学在日本生物技术领域的作用

PERI的一般性研究和世界知识储备 与ICOT等类似的日本组织一样，PERI能有效地接触并利用世界知识储备。作为日本研究蛋白质工程学的主要中心，PERI在单一场所的资源集中度超过了其他西方国家的可比较的研究项目，它向国际开放的程度非常高。这一点大大推动了该中心与其他主要中心以及世界其他地区的个体研究人员的信息交换活动。在PERI很容易接触到研究成果的发表与运用研究这一过程，该中心对访问者欣然接受并派遣自己的研究者到其他国际中心访问，这种开放性有助于交换活动。但是与任何国家的任何私人公司进行研究时的情况一样，在成员公司内部开展的利用PERI的一般性研究成果的应用性研究通常不会公开。

与日本大学的接触 PERI也提供有与日本大学相互作用影响的适当方式。在日本，对大学发挥作用的限制之一是禁止在日本国立大学工作的人员在公司或政府研究机构担任全职工作，即使是短期的也不行。但是日本大学的研究者们可以参与PERI这样的学会的研究项目；而且大学学者还在常规性地评论PERI的成果，并在提供反馈和建议的评论委员会中起到了重要作用。

资助开发活动并传播新的一般性技术 PERI的研究资金中70%直接或间接来自政府，参与该组织的公司能获得相当数量的研究津贴。尽管考虑到蛋白质工程学的中心性，即使没有这些或类似的研究津贴，公司无论如何也会需要蛋白质工程学方面的能力；但很可能是PERI使得它们的研究进程变得更加迅速且更具有成本有效性。相对于上文提到的JTECH报告中描述的其他西方国家，1985年日本的蛋白质工程学的滞后证明，单个公司决定投资发展该领域的能力时将面临更大程度的不确定性，所以公司得到的津贴很可能大大加快了它们进入蛋白质工程学领域的速度。

7.7.4 PERI 提供的其他益处

PERI 还提供了以下额外的益处。

避免重叠 如果没有 PERI 这样的合作工程，个体公司将出现相当程度的研究重叠。PERI 的主要益处之一就是避免了公司在发展蛋白质工程学技术领域的能力时的一些重叠现象。

联合各有特色的优势 在 PERI 中，一个更主要的益处来自各个公司、大学和政府研究实验室的具有特殊实力和技能的研究人员的优势得以联合在一起。在不同类型的组织中以相互隔离的状态开展的研究不太可能取得同样的增效成果。

共享昂贵的高技术设备 PERI 提供的另一主要益处源于超级计算机、核磁共振设备等高技术设备的共享，以及蛋白质模建的一般性软件工具的共同开发。这些共享行为大大降低了各个公司或研究实验室为使用设备和软件而支付的成本，因而带来了很大益处。

一般性蛋白质工程技术的不断扩散 如果没有这种共同研究活动，公司将有很强的将其知识私有化并对知识朝其他公司的扩散做出限制的倾向。但是在 PERI，由于公司（有时是竞争关系）在共用的研究实验室内共同参与研发，一般性蛋白质工程技术就会不断扩散。

使国家对作为战略性技术的蛋白质工程学加以关注 PERI 带来的重要附加益处之一就是它唤起了日本对作为战略性技术的蛋白质工程学的注意。似乎有许多其他公司与 PERI 的成员一样，因为这项工程而在蛋白质工程学方面投入了额外的关注和资源。

克服了技术转移中的一些困难 由于当前蛋白质工程学

第七章　未来技术的愿景：政府、全球化和大学在日本生物技术领域的作用

缺乏严格的理论支撑，因此该研究领域的隐秘性程度很强。一般而言，隐秘性的程度越高，将知识从一个场所转移到另一个场所的难度就越大。蛋白质工程学的跨学科性质使来自分子遗传学、蛋白质结构分析和计算机科学等不同领域的研究人员的合作成为必须，从而进一步令知识转移问题复杂化。但PERI的组织形式要求参与一般性研究的研究人员在借调期满后回到原来的公司，这就为上述难题提供了有效的解决方法。

7.7.5 评估PERI的益处

现在为PERI的成果做最终评估还为时过早，但有3个间接标志可以起到评估的作用。首先是JETC的学术委员会（负责选择和评估该中心的工程）做出的评估。该委员会使用了一种"内部"方法，即根据工程方案中提出的工程目标被达到的程度来评估。根据该委员会一位高级成员非正式地提供给我们的信息，对PERI的评价非常正面并且将它视为中心的所有工程中最成功的工程之一。

第二个表示来自两位深度参与了英国国家蛋白质工程学研究项目的资深英国学者，他们曾两次接触到PERI的研究成果。他们认为PERI当前从事的研究在很多领域都与英国进行的前沿研究处在同样的水准上。

第三，PERI的研究者中至少有一位曾被提名诺贝尔奖。这位研究者是PERI的部门主任Kosuke Morikawa博士，他曾发明了能运用X光结晶学准确地绘制出DNA和RNA分子的技术（参阅Survey of Japanese Industry, *Financial Times*, 1990-12-3:3）。

总之，这些间接的评估资源提示我们PERI自工程启动以来取得了重大的进展。根据该提示实际上的正确程度，需要对1985年JTECH的报告中关于日本蛋白质工程学的颇具艺术性的评估做一次实质性的修正。

7.8 科技委员会的ERATO项目

7.8.1 简介

除了直接参与制定核能和太空领域的政策,科技委员会(STA)的主要职能还涉及科技领域的政策,自从20世纪70年代以来该委员会还与生物技术领域有所关联。1973年STA成立了生命科学办公室,该办公室与科技署的生命科学委员会有密切关联。

STA成立于1956年5月,当时日本人就国家对外国技术的依赖做了大量的探讨。在日本人采取的矫正这种依赖的许多步骤中包括了日本公司联盟(Keidanren)和日本科学署共同提出的一些建议。这些建议最终导致了1961年5月STA管辖下的日本研究开发公司(JRDC)的成立。JRDC的诞生伴随着STA和日本通商产业省争夺控制权的激烈战争,两个省都认为应当由自身负责国内用于增强技术能力的工程。日本公司联盟、财务省和自民党政治家都卷入了这场最后以STA的胜利告终的战争。按照战争的参与者之一的说法,"在做出决定后的几年中,日本通商产业省对JRDC的态度极端恶劣"。

JRDC的活动的发展过程反映出了日本科学技术的成长。在20世纪70年代末之前,JRDC的主要活动是致力于大学和政府研究机构"孵化"的技术商业化。从20世纪70年代末开始,JRDC的作用出现了重大转变,随着基础研究在日本占据了远高于过去的优先地位,JRDC发起了先进技术探索研究项目(ERATO)。至20世纪90年代初,JRDC将大约一半经费放在新技术的开发活动上,大约1/3分配给了ERATO项目。

从本章关注的角度来看,ERATO项目的重要性源于两个因素。第一,这个项目是为了使大学的科学和行业的技术二

第七章　未来技术的愿景：政府、全球化和大学在日本生物技术领域的作用

者密切联系起来而规划的。第二，该项目旨在为一些不确定性较强并因而资金不足的工程提供资金，另外还旨在为研究者们提供相当程度的实施研究的自由。即使从经费总额的角度来看，这个项目规模不算很大，但正是这两个因素为其赋予了一定的意义。

ERATO的每个工程都历时5年，并且每年获得大约200万到800万美元的科研资金。该项目计划每年启动大约4个新工程，这样任何时候都有大约20个工程处于进行状态。ERATO项目还对用于选择工程和评估结果的方法颇为关注。选择工程的主要标准是工程的领导者们的创造性和科研声誉。尽管ERTAO项目的总体目标是支持需要较长时期才可能产生回报的不确定的研究（虽然该项目中确实有一定数量的工程具有不同程度的不确定性），但在选择工程的阶段，工程领导者的创造性和声誉得到的关注多于他们提交的计划。

在就创造性和声誉有关的问题做出判断方面，项目特别关注对较年轻的科学家的评估。ERATO的6位参谋有属于自己的收集信息并做出判断的网络，他们定期参加科研会议以便收集更多的信息，并为同样的目的实施调查活动。

在1981年ERATO项目成立时，其创始者Genya Chiba先生发动了好几次激烈的斗争（特别是与日本通商产业省），为的是订立这样的规则：在工程5年到期完成后不对其进行评估。在Chiba看来，对于ERATO支持的基础导向类型的研究而言，评估项目的完成阶段是毫无意义的，这一看法最终成为了主流。他提出，根据定义，此类工程的重要性只有经过较长的时期才能显现出来。此外，较早评估导致的压力可能使研究者的注意力偏离长期目标。不过，拒绝评估工程成果的做法令在最初正确地选择工程领导者变得尤为重要。

7.8.2 评估ERATO项目的生物技术工程

1988年,美国国家科学基金会出资的日本技术评估项目(JTECH)评估了ERATO项目。评估小组注意到ERATO项目"有选择高风险、有冒险性,并不流行但一旦成功将备受瞩目的领域的倾向"。评估小组得出的大体结论是项目"很成功",以及"……项目的总体科研质量很高,但各项工程的质量参差不齐"(10)。

在生物技术领域,该小组评估了三项工程,其中有D. Mizuno教授领导的生物体系统工程(Bioholonics Project)(1982~1987年),该工程涉及平行处理许多相互作用的单元(holons)。工程的目标是"模拟并利用生物学系统中存在的信息和过程的组织,从而开发全新的治疗癌症和动脉硬化等疾病的方式"。小组得出的大体结论是"该研究的质量相对于美国的同类尝试具有可比性"。另外此项目中改良的肿瘤坏死因子(TNF-S)的开发"算是一个突破"(47)。

第二项工程是K. Horikoshi教授的超级细菌工程(Superbugs Project)(1984~1989年),这项工程的目标是"寻找能在极端的pH值、温度、盐度或生物体毒素物质存在条件下旺盛存活的不寻常的微生物,旨在研究这些超级微生物的特性并通过从中获得的知识建立'新生物科技学'"(54)。该工程值得注意的特点是足有16家日本公司、五所日本大学和来自6个国家的研究人员参与其中。在对工程做出评估时,小组认为其"是一项有成功保障的工程……从获取成功的意义上来看,研究的领域选择得很好……但我们不认为这是运用了基础技术或具有技术影响的真正意义上的基础知识,而且实在称不上是高风险工程"(62)。小组的观点是"该研究的质量相对于美国的同类尝试或日本的其他研究具有可比

第七章　未来技术的愿景：政府、全球化和大学在日本生物技术领域的作用

性"(63)。

第三项工程是早石修(Osamu Hayaishi)教授领导的生物信息转移工程(1983～1987年)。该工程的总体目标是"了解大脑如何连通，信息如何加工、传递和储存"(49)。研究人员希望能从而创造"在医药以及计算机领域有重要应用的信息技术"(49)。更确切地说，此项目关注的是一类被称为前列腺素(prostaglandin)的生物物质（产生时几乎要用到身体内的所有细胞）及其在中枢神经系统中的作用。7家制药公司派遣研究人员参与了该工程的工作。

评估小组认为这项工程"极其成功，由世界上最有名的生化学家主持，从而吸引了一支令人印象深刻的富于创造性的科学家队伍"(52)。小组指出ERATO项目的管理者"选中了一位业绩累累并受到年轻科学家尊敬的有力领导者，并给予他在既定研究领域的所有方面中施展的自由和灵活性"(53)。对此项目的严肃结论则一直拖延到这项为期5年的项目终止后又过了5年后才得出，认为"显然ERATO的工程令早石修成为了前列腺素领域（更确切地说是在前列腺素对中枢神经系统的作用方面）的世界级专家"(52)。

对于日本政府在生物技术领域的作用，需要根据后面章节所介绍的情况才能得出较全面的结论。

7.9　日本的企业、行政官员、政治家和国家力量

7.9.1　引言

至此，我们已大致描述了日本政府的各个机构在生物技术领域所起的作用。但是，说明国家政策时我们大多遗漏了一个维度，即没有就政府为什么会做出这些决定这一问

题给予令人信服的解释。

为什么解释政府干预的原因会和描述政府干预的情况同等重要呢？原因在于，阐述政府的干预活动不仅可以使大家了解为什么政府会通过这些方式来干预，而且能提供关于政府不太可能会采用的干预方式的信息。如果不对此做出阐述，会造成人们对政府行为的理性和非理性都不加留意的危险。例如，日本通商产业省的行政官员常常被描绘成无所不知的管理者，能正确地了解应当做什么并加以实施；而他们周围的有关人等则总是十分无知。又或者在其他说法（甚至紧接着上述说法）中，日本通商产业省的行政官员被刻画为缺乏能力的管理者，举例来说，他们纵然能促成汽车或计算机领域中的公司合并，却不能对公司的管理者做出更好的判断。

在这些情况中，需要对建立在可接受的国家理论的基础上的国家力量做出阐释。然而，尽管出于以上原因，我们可以就对于这种国家理论的需要大做文章，但问题在于这样的理论并不存在，而且在描述此理论的大致轮廓方面，分析家们并没有取得共识。虽然没有共识，不过正如下文所示，我们可以在就日本政府对生物技术领域的介入进行阐述的问题上取得一些进展。

7.9.2 行政官员和政治家

要阐述政府的作用，就必须提到支撑着政府作用的政治家，尤其要了解的是企业、行政官员和政治家之间的政治互动。在本节中我们主要研究日本的行政官员和政治家之间的关系，下一节分析企业和行政官员之间的关系，再后面一节则是对日本政府的不同机构在生物技术领域的作用的探讨。

第七章 未来技术的愿景：政府、全球化和大学在日本生物技术领域的作用

对于日本的行政官员和政治家之间的关系，约翰逊（Johnson）(1985) 提出的观点是最简明扼要的观点之一："国会在名义上支配而行政机构在实质上支配；或者换一种说法：行政机构制定政策，国会则不经审查即予以批准"(p.60)。他在自己的知名著作中也表达了同样的观点："虽然受到压力集团（pressure group）和政治诉求者（political claimant）的影响，但在日本，是中坚行政机构负责做出主要决策，起草所有实质的立法方案，控制国家的财政预算，而且它们是体系中所有主要政策创新的来源"（参见 Johnson, 1982: 20—21）。多尔（Dore）的观点与约翰逊有实质性的一致，但表述得更加率直："**日本人并不太尊敬政治家，且政治家在经济管理中发挥的作用也较小……政治家或多或少都沦为了那些对于行政机构的提案权的否决能力有限却自身不具备提案权的利益群体的掮客**"（参见 Dore, 1987: 16）。

Muramatsu 则提出了有些不大一致的观点，认为 "按照惯例，党派政治家能施加的影响力大于（国家）象征性地给予他们的能力"（参见 Muramatsu, 1991: 287）。谈到自民党的 zoku（由与不同省的利益有关联的政治家组成的 "部落"）的作用时，Muramatsu 的结论是，在日本 "党派政治家常常在制定政策方面起到比行政机构更重要的作用"（参见同上: 288）。

这是否意味着 Muramatsu 颠覆了约翰逊和多尔概括出的行政官员与政治家的权力平衡情况呢？答案是 "否"，因为 Muramatsu 也承认行政官员通常能使自身活动 "非政治化"[他称之为 "非政治作用（depoliticisation role）"]，从而令这些活动远离政治家的影响。因此他推断 "总体而言，行政机构在其能够应用非政治规则的范围内起到支配作用"(289)。但是在涉及各省之间的严重冲突的情况下，行政机构是不能将其活动非政治化的，而这一点加强了政治家相对于行政官员的权力。（我们后文谈到关于生物技术领域

的各省间冲突时还会回到这个问题。)

对于日本的政治家和行政官员的关系，从上述寥寥几种（但是很有影响）观点中可以得出什么结论？我们可以看到，它们具有某些一致性，都认为行政官员在制定政策方面（当然还有贯彻方面）倾向于拥有比政治家更大的影响力，除非行政机构内部因对立而出现分化。但是如果因此认为政策趋向于由行政官员制定，那么他们所制定的政策和受这些政策影响的企业利益之间有哪些关联呢？简言之，这是三个问题中的第二个问题，即企业和行政官员之间的关系。

7.9.3 企业和行政官员

在企业和行政官员的关系问题上，一致的观点显然要少得多。

意见的一个极端是约翰逊（1982）通过其"进化中的日本政府"的概念提出来的，认为政府及其行政官员听任发展进程和与发展进程相关的企业二者的指挥。与另一个极端较接近的是Muramatsu的观点，他认为约翰逊"贬低了私营领域的作用，极不合理地低估了其对于政府—行业关系的主动性和参与性"(286)。相反，Muramatsu提出："有别于那些行业不断衰退并需要政府支援、或政府以……刺激行业成长为目标的情况，行业和营业企业的活动是自由且独立于政府之外的。"(287)

为了理解企业和行政机构之间难以捉摸的关系，Aoki（1988）使用了经济学中的委托—代理理论（principal-agent theory），将负责特定商业领域的相应的省的部门比作代理人，将他们的"顾客"视为委托人。举例来说：

计算机行业是日本通商产业省机械与信息产业署的管辖

第七章 未来技术的愿景：政府、全球化和大学在日本生物技术领域的作用

下的委托人，而银行业是财务省（MOF）权限下的委托人（参见 Aoki, 1988: 263）。

所以，以此类推，与生物技术相关的化学产业是日本通商产业省基础产业署的委托人。

但是根据 Aoki 的观点，行政机构的两项职能之一是代表其委托人的利益，另一项职能则是代表国家的总体利益。在这个意义上，Aoki 眼中的行政机构有两种"面目"：

每个行政机构实体在运作时似乎都有两种面目：一种为公共利益（国家利益）而深思熟虑；另一种则代表与预算、行政和规划等行政机构的协调过程中的其他利益相对的利益，即其委托人的利益（参见 Aoki, 1988: 263）。

但是 Aoki 的"两种面目"说忽略了行政机构在制定决策过程中的第三种影响力，即行政官员自身的利益。Aoki 与约翰逊的分析有着尖锐的对立："在关于三种行政机构行为的主要理论——认为行政官员试图为①公众的利益，②其委托人的利益，③其自身的利益服务——当中，可以由日本的情况察知最后一种（理论）具有最强的解释性力量。"（参见 Johnson, 1985: 182）

有什么方法可以使这些关于企业和行政机构的关系的对立观点变得一致呢？对于分别赋予了企业、行政官员和政治家等环节以影响决策和资源分配的政治力量，或限制了该政治力量的更宽泛的政治过程（broader political process），所有关于二者关系的阐述中都没有进行过分析；但任何统一对立观点的尝试都必须从了解这些开始。例如，行政官员或许希望为了自身利益而采取行动，但因为社会中的其他群体的利益可能会因此受到威胁，所以这些群体的政治力量会限制行政官员采取此类行动的能力。

为了进一步对日本各省在生物技术领域的活动做出阐述，将构成阐述基础的 4 项命题列举出来无疑是有益的。

7.9.4 若干命题

在此提出以下4项命题：

①尽管处于不同的日本经济领域中的公司与负责该领域的各省之间存在着直接的关联，但相关的公司和行政官员相对于对方而言都是自主的。

②公司和行政官员享有的自主程度依附于其政治力量，而政治力量则取决于更宽泛的政治过程。

③在更宽泛的政治过程的范围内，其管辖范围内的公司是各省及其行政官员重要的影响力来源。

④自20世纪70年代以来，行政官员对于公司的影响力大大降低了。这是由于公司的技术和市场能力已经成长并加强，同时对国际资本市场的运用也大为改善，因此它们对日本政府的依赖程度有所减轻。

如我们将在下一节中看到的，上述4个命题（特别是第三个）将被用于阐述日本各省在生物技术领域的作用。

7.10 日本的行政官员、企业和生物技术

7.10.1 日本通商产业省进入生物技术领域

日本通商产业省进入生物技术领域的动机十分混杂。一方面，正如前文中所指出的，日本通商产业省的官员长久以来都在关注日本化工公司的相对弱势，以及自身在促进这些公司的国际实力成长方面屡屡不能取得进展的状况。作为在生物加工、种子、农用化学品和工业流程等领域有着广泛的潜在应用的重要新常规技术，生物技术为提高日本化工公司的国际竞争力提供了保证。日本通商产业省希望通过促进生物技术在日本公司中的传播取得双赢：在增强管辖范围内的

第七章 未来技术的愿景：政府、全球化和大学在日本生物技术领域的作用

公司的实力的同时增加日本通商产业省的影响力和资源。通过获取来自财务省的资源以及这一与日本竞争力相关联的新技术领域中的其他资源，可以实现后一个目标。

另一方面，生物技术也令日本通商产业省得以将势力延伸到其过去影响力较小的其他工业领域中，这些领域包括健康福利省（MHW）管辖下的制药领域和农林水产省（MAFF）管辖下的食物加工。但是生物技术为日本通商产业省提供了新的可能性，日本通商产业省向这一领域进军的举动对健康福利省和农林水产省造成了威胁。

7.10.2 健康福利省和农林水产省的反应

在生物产业于20世纪80年代初期出现之前，健康福利省和农林水产省与其管辖范围内的委托公司之间的关系主要是围绕着管理规章运转的。举例来说，日本最大的制药公司武田化工就建立了与健康福利省之间的紧密联系。如在武田化工1986年的年度报告中所述，该公司当时的总裁Yoshimasa Umemoto

在1977年来到武田化工之前的职业历程十分辉煌，曾任健康福利省的副部长，曾在环境委员会担任高层职务，以及在内阁……Umemoto先生的公共服务生涯主要在负责界定制药行业市场的一些基本要素的行政团体中度过，而今他已经来到武田将近10年了。

对于健康福利省和农林水产省而言，新生物技术的出现既是机遇也是威胁。机遇之一就是将其作用延伸到规定了其行业政策的规章以外的范围中，从而加强本省的影响力。与此同时，其控制下的资源数量也会增加；通过以加强日本的竞争力为理由从财务省取得额外的资金支持，以及通过将公司方面的资金引入本省成立的项目中，可以做到这一点。

但是，生物技术也造成了威胁，其中最严重的就是强大的日本通商产业省会藉由该新技术将势力范围扩展到健康福利省和农林水产省分别管理的领域中，这一点值得忧虑。最大的挑战来自日本通商产业省以生物技术对一些公司的未来至关重要为理由，将制药和食物加工等领域中的公司并入其合作研究项目中的举措。

健康福利省的反应

日本通商产业省、健康福利省和农林水产省对生物技术领域的反应极为类似，这意味着三个省的行政机构介入行为的决定因素是类似的（由上文第三点陈述归纳而来）。确切来讲，三个省都成立了制定生物技术领域的行业政策的新机构，并各自成立了合作研究学会和合作研究项目。

在日本通商产业省对其敲响了警钟之后，健康福利省于1983年成立了生命科学办公室（Lifescience Office）、政府—行业顾问委员会，以及有关制药业的行业政策合作团体（Cooperation Group for Industrial Policy）。1985年4月，在为健康福利省制药事务署主任提供意见的制药行业政策论坛的建议下，日本制药先进研究协会成立了。

1986年4月，在该协会的基础上成立了日本健康服务基金会（JHSF）。根据官方文献，JHSF有两个主要目标，"第一是作为中心组织与健康福利省合作，通过应用遗传工程学等先进技术来发展日本的制药行业和其他与健康科学相关的行业"；第二个目标是"为国家研究学会、大学和私有实验室三方的合作起到催化作用"。

1992年JHSF的成员包括来自制药、化工、食品和纺织等不同领域的大约160家公司，其中有汽巴—嘉基（Ciba-Geigy）、杜邦、赫斯特、法马西娅（Pharmacia）和普强（Upjohn）

第七章 未来技术的愿景：政府、全球化和大学在日本生物技术领域的作用

等外国公司。1991年JHSF以13亿日元的预算支持了3个领域——生物技术、医药材料和人体免疫机制——的基础研究。

健康福利省还成立了一个在多个领域中对合作研究的公司给予支持的组织，在功能与组织形式上与前文探讨过的，由日本通商产业省和邮电省运作的日本关键技术中心十分类似。该组织的名称是医药研究促进基金会（Research Fund for Promoting Research on Medicals）。和关键技术中心一样，此基金会提供70%的研究资金，其余30%由私营公司提供。1991年该基金会提供了4亿日元。如表7.6所示，至1992年已成立了7家合

表7.6 健康福利省医药研究促进基金会提供资金的研究项目（可供比较）

研究主题	公司：成立日期	投资公司
目标药物传输体系	DDS研究学会（1988年3月10日）	朝日化工、味之素、卫材（Eisai）、盐野义（Shionogi）、台石制药（Daiishi Pharmaceutical）、田边制药（Tanabe Pharmaceutical）、明治制果
使用光电子技术的医药生物传感器	生物传感器研究学会(1988年3月17日)	库腊雷（Kurare）、中外制药（Chugai Pharmaceutical）、东正（Toso）、滨松光电（Hamamatsu Photonics）
蛋白质分离和纯化技术	视觉信号研究学会（1989年3月9日）	三共（Sankyo）、麒麟啤酒、三菱化学（Mitsubishi Kasei）
人造血管	人造血管研发中心（1989年3月13日）	台石制药、住友电子
器官功能诊断系统	器官功能研究学会（1990年2月28日）	武田制药、Fujisaswa、住友重机械工业（Sumitomo Heavy Machinery）、日本医药物理（Nippon Mediphysics）、田边制药、WakoJunyaku、吉富制药(Yoshitomi Pharmaceutical）
皮肤和生物活性药物管理系统	皮肤先进研究学会（1990年3月1日）	资生堂（Shiseido）、中外制药、日本油脂（Nippon Oil and Fat）
动脉硬化的诊断和治疗	血管研究实验室	协和发酵、泰尔茂（Terumo）

资料来源：Koseisho-Koseikagakuka, Kosei Kagaku Yoran, 1992: 79

作研究公司。从表7.6可以看到，通过基金会，健康福利省得以将传统上在其势力范围之外的私营公司并入其中。

农林水产省的反应

与健康福利省一样，农林水产省也采取了日本通商产业省的方式。1984年农林水产省成立了生物技术部门及其政府—行业顾问委员会——生物技术研发促进合作团体。和日本通商产业省的未来工业项目类似，农林水产省建立了许多合作研究的协会，最初成立的协会包括食品工业生物技术生物反应器研究协会、杀虫剂研究协会和农业基因结构分析协会。

1986年农林水产省成立了生物导向性技术研究进步学会(BRAIN)，其在功能方面也与关键技术中心相似。BRAIN的资金很大程度上来自政府持有的日本烟草公司股份的股息，它为私营领域、大学和其他研究学会的代表共同成立的合作研发项目提供资金。BRAIN提供的资金达到了研究公司所需要金额的70%，其余30%来自参与项目的私营公司。从1986年到1991年，BRAIN共为26个合作研究公司提供了资金。

1990年农林水产省成立了农林水产技术创新协会(STAFF)，约有100家化工、种子、食品饮料和工程学领域的公司加入。STAFF的目标是协助贯彻农林水产省的政策并起到公司和政府间交换信息的论坛的作用（参见Norinsuisangijutsukaigi，1992）。

7.10.3 日本通商产业省、健康福利省和农林水产省在研发方面的开销

从关于这三个省在研发方面的支出的数据中可以进一步了解情况。1991年日本通商产业省在这方面的开销是2 560

第七章 未来技术的愿景：政府、全球化和大学在日本生物技术领域的作用

亿日元，健康福利省和农林水产省则分别是560亿日元和740亿日元。文部科学省对此的投入最大，是9 360亿日元。

7.10.4 各省在生物技术领域的冲突

各省试图通过使私营公司参与其合作研发项目来扩张其影响力范围，它们从而产生了冲突。Masami Tanaka是一位在生物技术领域担任重要工作的日本通商产业省行政官员，也曾就日本的政策制定过程进行过学术分析，他指出："与特定公司之间有密切关系的省常常不愿意这家公司参与其他省的项目。"（参见Tanaka，1991：25）

以细胞融合技术这一生物技术的重要领域为例，可以看到产生冲突的潜在可能。20世纪80年代中期，为了改良微生物和植物细胞，农林水产省开展了一项为期5年的项目来发展细胞融合技术。被说服参与该项目的公司包括朝日化工、麒麟啤酒、协和发酵、明治制果、三井化学、the Nikon Kinoku Center、the Plantech Research Institute、北海道啤酒（Sapporo Brewery）和三得利。

这些"委托人"反映出了农林水产省对食品和农业相关领域的管辖。13家公司中有6家将食品作为其基本业务，5家与食品或农业有密切关联。但朝日化工、麒麟啤酒、协和发酵、三井化学和三得利这5家公司也参与了日本通商产业省大约在同一时期发起的两个主要项目之一，即前文提到的未来工业项目和PERI。同样，武田化工和味之素等公司也既参与了上述的日本通商产业省项目，又加入了健康福利省的项目。

冲突不仅存在于试图保持对"其"公司的控制的各省之间，公司也对各省试图通过施加压力迫使它们加入合作研究项目（常常是关于类似的生物技术领域）的做法表示反对。正如Tanaka（1991）所指出的，这些反对意见是通过企业联盟（Keidanren）乃至自

民党的政治家提出来的。如前文所述，Muramatsu（1991）认为在各省间有冲突的大环境下，单个省的行为被"政治化"了，从而使政治家在制定政策的过程中得到了非比寻常的影响力。

但是在生物技术方面，政治家们最终的决定是避开这个涉及各省间政治问题的雷区，把问题留给各省和作为其委托人的公司自行解决。Tanaka在一段叙述中指出了这一点，他的表述并未因其曾作为日本通商产业省的行政官员并担任过该省生物技术方面的重要工作而有所歪曲：

（自民党的）国会成员认识到：在理论上，政治家掌控着政策的主题，而政府机构（行政官员）掌控着例行程序和技巧。但他们也意识到实际上行政官员常常不仅有能力决定技巧，还能够决定政策。尽管国会成员明显地察觉到了各省间的敌对状态，但他们接受了（政府）机构提出的（有关生物领域的）零散政策。他们宁可与政府部门处于对立状态，也不愿意冒着造成因己而起的混乱的风险尝试协调。事实上（各省）争相提出新政策意味着公共开支会增加，这一点对他们而言是有利的，他们可以分给支持者更多的好处，从而增加再度当选的机会（参见Tanaka，1991：27~28）。

但是，尽管同一技术领域的合作研究项目相互重叠显得有些浪费，但从日本的生物技术发展的角度来看，研究方式的多样化是有益的。此外，各省对一般性生物技术的应用是不同的，也就进一步减少了成本重叠加倍的情况。因此，各省及其委托公司之间的冲突的危害并不像第一眼看上去那样严重。

7.10.5 日本行政机构的三种面目

在当前关于日本生物技术领域的讨论中，是否包括了对

第七章 未来技术的愿景：政府、全球化和大学在日本生物技术领域的作用

前文提到的企业和行政官员的关系的理论思考？

该讨论认为日本的行政机构具有三种面目。第一，显然管理生物技术领域的行政机构在一定程度上力图促进其代表的企业领域的利益增长，因此日本通商产业省、健康福利省和农林水产省分别令化工、制药和食品公司受益。这些省通过提供研究津贴的合作研究项目令公司受益，并从而使其积累能力。各省收集、分析信息以及协调的行为也能带来好处。即使公司有时会对项目的数量和不同省的项目重叠现象产生牢骚，但可以从它们通常自愿参加这些项目并贡献自身资源的做法中推断出能够从中受益的证据。参照上文中提出的命题来看，公司的相对自治意味着如果它们不情愿，就不必勉强参与这些项目。

第二，不同省的行政官员通过传播新技术来支持公司并增加它们的实力和竞争力，从而实现国家的利益。但是当个体公司或集团的利益与国家利益相冲突时，行政官员有时会强制把国家利益摆在首位。这类例子包括安全和环境领域的法规，以及健康福利省为了削减政府赤字而逐渐减少支付给制药公司的药品费用的做法。但是在第一种和第二种"面目"相冲突的时候，在为委托公司的利益活动和为国家利益活动这二者当中，我们并不能确定占据上风的总是后者。日本当前关于产品责任法的辩论属于此类情况，评论家们认为省对公司过于宽厚，未能保护消费者的利益。

第三，通过介入生物技术领域，行政官员也在为实现自身的利益活动。如前文中所提到的，在一定程度上，各省的行政官员的影响力和资源是其管辖下公司的数量、范围以及规模作用的结果。因此通过实现这些委托公司的利益，行政官员也在实现自身的利益。但是行政官员追求自身利益的程度受到了严格的约束，在预算约束方面尤其如此。预算方面的约束是由整体政治约束（即政府开支和各省在分配国家税收时的等级次序的

约束）决定的。此外，当行政官员试图在损害其"委托人"的利益或其他社会利益的前提下促进自身的利益时，他们还会受到政治上的约束。与生物技术相关的公司对于不同省试图令其加入合作研究项目的做法的抵制就是一个例子。如我们在前文看到的，这种抵制是以政治的形式通过日本公司联盟和自民党表达出来的。

因此我们可以得出结论：行政机构具有三种面目，每种面目的相对力量都取决于政治的作用。

7.11 大学在日本生物技术领域的作用

7.11.1 引言

大学和政府研究机构的作用

为什么在资本主义社会中并非所有的知识都来自追求利益的公司？为什么与此同时还有其他专门深入进行知识创造的组织形式？

上述问题的答案在于，公司创造知识的能力及其所创造的知识种类有着本质的局限性。这些局限性来自于以下事实：在追求利益的公司中，知识并不是为了知识本身的缘故而被创造出来的，知识的创造从属于价值的创造。实际上，公司创造知识并非因为对知识有兴趣，而是为了在寻求利益的过程中令知识与市场需求相适应——公司的社会价值正是源于此。

然而公司的力量也是其首要弱点：与创造价值无关的知识几乎不会受到公司的关注。但是在存在不确定性的情况下，这些知识以后可能会具有重要的经济意义，所以社会将因为曾经创造了这些知识而受益。

第七章　未来技术的愿景：政府、全球化和大学在日本生物技术领域的作用

此外，公司是在极大的时间局限下运作的。为了生存，公司必须即刻生产出价值。这使公司有条件将现有的一些资源用于创造仅能在未来产生价值的知识。但此类资源的数量比例受到了严格的限制，该限制源于（市场上）即刻创造价值的竞争为公司带来的压力。因此公司平均约90%的研发活动集中在研究方面，分配给开发活动的空间只有10%。同理，多数研究活动是为了满足界定清晰且相对短期的商业需求。因此如果公司是惟一专门从事知识创造的组织形式，那么仅有有限的资源将被用于创造需要较长时间才能成形的知识，这样会严重地限制所创造的知识的种类。而且正如进化方式（evolutionary approach）所告诉我们的，与生物学中的变迁一样，种类与选择相结合才能成为经济的源泉。

出于上述原因，出现于资本主义产生之前且一向相对独立于社会其他组成部分的大学，仍然作为现代社会知识创造过程的重要组成部分存在着——尽管形式有所变化。同样，政府研究机构或国家健康机构（在生物技术领域）等其他与政府相关联的机构也起到了一定作用。大学和上述其他机构都在丰富知识的种类方面贡献良多。

从公司在一些（但不是所有）领域与大学等其他组织形式建立的联系的重要性中，可以明显地看到：在知识的创造过程中，追求利益的公司与这些机构的联合专业化所具有的功能性。

日本的情况

关于日本的情况，如作者在上文中介绍背景的小节中提到的，有观点认为日本大学相对于西方大学实力较弱。但这个观点是否正确呢？与生物技术领域有关联的日本公司是否因为日本大学的质量而处于不利地位？它们是否因重要外部知识资源的薄弱而无法得到支持？

尽管我们不准备就生物技术领域的日本大学体系进行总体评估，但我们用两种方法解决了上述问题。第一种方法是确认对于日本6家最大的生物技术相关公司，日本大学作为外国的知识来源的重要性。第二种方法是就日本大学体系中最活跃的生物技术实验室之一的情况来分析公司与大学的联系。

7.11.2 日本大学作为日本公司知识来源的重要性

这6家公司来自化工、食品和饮料领域，且属于这些领域中最大的公司。20世纪80年代末本书作者采访了这些公司的高层管理者。

知识的外部资源

可以确认两个最主要的外部知识资源是其他公司和大学。在公司方面，我们进一步确认了有竞争关系的和无竞争关系的公司之间的区别，以及日本公司和非日本公司之间的区别。至于大学方面，我们将日本大学和非日本大学区分开来。对"外部知识转移"到公司的两条不同的渠道进行了区分：共同研究——被定义为来自公司和其他组织的研究人员合作研究的活动；还有许可和其他购买知识的形式。

研究结果

表7.7显示了这些不同的外部知识资源对于作为范例的公司的重要性。

表7.7第七行中，各公司对六种已确认的不同外部知识渠道的重要性做出了排列，这是此次研究最重要的成果。6家公司中有4家认为日本的大学是新生物技术领域最重要的外部知识来源。

F公司和B公司是两个例外。F公司将日本大学视为第二重要的外部知识来源，认为最重要的来源是非日本（主要是

第七章 未来技术的愿景：政府、全球化和大学在日本生物技术领域的作用

表7.7 6家主要的日本生物技术公司中的技术转移情况

技术转移的外部渠道	公司：A	B	C	D	E	F
1. 与竞争公司有共同研究活动吗？	否	否	否	是	否	是
2. 与非竞争公司有共同研究活动吗？	是	是	是	是	是	是
3. 与日本大学有共同研究活动(或有对公司的技术转移)吗？	是	是/否	是	是	是	是
4. 与非日本大学有共同研究活动吗？	否	否	是	是	是	是
5. 从日本公司处取得许可或以其他方式购买技术吗？	是	否	否	否	是	否
6. 从非日本公司处取得许可或以其他方式购买技术吗？	是	是	是	否	是	是
7. 排列以上6种渠道对你所在公司的重要性	3　6　5	6　2　3	3　4　6	3　2　4	3　4　6	4　3　1

资料来源：本书作者的采访

美国的)大学。这家公司与日本大学的研究者签订了200～300份合同，其中大约1/3是新生物技术方面的。但是许多协议事实上是关于为公司提供顾问服务或将公司的研究人员送往大学以积累经验、得到培训，而非表中定义的共同研究。F公司接受采访的管理者强烈地感觉到由于大学无法暂时雇用额外的研究人员为有关公司的工程工作，这一点严重地限制了日本大学对公司的研究需求做出反应的能力。由于日本大学特别是国立大学是需要为它们招集的人员提供长期的雇用条件的，困难由此而来。人们之所以觉得西方大学比日本大学更加重要，正是因为它们不受这种约束。

B公司对日本大学在生物技术领域的研究质量最为不满，这种情绪主要表露在以下陈述中："我们并不太依赖日本大学的研究。日本（生物技术领域）的学术研究水平不太高。但是我们确实期待从日本大学招收较好的学生。"不过在六种来源中，该公司还是将日本大学排在从非日本公司处取得许可和与非竞争公司共同研究之后，视为第三重要的外部知识来源。这家公司取得了许多重要的西方制药公司的许可。

在我们的研究具有较广泛的代表意义的范围内，它表明作为外部知识来源，日本大

学比人们一般认可的更为重要。由于与西方大学以及电子相关领域（如光电子）等日本大学较强的研究领域相比，日本大学对生命科学的研究被认为相对较弱，上述结论的意义显得尤为重要。一项基于发表引用的对日本科学研究状况的调查也支持这一论点，其得出的结论是日本公司的科学研究最主要结合的是日本的而非国外的研究资源，大学则是日本的资源中最重要的（参见Hicks等，1992：1）。

知识从日本大学转移到日本公司的模式

在知识从日本大学转移到日本公司的方式中，最重要的方式是通过公司将负责研发的员工派遣到大学来实现。通常是公司希望对大学在某个领域所积累的、已领先于公司的知识加以利用，于是发起这种暂时性的员工转移活动。如C公司所述："我们从大学的研究人员那里学习原理，再将原理应用在公司里。"

由于大部分研究具有高度的潜在性，公司研究人员为了积累所需的知识，常常需要成为大学的研究团体的成员。当研究人员回到公司时，知识也就转移了。因为有关联的研究领域往往超出了公司的有限资源所能涵盖的范围，公司需要求助于大学完成部分此类研究。举例来说，在C公司的研究中，由基因表达产生的白介素6，即B细胞刺激因子是在日本的医学院完成克隆的，而将其扩大规模生产并加工的活动则是由公司进行的。通过这种方式，大学和公司的互补能力得以融合。

在一些情况下是由大学的研究人员采取主动的，例如，A公司就提到"大学研究人员们在催促我们把他们的研究商业化。"这家公司致力于植物的遗传工程，并在该领域与许多大学建立了紧密的联系。

第七章 未来技术的愿景：政府、全球化和大学在日本生物技术领域的作用

与西方国家不同，在日本，雇用大学毕业生通常并不是特别重要的获取大学知识的方式。原因在于，日本公司倾向于雇用有学士或硕士学位的毕业生，在公司内给予他们先进的培训，使他们的研究适应公司的需求。它们常常认为博士毕业生太过"学术"。终身雇佣制的实施确保了公司用于培训毕业生的投资能够有所回报，从而使公司有培训的动机。

矛盾

人们广泛抱有的信念认为日本大学在生命科学领域的研究趋向于不如相应的西方大学先进，而表7.7的结论则认为日本大学是日本公司最重要的外部知识来源；这二者之间是否存在矛盾？

答案是"否"。原因在于，一般而言公司不会将最新的尖端研究商业化，而是宁可致力于发展对很早以前甚至几十年前的研究成果的应用。因此比起尖端研究，公司倾向于对常规研究（intra-frontier）更感兴趣；而且众口相传，日本的大学很擅长常规研究；因此二者并不存在矛盾。

Karube 教授在东京大学的研究室

为了更好地理解生物技术领域的产业－大学联系，我们分析了Karube教授在东京大学先进科技研究中心（RCAST）的实验室。RCAST、Karube教授和他的实验室绝非具有代表性，我们很快会清楚这一点。但是这个例子指出了日本的公司和大学在当前的制度实践和限制体系下能够建立什么类型的关系。

RCAST成立于20世纪80年代后期，目的是为了消除大学院系划分造成的一些跨学科研究方面的障碍。RCAST的问题导向性研究主要是关于四个领域的：材料、装置、系统和技术的社会经济研究。RCAST成立的目的还包括增进大学和产业间的互动，且该

中心是在国立大学首次经文部科学省批准由日本公司出资的设立主席职位的情况下成立的。

Karube教授的实验室致力于研究生物传感器和生物电子学,从而将生物技术研究与RCAST在电子学相关领域进行的其他杰出研究联系了起来。该实验室从事生物传感器、生物芯片、蛋白质工程学、生物功能材料和海洋生物学等领域的研究。该实验室有66位研究人员,无论研究人员还是学生的数量在东京大学都是首屈一指的。

该实验室还因与日本业界的密切互动而知名。1993年1月,实验室中有28位研究人员来自日立、石川岛播重工(Ishikawajima Harima Heavy Industry)、三井造船(Mitsui Shipbuilding)、日本印刷(Dainippon Printing)和东京工程(Toyo Engineering)等公司(参见Nihon Keizai Shimbun,1993-1-4:17)。自1980以来实验室已接待了来自106家公司的研究人员。典型做法是,公司为其派遣的研究人员在实验室所做工作支付费用,通常费用达到大约每位研究人员每年100万日元(据1993年中的汇率约为9000美元)。尽管预先会就研究主题与Karube教授协商沟通,但公司研究人员在实验室中进行的研究与公司的优先次序有直接关联。实验室的研究人员平均每年大约能创造30项专利。表7.8提供了实验室中的公司研究人员在生物传感器领域所做的研究的例子。

运行实验室的基本成本大约为每年1亿日元,主要由日本通商产业省、文部科学省、科技委员会等拨款的生物技术领域的政府研究工程来提供。由于这些工程经常会涉及很大程度的"导向性基础"研究,Karube教授得以将此类研究与公司研究人员在实验室中从事的应用性较强的研究相结合。通过这种方式,基础性较强和应用性较强的研究之间形成了

300

第七章 未来技术的愿景：政府、全球化和大学在日本生物技术领域的作用

表7.8 来自公司的研究人员在东京大学Karube教授的实验室中实施的研究

东陶（TOTO）	卫生间用生物传感器
伊奈（INAX）	测尿生物传感器：卫生间用
日本电装（Nippon Denso）	测量汗水并调节疲劳的生物传感器
竹中建设（Takenaka Construction）	用于污染物质的生物传感器
雪印（Snow Brand）	测量食物中的细菌的生物传感器
Ito Ham	测量肉类新鲜程度的生物传感器
日冷（Nichirei）	测量鱼类新鲜程度的生物传感器
日清（Nisshin Flour）	测量水果成熟程度以及食物质量的生物传感器
精工电子(Seiko Electronics)	用于身体检查的生物传感器

资料来源：日本周刊（Shukan Diamondo），1992-1-11：37

有机的联系，且在两种研究之间形成了有益的双向反馈回路，这种情况在大学研究工程中是很不寻常的。

Karube教授的实验室虽然不够典型，却清晰地描绘出了在当前日本现存的实践和局限的条件下，日本的公司和大学之间可能形成的有益的联合形式。因此这个例子进一步为上文提到的我们自己的调研结论，即日本大学是日本公司外部知识的重要来源这一观点提供了支持。

7.12 日本生物技术研发活动的场所

我们对于大学在日本的作用的讨论引出了一个重要的问题：日本在生物技术领域最先进的研究是在哪里实施的？是在大学、政府研究机构还是在公司？许多研究日本科学技术的分析家认为比起大学或政府研究机构，最先进的研究更可能在日本公司中进行。有证据能支持这一论点吗？

为了分析这个问题，我们收集了制药领域（生物技术在这个领域的商业应用最为先

进）前十位专利持有者的数据。在该领域专家的帮助下，我们选择了13种药品。在分析数据时所做的假设为：在这13种产品的领域中，居于前10位的组织所持有专利的数量已经充分地衡量了先进研究的数量和质量以及组织场所。表7.9显示了专利分析的结果，13种产品的名称列在表的下方。

表7.9　居于前10位的日本和非日本的专利持有者

组　织	专利	单克隆抗体
居于前十位的非日本专利持有者		
美国健康教育福利部（US Dept. Health）	63	41
西塔斯公司（Cetus Corpn.）	61	0
生物技术公司（Genentech）	47	0
斯隆－凯特林（Sloan-Kettering）	44	36
巴斯德研究所（Ins. Pasteur）	39	30
先灵葆雅公司（Schering Corp.）	35	0
因美妮公司（Immunex Corp）	33	20
Akad Wissenschaft	33	27
法国国家科研中心（CNRS）	31	29
Tech Licence Co.	31	31
居于前十位的日本专利持有者		
绿十字（Green Cross）（P）	125	42
东丽（C）	78	8
武田化工（P）	61	9
味之素（F）	57	9
协和发酵（C）	51	29
Teijin（O）	41	39
Wakunaga（P）	34	17
Otsuka（P）	30	8
雪印乳业（Snow Brand Milk）（F）	29	17
朝日化工（C）	27	14

注：C＝化工；O＝其他；P＝治疗；F＝食品/饮料
资料来源：《德文特期刊》（Derwent Publications）
产品包括：
　1 = α 干扰素　　　　　2 = β 干扰素
　3 = γ 干扰素　　　　　4 = 白介素 -2
　5 = B 型肝炎疫苗　　　6 = 红血球生成素
　7 = 尿激酶　　　　　　8 = 表皮生长素
　9 = 过氧化岐化酶　　　10 = 大脑缩氨酸
　11 = 人类生长荷尔蒙　　12 = 粒细胞群刺激因子
　13 = 单克隆抗体

第七章 未来技术的愿景：政府、全球化和大学在日本生物技术领域的作用

表7.9显示的结论令人震惊，尽管前10位非日本专利持有者中有半数是与政府或大学有关的研究机构，但居于前10位的日本组织居然全部是日本公司，这就为生物技术领域的先进研究倾向于在日本公司中进行的论点提供了切实的支持（至少在我们的假设正确的情况下）。需要注意的是，不同国家的专利法规不同，表中的两部分数据没有可比性。

从表7.9中还可以得出更有趣的结论：日本前10位的专利持有者中只有4家属于制药领域。其余的3家来自化工领域，两家来自食品领域，还有一家属其他领域。这就说明在生物技术的范围之外，日本的非制药公司以多样化的形式进入制药领域的程度。似乎本章中分析过的政府在生物技术领域的合作研发项目对该多样化行为产生了影响。

7.13 政府和日本生物技术的全球化

日本创新系统的逐渐"全球化"使得将新的科学技术容纳在国界以内、只供日本公司应用变得越来越难。日本通商产业省是如何对此做出反应的呢？日本通商产业省是否放弃了被纳尔逊和赖特（1992）（前文引用过）称为"技术民族主义"的政策，即为促进日本公司的国际竞争力而制定的政策？

要回答上述问题，必须了解的一点是，技术政策作为更宽泛的行业和贸易政策的一部分，日本通商产业省对其的贯彻是伴随多种目标的，其中最重要的有3个目标。首先，在战后时期，也就是20世纪80年代末之前的时期，是为了改进日本公司的能力和竞争力。自20世纪80年代末以来，第二个目标变得日益重要，即强化日本在基础科学技术方面的能力。第三个目标是处理日本的贸易活动和国际冲突（部分由于日本市场和科学技术机构的对外开放引起），此目标也在20世纪80年代末之后变得更加重要。

可以从日本通商产业省行政官员起草并于1988年通过的《工业技术相关研究开发体系统一法》中看到上述目标。制定该法的两个目的分别是将日本工业技术国际化和加强日本在基础和科技研发方面的能力。根据这项立法，外国公司自1989年开始获准参与日本通商产业省的国家研发项目。

可以从生物领域看出上述改变产生的效果。日本通商产业省于1989年和1991年在未来工业基础技术研发项目下（参见表7.1）引入了两项新工程，分别是分子组装成功能蛋白系统工程和复杂碳水化合物的生产和利用技术工程。（本章前面详细分析了未来工业项目最初的3项工程。）

这些新工程有两个特点值得强调。第一，尽管日本通商产业省将未来工业项目的最初3项工程视为"追赶工程"，但这些工程却旨在做出独创的贡献（参见Karube, 1992: 265）；第二个特点是外国公司参与到这些新工程中与日本公司共同研究。

更确切地说，分子组装工程的参与公司包括了德国的GBF、7家日本公司（日本中外制药、花王、可乐丽、三菱化学、三菱制药、斯坦利电器和东丽研究中心），还有5家日本通商产业省的国家研究学会；研究也被分包给了东京大学和冈山大学等日本大学。复杂碳水化合物工程除了几家MRI的国家研究学会外，还包括了瑞典的法玛西娅公司和4家日本公司（朝日化工、麒麟啤酒、明治乳业和三井化学）。该工程是日本通商产业省、农林水产省、健康福利省和STA在同一领域中成立的较大范围工程的组成部分。若想了解分子组装工程和复杂碳水化合物工程的技术细节，请参阅Karube1992年的著作。

日本通商产业省的目标是在将日本国家技术项目国际化

第七章 未来技术的愿景：政府、全球化和大学在日本生物技术领域的作用

的同时加强日本组织的实力,该目标是否存在着矛盾？上文引用的纳尔逊和赖特1992年的观点认为,先进的工业化国家已积累了迅速吸收新的科学技术的能力,无论其是在何处被创造出来的。简要的答案就是不存在矛盾,且得出该结论的原因在于这些研究项目中存在着相对程度的潜在性。潜在性意味着参与项目的竞争者不可能轻易且迅速地获取项目中创造的知识。

此外,潜在性的存在还代表日本项目的外国参与者无法获取在该项目的资助下创造的全部知识。当研究并非在共同的研究场所共同进行,而是在参与组织内部完成,仅向其他参与者报告结果并一起讨论的时候,这种局限的程度还会增加。例如,在分子聚合工程中,多数研究就是在个体组织的内部完成的；只有两项共同研究工程,一项由日本通商产业省的发酵研究协会和斯坦利电器共同实施,另一项则是日本通商产业省的国家工业化学研究所和可乐丽进行（参考Fransman, 1995b）。

7.14 结论

7.14.1 公司是生物技术领域的日本创新体系的原动力

第一个结论是，是公司而非政府构成了生物技术领域的日本创新体系的原动力。

日本政府分配给生物技术领域的合作研发项目的资源仅达到日本公司的研发开支的很小比例，从以下数字中可以看到这一点。日本通商产业省未来工业项目的生物技术部分的3个工程共得到94.33亿日元（参考本章前文细节），还有171亿日元的预算分配给日本通商产业省的"展示样品"PERI，作为在该工程存在期间的经费，4个重点技术合作研究工程共得到265亿日元；然而1992年日本最大的化工公司三菱化学在研发方面投

资了534亿日元，这意味着日本通商产业省的4个重点生物技术工程在大约10年中的开支仅达到三菱化学1992年一年的研发开支总额的50%。

共有24家公司参与了上述4项工程，有些公司参与了两项，所以说日本通商产业省的全部研发开支（265亿日元）大约可以平均为10年中每家公司11亿日元。这个数字约为三菱化学1992年研发费用总额的0.021%。据估算，1986年三菱化学研发费用总额的47%用于生物技术领域。如果1992年仍保持这个比例，那么三菱化学用于生物技术相关研发的资金为251亿日元。从而日本通商产业省因4项重点工程在大约10年的期间里平均为每家公司提供11亿日元，仅占三菱化学1992年一年在生物技术领域的研发开支的0.044%。

这些数据足以证明，在日本是公司而非政府承担了生物技术研发的责任。此外，即使当公司参与政府发起的合作研发项目时，正如我们已经提到的，大多数研究是在公司内部利用公司的员工和资源完成的，因此可以得出公司为日本生物技术领域的创新活动提供了"原动力"这一结论。

7.14.2　政府起到了主要的支持作用

公司是"原动力"，日本政府则起到了主要的支持作用。从本章提供的分析和信息可以看出政府以多种重要方式协助日本公司致力于生物技术领域的活动。

首先，政府鼓励公司承担某些领域的研发活动——这些领域由于不确定性、投资规模和时间期限等原因，在政府不出面的情况下研发活动将比较少。其次，政府促进了公司之间特别是竞争公司之间的知识流动，而如果政府不介入，所发生的知识流动会比现在少。这类知识流动有助于知识向参

第七章 未来技术的愿景：政府、全球化和大学在日本生物技术领域的作用

与项目的公司更快地扩散，因此为加强整体生物技术领域的实力做出了贡献。

第三，通过在早期强调生物技术等新技术对于公司的应用性，政府既推动了公司进入新领域，又促进了知识的传播。通过这种方式，政府（特别是日本通商产业省）得以利用其有效的信息收集网络。在许多情况下，公司会因为信息的成本、并非总能与新技术和市场挂钩的既有信息渠道，还有其当前对信息的解读而面临障碍；政府起到的信息作用使它们得以更快更好地利用新技术。

第四，政府还有助于公司受益于其他合作研究系统，如避免重复研究和共用昂贵设备等。

第五，通过将其研发项目国际化，政府为日本公司提供了重要的新资源，即与日方因工程而互利的西方公司带来的刺激。日本公司得到的这一收益弥补了它们因外方加入而令知识泄露的损失。

出于上述原因，我们得出结论，日本政府在支持日本公司的生物技术相关活动方面发挥了重要的作用。

7.14.3 日本大学对于日本公司而言是重要的外部知识来源

从本章中提供的证据可以看出，对于日本公司在生物技术领域的能力和竞争力而言，日本大学的作用比人们所认为的更加重要。确切来说，在国际尖端范畴以内的知识领域中，日本大学经常进行能被公司研发活动吸收利用的研究工作。在有些情况下这类研究具有补充的性质，如在大学里研究基因克隆，再由公司将其扩大规模生产并加工。

日本的大学还在提供毕业生方面起到了重要作用，这些毕业生已经得到了生命科学领域的基础训练，随后公司会为其提供专门培训。尽管多数日本公司也与外国大学保持

着密切的联系，但与日本大学具有的更密切的联系、公司和一些日本大学教授的紧密联系乃至通过该联系进行的大学毕业生的招收活动，凡此种种意味着对于日本的生物技术公司而言，日本大学常常比外国大学更加重要。

7.14.4　先进研究趋于在日本公司内进行

尽管日本的大学和政府研究机构为日本公司的研究起到了重要的补充作用，但生物技术领域的先进研究更趋于在日本公司而非其他组织中进行。这一点与西方国家相反，在西方国家，大学和政府的相关机构的作用更为重要。对13种有关生物技术的新制药产品的专利的分析可以支持上述结论。

7.14.5　日本政府通过将其研发项目国际化对全球化现象做出了反应

日本政府，特别是日本通商产业省，通过将其研发项目国际化对日本创新体系的开放做出了反应，因此外国公司获邀加入国家研发项目及其成立的人类前沿项目等纯粹的国际项目。该国际化进程与日本政府方面为增加日本公司的能力和竞争力所做的不懈努力是一致而且有密切联系的。但是对国际化的贯彻也反映出了日本政府的其他目标，如减少与贸易伙伴的摩擦，以及令日本在科学技术领域做出更大的国际贡献等。(参见Fransman等，1994)

汉译创新管理丛书

《创新的种子:解读创新魔方》　　　　　　　　　　　作者:[美]伊莱恩·丹敦
《创新的源泉:追循创新公司的足迹》　　　　　　　　作者:[美]冯·希普尔
《创新高速公路:构筑知识创新与知识共享的平台》　　作者:[美]戴布拉·艾米顿
《研发组织管理:用好天才团队》　　　　　　　　　　作者:[美]杰恩　川迪斯
《破译创新的前端:构建创新的解释性维度》　　作者:[美]理查德·莱斯特　迈克尔·皮奥雷
《企业战略与技术创新决策:创造商业价值的战略和能力》　作者:欧洲技术与创新管理研究院
《文化VS技术创新:德美日三国创新经济的文化比较》　作者:[德]柏林科学技术研究院
《赢在创新:日本计算机与通信业成长之路》　　　　　作者:[英]马丁·弗朗斯曼
《创新之道:日本制造业的创新文化》　　　　　　　　作者:[日]常盘文克
《创新的愿景》　　　　　　　　　　　　　　　　　　作者:[英]马丁·弗朗斯曼
《创新突围》　　　　　　　　　作者:[美]马克·斯特菲克　巴巴拉·斯特菲克
《民主化创新》　　　　　　　　　　　　　　　　　　作者:[美]冯·希普尔
《产品创新》　　　　　　　　　　　　　　　　　　　作者:[美]大卫·瑞尼
《研发组织沟通管理》　　　　　　　　　　　　　　　作者:[美]托马斯·艾伦
《变化中的北欧国家创新体系》　　　　　　　　　　　作者:[瑞典]霍刚·吉吉斯
《牛津创新手册》　　　　　　　　　　　　　　　　　作者:[美]纳尔逊
《创新的扩散》(第五版)　　　　　　　　　　　　　作者:[美]埃弗雷特·M.罗杰斯

汉译知识管理丛书

《创造知识的企业:日美企业持续创新的动力》　　作者:[日]野中郁次郎　竹内弘高
《知识创造的螺旋:知识管理理论与案例研究》　　作者:[日]竹内弘高　野中郁次郎
《创新的本质:日本名企最新知识管理案例》　　　作者:[日]野中郁次郎　胜见明

汉译企业知识产权战略丛书

《智力资本管理:企业价值萃取的核心能力》　　　　　作者:[美]帕特里克·沙利文
《技术许可战略:企业经营战略的利剑》　　作者:[美]罗塞尔·帕拉　帕特里克·沙利文
《企业知识产权估价与定价》　　　　　　　　　　　　作者:[美]理查德·瑞兹盖提斯
《无形资产的有形战略:管理公司六大无形资产的制胜法宝》　作者:[美]约翰·贝利

汉译创新管理丛书

创新的种子——解读创新魔方
[美] 伊莱恩·丹敦 著
陈劲 姚威 等译

这是一本既适合企业、组织专业人员，也适合普通读者阅读的创新管理著作。作者为创新团体咨询公司的创立者和首席战略专家，本书第一次提出创新思维不单包含创造性思维，而是创造性思维、战略性思维和变革性思维三者的结合。书中还提出了创新九步走、十种创新组合工具、统揽全局六大准则等简单而又行之有效的方法，以此提高个人、团队和组织的创新能力。

创新高速公路——构筑知识创新与知识共享的平台
[美] 戴布拉·艾米顿 著
陈劲 朱朝晖 译

本书把驱动21世纪经济的两个主要因素——创新和知识管理进行了综合，首创"创新高速公路"这一新构架，目的在于消除交流创新知识和能力的地理界限，为技术、管理等方面的创新提供知识平台和政策指南。本书勾画了21世纪知识经济的路线图，堪称知识经济的"第四次浪潮"。21世纪的《大趋势》，有人预言，作者戴布拉·艾米顿"很可能成为下一个德鲁克"。

创新的源泉——追循创新公司的足迹
[美] 埃里克·冯·希普尔 著
柳卸林 陈道斌 等译

这是一部管理学名著。传统认为，技术创新主要由制造商完成，本书对这一传统观念发起了挑战，认为技术创新在不同的产业有着不同的主体，在许多产业，用户和供应商才是创新者。这是管理界的一次思想革命！在国外，包括美国3M在内的一些大公司都将此书理论视为创新指针。

研发组织管理——用好天才团队
[美] 杰恩·川迪斯 著
柳卸林 杨艳芳 等译

作者探讨了改善研发组织生产力和促进业绩的各种途径，对如何制定研发组织战略、如何建立高效的研究开发机构、如何进行针对科学家的职业设计、如何领导研发组织、如何对待组织中的冲突、如何实现技术转移等问题作了分析。科研院所、大学科研机构、企业及其研发机构管理者将从本书中获益匪浅。

创新突围——美国著名企业的创新策略与案例
[美] 马克·斯特菲克 巴巴拉·斯特菲克 著
吴金希 等译

本书通过对创造性研究者与发明家成功创新经验的调查，收集了在创新一线工作的研究人员的事例，绘制出一幅发明和创新的路线图，通过介绍创新型组织中的发明大师、企业家和管理者的有关理念和实践，阐明了创新是如何运作的，以及突破是如何产生的。

汉译创新管理丛书

文化 VS 技术创新——德美日三国创新经济的文化比较

[德] 柏林科学技术研究院 著

吴金希 等译

这是一本关于"文化因素在技术创新中的作用"的经典著作,作者通过比较德美日三国文化的异同,探讨了文化因素对个人、团队、企业乃至创新经济成败的影响。

破译创新的前端——构建创新的解释性维度

[美] 理查德·莱斯特 迈克尔·皮奥雷 著

寿涌毅 郑刚 译

这是一本关于产品研发前期管理的著作,就产品研发以及科研创新的方向、步骤、原则等问题,作者对两种传统方法进行了细致的对照和剖析,并以手机、牛仔裤、医疗器械等产业为例,解译了创新管理中常被人们忽视的一面:创新前期的模糊、混沌。

企业战略与技术创新决策——创造商业价值的战略和能力

欧洲技术与创新管理研究院 著

陈劲 方琴 译

这是一本如何将创新管理带入企业经营管理决策的著作。本书的特色在于,它将最新的实践、研究结果和思想融合起来,针对企业高层管理者的需要,提供了将创新决策有机融入到企业战略和经营管理之中的切实可行的良方。

赢在创新——日本计算机与通信业成长之路

[英] 马丁·弗朗斯曼 著

李纪珍 吴凡 译

本书分析了日本计算机和通信产业的崛起过程、全球地位以及这些产业巨人的优势和不足。作者用了8年多的时间,对600余名日本企业领导人进行访谈,通过富士通、NEC、日立、东芝等众多成功企业的案例,真实描述了日本计算机和通信产业的历史、现状和未来。

民主化创新——用户创新如何提升公司的创新效率

[美] 埃里克·冯·希普尔 著

陈劲 朱朝晖 译

在不断发展的计算机和通信技术的帮助下,用户越来越善于为自己开发新产品和新服务,并采取多种形式把这些成果向他人无偿公开。作者密切关注这种新兴的以用户为中心的创新系统,对这一现象进行了详尽的阐述,解释了背后深层次的社会和经济因素。

创新之道——日本制造业的创新文化

[日] 常盘文克 著

董旻静 译

本书作者提出制造企业应该将追求"独创的品质"作为经营中的基本战略,并充分贯彻。本书整理日本的文化传统,反思东方博大精深的智慧,在思想层面上重新审视制造业的生态环境。

变化中的北欧国家创新体系

[瑞典] 霍刚·吉吉斯 著

安金辉 南南·伦丁 译

本书对北欧国家的创新体系与创新政策进行了全面的描述与分析,对创新最重要的参与者及其活动、研发投入,以及各国政府的战略与规划进行了详细的描述,同时也对北欧五国的创新体系进行了评论与比较。

汉译知识管理丛书

创造知识的企业——日美企业持续创新的动力

[日] 野中郁次郎 竹内弘高 著

李萌 高飞 译

这是世界"知识运动之父"的理论名著,曾获美国出版社协会"年度最佳管理类图书"大奖,是全球知识管理领域被引用最多的著作。彼得·德鲁克曾评价此书:"这确实是一部经典!"

知识创造的螺旋——知识管理理论与案例研究

[日] 竹内弘高 野中郁次郎 著

李萌 译 高飞 校译

这是汇集知识管理众多案例的著作,从知识的视角对管理学进行反思,以IBM、佳能、索尼、本田等十几个世界知名企业的实例,讲述知识在创造中的螺旋上升过程。

创新的本质——日本名企最新知识管理案例

[日] 野中郁次郎 胜见明 著

林忠鹏 谢群 译 李萌 校译

本书选取了13个企业,详述了13种产品的研发过程,并通过"故事篇"与"解说篇"就每一个创新过程的本质进行了深度解析。两位作者一位是著名知识管理学者,一位是资深记者,不同领域的两个顶尖人物通力合作,用最直观的方式阐释创新的本质所在。

汉译企业知识产权战略丛书

智力资本管理——企业价值萃取的核心能力

[美]帕特里克·沙利文 著

陈劲 等译

本书核心价值在于，它阐释了21世纪知识经济的经营之道，从智力资本中萃取价值。就企业如何才能从无形财产中获得经济收益以及从其智力资本中获取更多的价值，分别通过施乐、惠普等十几家企业在实践中行之有效的案例进行了细致的阐释。

技术许可战略——企业经营战略的利剑

[美]罗塞尔·帕拉 帕特里克·沙利文 著

陈劲 贺丹 黄芹 译

技术许可战略是实现公司价值最大化的最佳战略之一。本书从这一角度出发，对世界十几家知名企业的技术许可案例进行总结，介绍了各种行之有效的许可方法、专利组合以及专利使用费率，为企业开发出了成功的技术许可程序。对技术型企业来讲，这是一本技术许可战略的完全指南。

无形资产的有形战略——管理公司六大无形资产的制胜法宝

[美]约翰·贝利 著

陈江华 译

本书介绍了微软、惠普等一流企业如何创造并精确衡量和管理无形资产的体制和方法，是迄今为止对无形资产的最合理、最具操作性的研究。

企业知识产权估价与定价

[美]理查德·瑞兹盖提斯 著

金珺 傅年峰 陈劲 译

如何对交易的技术进行估价与定价是困扰许多技术型企业的棘手问题。本书从专业的角度对技术的估价与定价问题进行了深入的研究，具有很强的可操作性，便于企业进行实际应用。

创新研究文丛

地缘科技学

作者：赵刚

本书第一次提出"地缘科技学"的概念，并厘定了其内涵及研究框架，"地缘科技学"以民族国家为基本单元和基本战略主体，研究国际体系结构中科技与国际政治和世界经济的关系。它集中关注的是科技与一国综合国力的关系、科技对国际政治经济格局的影响、科技在国家大战略中的地位和作用、国际科技竞争的基本格局以及科技安全在国家综合安全中的核心功能。

模块化创新——定制化时代复杂产品系统创新机理与路径

作者：陈劲　桂彬旺

本书将模块化方法应用于复杂产品系统创新管理中，通过模块化方法改善CoPS创新流程与组织管理，以解决复杂产品系统创新投入大、绩效低、过程管理困难等问题，结合复杂产品系统创新实践调研提出了包含系统功能分析、架构设计与模块分解、模块外包与模块开发、系统集成与完善等六个阶段的复杂产品系统模块化创新模式。

企业创新网络——进化与治理

作者：王大洲

本书通过案例研究和理论分析，阐明了企业创新网络进化的趋向、过程、陷阱和动力机制；归纳并分析比较了政府主导型、政府引导型、联邦型、旗舰型、企业家主导型与自组织型共六类典型的企业创新网络治理模式；探讨了基于创新网络的企业技术学习机制。

中国科技发展前沿与仪器保障

作者：李新男　周元　张杰军

本书分析了我国各学科领域面临的主要科技问题，科研工作，以及所需的技术支撑系统和仪器设备，在此基础上提出了我国大型科研仪器设备装备布局的初步建议。

中国创新管理前沿（第三辑）

作者：王兴元　魏江

本书是第三届中国青年创新管理论坛成果的结晶。本书内容围绕"中国企业自主创新"这一主题，对创新政策、企业技术创新能力理论与方法、技术管理战略、企业自主创新与自主品牌建设、复杂产品与复杂系统创新、突破性创新、区域与国家创新体系、创新文化与创新网络、知识密集型服务业创新能力以及高技术产业发展战略等专题内容进行了深入探讨，成果代表了我国创新管理领域新的进展。